사회복지현장실습

이론과 실제

이원식 김성준 공저

신정

preface

머리말

사회복지현장실습은 사회복지학 전공 교육 과정 중 사회복지사 국가자격을 취득하기 위한 필수 교과목 중 하나이다. 또한 학교에서 배운 이론을 사회복지현장에 적용할 수 있는 기회이며, 이론을 실천으로 전환하는 실사구시(實事求是)의 과정이다. 사회복지현장실습 경험은 사회복지실습생 측면에서 전문적인 실천 능력을 갖추기 위한 교육 과정이다. 따라서 실습이 가능한 사회복지기관과 시설은 사회복지사업법의 법적 기준을 충족해야 하며, 사회복지사의 전문직으로서 정체성과 실무역량을 강화할 수 있도록 진행된다. 2020년도 이후 코로나19가 확산되면서 실습이 대면과 비대면 복합실습 형태를 이루어지고 있는가 하면, 2020학년도 학번부터는 사회복지사업법 개정으로 160시간 실습시간과 30시간 이상의 세미나 수업이 이루어져야 한다. 이처럼 사회복지현장실습에 대한 상황과 조건이 변화하고 있고, 실습교육의 중요성도 더욱 강조되고 있다.

사회복지현장실습은 예비 사회복지사가 전문직으로서의 역량을 갖추는 실천 경험, 즉 이론을 실질적으로 적용해 보는 기회가 될 것이다. 또한 실습생 자신의 적성과 잠재력을 확인하고, 나아가 사회복지직이 자신에게 맞는 직업인지를 결정할 수 있는 기회를 탐색하기도 한다. 또한 실습생의 미래 진로계획을 세우는 데 중요한 역할도 한다. 학교와 기관, 그리고 실습지도교수와 실습지도자는 실습생들이 실습을 통해 사려 깊은 지도, 감독과 평가를 받도록 함으로써, 자신의 장점과 단점을 발견하고 사회복지직이 자신에게 최선의 선택인지를 결정할 수 있게 도와야 한다.

이와 같은 실습지도의 필요성에 따라 이 책은 실습생과 실습지도자 및 실습지도교수 모두에게 사회복지현장실습의 전체적인 이론과 실제를 이해할 수 있도록 기술하였다. 총 4개 part에 14장의 내용을 수록되어 있다. 첫 번째 part인 사회복지현장실습의 이해는 제1장에서 제3장으로 구성되어 있고, 사회복지현장실습의 개요, 사회복지실습현장의 이해, 사회복지현장실습 기초지식을 실었다. 두 번째 part는 사회복지현장실습의 실제로 제4장에서 제9장으로 구성되어 있다. 각 장의 내용으로는 실습지도 방법, 실습지도의 내용 및 기술, 사회복지현장실습 진행 과정, 실습과 슈퍼비전, 프로그램 개발과 프로포절 작성, 사례관리를 실었다. 세 번째는 사회복지실습시설, 기관실습의 이해에 대한 part로 제10장에서 제13장으로 구성되어 있다. 이 part에서는 사회복지실습현장에 대한 보다 적극적인 이해를 돕기 위하여 사회복지현장에서 실제적으로 이루어지고 있는 실습을 이해할 수 있도록 최신 내용을 기술하여 현장 감각을 기를 수 있도록 하였다. 주요 내용으로는 아동복지시설에서의 실습, 노인복지시설에서의 실습, 장애인복지시설에서의 실습, 사회복지관에서의 실습을 수록하였다. 네 번째 part는 사회복지현장 내의 고충으로, 최근 대두되고 있는 사회복지현장 내 괴롭힘 및 성희롱에 대하여 법률관계, 문제 유형과 사회복지현장 내 괴롭힘 및 성희롱 예방과 대처방안을 제시하는 것으로 마무리하였다.

이 책은 사회복지현장실습을 수행하는 학생들에게 실제적인 도움이 될 수 있는 부분을 반영하여 집필된 것이다. 저자들은 이 책이 교육기관의 실습지도 교수님과 실습생, 실습기관 실습지도자분들에게 조금이나마 도움이 되길 바란다. 끝으로 이 책의 발간을 위해 적극 지원해 주시고 수고해 주신 도서출판 신정 최용구 대표님 이하 모든 관계자분들께 특별히 감사의 마음을 전한다.

2021년 7월

대표저자 이원식

contents

차례

PART 01
사회복지실습의 이해

PART 02
사회복지현장실습의 실제

PART 01

사회복지실습의 이해

CHAPTER 01

사회복지현장실습의 개요

1. 사회복지현장실습의 개념
2. 사회복지현장실습의 목적
3. 사회복지현장실습의 목표
4. 사회복지현장실습의 필요성과 기대효과

사회복지현장실습의 개요

CHAPTER 01

사회복지현장실습은 사회복지학 전공 교육 과정 중 사회복지사 국가자격을 취득하기 위한 필수 교과목 중 하나이다. 사회복지현장실습은 사회복지현장에서의 실습 경험을 통해 사회복지사로서 전문적인 실천 능력을 갖추기 위한 교육 과정이지만 실습이 가능한 사회복지기관과 시설은 사회복지사업법의 법적 기준을 충족해야만 한다. 사회복지현장실습기관의 법적 기준은 「사회복지사업법」 제2조 제1호에 따른 사회복지사업과 관련된 법인·시설, 기관 및 단체여야 한다. 또한 실습형태 및 실습지도자의 조건도 사회복지사업법의 법적 기준을 충족해야 하는 특별한 교과목이다.

사회복지학을 전공하는 학생이라면 누구나 사회복지현장실습을 이수하여야 하며, 실습 과정을 통하여 다양한 사회복지실천현장에서 조직의 일원이자 예비 사회복지사로서 직·간접적인 업무 및 관계에 대한 경험을 하게 된다(이원주·우병원, 2021). 이 장에서는 사회복지현장실습의 개념과 목적, 사회복지현장실습의 필요성과 기대효과에 대해서 살펴본다.

01 | 사회복지현장실습의 개념

한국사회복지대학협의회(2000)에서는 『사회복지현장실습(Social Work Practicum)』이라는 전공 필수과목으로 편성하고 있다. 이 과목은 기관에서 이루어지는 현장실습과 학교에서 실시하는 실습 세미나로 구성되어 있다. 일반적으로 학교에서는 현장실습을 교육 과정의 일부분으로 간주하여 실습교육이라는 명칭을 사용하고, 기관에서 진행되는 부분은 실습지도로 언급하고 있다. 한편 미국 사회사업대학협의회(Council of Social Work Education)가 세운 실습교육기준은 학부 과정에서 최소한 400시간의 실습 경험을 제공해야 하며, 대학원 과정은 최소한 900시간의 실습을 해야 한다.

사회복지현장실습은 사회복지실천 학문으로서 사회복지학의 역사와 함께하는 필수적인 교육 과정이며, 대학에서 제공하는 교육 과정이면서도 사회복지실천현장에서 이루어지는 것을 기본으로 하고 있다. 이러한 특성으로 인해 학계와 현장이 함께 책임져야 하는 특수한 교과목인 것이다(한국사회복지사협회, 2005).

사회복지현장실습은 사회복지 개념과 사회복지현장 및 사회복지실습(實習, practice)을 총체적으로 이해할 필요가 있다. 사회복지는 인간이 사회에 적응하지 못하는 문제를 해결하기 위한 조직적이고 사회적인 활동으로 역사적인 산물이다. 인간이 사회의 부적응 문제를 해결하려 한 노력은 빈곤을 사회문제로 인식하고 대처했던 구빈법 시대를 거쳐 산업혁명과 자본주의가 진전되면서 복지국가에 이르렀다. 이에 따라 사회복지의 대상, 사회복지 급여의 형태, 사회복지 전달체계, 사회복지 재정 등 모든 면에서 변화되고 확장을 가져왔다. 제2차 세계대전 이후 복지국가를 지향하는 모든 국가들은 개인과 가족, 집단, 지역사회가 처한 사회적 욕구, 사회문제, 사회적 위험에 대처하기 위한 조직적이고 사회적인 활동을 확대하고 있다. 사회복지현장은 인간이 사회에 적응하지 못하는 문제를 해결하기 위한 사회복지실천의 장이며, 공공부조와 사회보험, 사회복지서비스 및 관련 제도가 구현되는 사회복지기관과 시설이다.

실습이란 이미 배운 이론을 토대로 하여 실제로 해 보고 익히는 일이다. 사회복지현장실습은 사회복지에 대한 학문적 이론을 익히고, 인간이 사회에 적응하지 못하는 문제를 해결하기 위한 실천기술과 방법을 토대로 사회복지현장에 적용해 보고 실천기술과 방법을 익히는 교육 · 훈련 활동이다.

이렇게 볼 때 사회복지현장실습은 예비 사회복지사가 학교에서 사회복지의 가치와 윤리를 비롯한 이론적인 영역을 학습하고, 사회복지실천현장에서 이루어지는 실습을 통해 이를 사회복지실천현장의 실제 상황에 적용하는 경험을 하게 된다. 따라서 실습의 초점은 학생들이 학교에서 배운 지식과 기술을 향상시키기 위한 슈퍼비전을 받으며 사회복지 실무 경험을 쌓는 데 있다. 이러한 사회복지현장실습은 사회복지사 자격 취득을 위한 필수 교과목으로 「사회복지사업법」 시행규칙에 따라 사회복지실습현장에 관한 법적 기준 및 실습 진행 형태, 실습지도자 자격에 관한 기준을 준수하여야 한다.

02 | 사회복지현장실습의 목적

실습지도는 사회복지전문직에 필요한 지식과 기술을 습득하고 실천하는 데 가장 중요한 도구로서 활용되어 왔다. 학생은 실습을 통하여 클라이언트를 실제로 대면하고 실행에 의한 학습 기회를 가질 수 있게 된다. 따라서 실습은 기술개발, 지식의 통합, 그리고 정서적인(affective) 학습 영역을 제공하며, 이러한 실습 경험은 학생의 사회복지실천기술의 개발에 가장 중요한 영향을 미치고 있다(Tolson & Kopp, 1988). 그러므로 실습지도는 학생이 학교에서 습득한 사회복지실천 지식, 기술, 가치를 현장경험을 통해서 통합할 수 있는 기회를 제공하는 데 초점을 두게 된다. 따라서 사회복지현장실습의 목적은 실습생이 사회복지사업의 전문직으로 갖추어야 할 지식, 기술 및 가치관을 통합하는 기술의 제공과 사회복지실천현장인 사회복지사업 기관 및 제도 내에서 전문적 사회복지사업을 실천하게 하는 것이다.

사회복지현장실습 교육은 사회복지실천의 질적 향상을 위해 실습생, 실습기관, 교육기관이 협력하여 전문직인 사회복지사를 양성하는 것이다. 이러한 사회복지현장실습의 목적은 대학에서 학습한 사회복지실천의 가치 및 윤리, 지식, 그리고 사회복지실천 과정 및 기술을 사회복지실천현장에 실제로 적용하는 현장실습을 통해 전문직의 사명감과 실천 능력을 겸비한 사회복지사를 양성하고자 교육 · 훈련하는 사회복지교육의 핵심 과정이다(한국사회복지교육협의회, 2012). 사회복지현장실습은 다음과 같은 구체적인 목적을 달성하기 위해 실습지도를 수행할 것을 제시하고 있다(한국사회복지사협회(2018: 2).

① 실천현장의 문제해결 및 서비스 제공 과정에서 사회복지 가치 및 윤리 강령의 내용, 지식 및 기술을 적용할 수 있는 능력을 향상한다.
② 클라이언트체계의 문제 확인, 정보수집, 사정, 개입계획 및 개입수행, 그리고 평가 과정을 통해 문제해결에 대한 적합한 지식과 기술을 습득한다.
③ 지역사회 내 위험집단 및 표적집단의 특성, 강점, 그리고 자원에 대한 지식을 활용할 수 있는 능력을 배양한다.
④ 사회복지시설, 기관 및 조직의 사명, 정책 및 행정에 대해 이해한다.
⑤ 실천현장 관련 국가 및 지역사회(지방자치단체)의 사회복지정책 및 전달체계를 분석하고 실천에 적용할 수 있다.
⑥ 사회복지사로서의 자아인식을 증진시키고 전문직 정체감을 형성한다.
⑦ 클라이언트인 개인, 가족, 집단, 지역사회를 대상으로 실천가로서의 전문적 기술과 능력을 개발한다.

이상으로 미루어 볼 때, 일반적인 실습교육의 목적은 사회복지전문직으로서 갖추어야 할 지식, 기술, 가치관의 실천적 적용을 통하여 궁극적으로 실습생을 전문사회복지사로 성장시키는 데 초점이 있음을 알 수 있다.

03 | 사회복지현장실습의 목표

한국사회복지교육협의회의 사회복지 교과목 지침서에서는 사회복지현장실습의 목표를 다음과 같이 제시하고 있다(한국사회복지교육협의회, 2012: 43).

① 사회복지현장의 실천 과정에 사회복지 가치 및 윤리강령, 지식 및 기술을 적용할 수 있는 능력을 기른다.

② 클라이언트체계의 문제 확인, 정보수집, 사정평가, 개입계획 및 개입수행, 그리고 평가 과정을 경험해 봄으로써 문제해결능력을 키운다.

③ 지역사회 내 위험집단 및 표적집단의 강점 및 특성과 자원에 대한 지식을 활용할 수 있는 능력을 기른다.

④ 사회복지시설, 기관 및 조직의 사명, 정책 및 행정을 이해하고, 이를 실천에 적용할 능력을 기른다.

⑤ 실천현장 관련 국가 및 지역사회(지방자치단체)의 사회복지정책 및 전달체계를 분석하고 실천에 적용한다.

⑥ 전문사회복지인력으로서 적성을 점검하고, 자신에 대한 이해를 높이는 과정을 통해 전문적 자기인식과 전문가 정체성을 형성한다.

⑦ 사회복지실천현장 및 분야에 대한 이해를 높이고, 실습한 내용을 학문적으로 이해하고 통합하는 능력을 기른다.

일반적인 실습교육의 목표는 사회복지 대상자라고 볼 수 있는 개인, 가족, 집단, 지역사회의 문제를 해결하기 위한 조직적이고 사회적인 활동 능력을 키우는 것이며, 나아가 전문사회복지사의 양성을 목표로 한다. 실습생이 실습을 통해 습득해야 할 것을 지식, 기술, 가치의 3대 축으로 나누어 목표를 정리하면 다음과 같다(윤철수 외, 2010: 12-15).

1) 지식 습득의 목표

① 인간과 환경 간의 공식 · 비공식 체계 간의 상호관련성을 이해한다.

② 클라이언트에 대한 보다 포괄적이고 실제적인 이해를 갖는다.

③ 클라이언트체계와 다양한 변수들, 즉 생물적 · 심리적 · 사회적 특성, 문화차이 등과의 상호관련성을 이해한다.

④ 클라이언트체계에 영향을 미치는 요소에 대해 이해한다. 예를 들어, 빈곤, 차별, 연령, 생활방식, 장애, 성(性) 등을 포함할 수 있다.

⑤ 생태학적 체계의 영향, 기존의 전달체계의 기능과 역기능들, 보다 효과적인 원조를 위해 현재의 클라이언트체계와 전달체계를 어떻게 변화 · 개선할 수 있을지에 대해 이해한다.

⑥ 이러한 체계에 대한 서비스를 제공하는 기관의 기능과 구조에 대해 이해하고, 효과적으로 개입할 수 있는 직접적인 실천방법으로 원조 과정의 기본적인 원칙을 이해한다.

⑦ 사회복지실천을 평가하는 방법을 이해한다. 즉, 문제해결 과정, 특정 전문실천분야에서 활용하는 개입방법과 결과에 대해 평가하는 방법을 이해한다.

⑧ 체계적인 관점에서 사회복지사의 역할, 지역사회 내에서의 사회복지기관과의 관계를 이해한다.

⑨ 다양한 사회복지실천분야에 대한 사회복지정책 · 행정과의 관계와 역

동성을 이해한다.

⑩ 전문사회복지사로서의 철학, 가치, 목적, 윤리와 실습생 자신은 개인적인 가치와의 관계를 이해한다.

⑪ 인접학문에 대한 이해와 상호관련성에 대해 이해한다. 이는 학교에서 배운 이론과 실천기술들을 통합하는 데 요구된다.

2) 전문적인 기술 개발의 목표

① 체계적인 핵심문제를 규정할 수 있어야 한다. 또한 그 문제에 영향을 받거나 그 문제에 포함될 수 있는 관련 혹은 하위 문제들을 확인하고, 문제의 초기 사정에 필요한 정보를 획득하는 기술이 필요하다.

② 획득한 정보와 자료를 조직화하고, 환경요인의 영향을 평가하며, 문제와 관련된 사회정책 및 프로그램들을 평가하는 기술을 개발한다.

③ 문제상황에서 클라이언트의 내적 요소와 대인관계요인들이 미치는 영향에 대해 인식하고, 이를 명확히 할 수 있는 기술을 개발한다.

④ 클라이언트가 자신의 문제와 욕구를 인식할 수 있도록 개발한다.

⑤ 클라이언트가 능력과 동기를 파악하고 문제와 관련된 기관정책, 그 외 다른 자원들을 이해하고, 이와 연관하여 현실적인 개입목표와 문제해결방법을 설정할 수 있도록 한다.

⑥ 문제해결을 위해 타 전문직과 기관의 자원을 활용할 수 있도록 하며, 이때 클라이언트의 문제해결에 적절히 도움을 줄 수 있도록 이들을 동기화하는 기술이 필요하다.

⑦ 문제해결 과정에서 요구되는 다양한 의사소통기법들을 활용할 수 있어야 한다.

⑧ 지역사회에서 이용 가능한 자원들을 개발하고, 클라이언트의 욕구와 능력에 따라 이들 자원과 연결할 수 있는 연결자 · 중재자로서의 기술

을 습득해야 한다. 또한 필요시 클라이언트를 공식 · 비공식으로 타 기관에 의뢰할 수 있어야 한다.

⑨ 종결 과정에 포함되는 사회복지사, 클라이언트, 기관의 과업과 역할을 실행할 수 있어야 한다.

⑩ 업무를 적절히 관리하고, 사회사업 기록을 유지 · 보관하며, 전문적인 의견이 반영된 보고서를 작성하여 다른 전문직들과 협조하는 기술을 갖추어야 한다.

⑪ 클라이언트와 원조관계를 맺음에 있어서 의도적으로 실습생 자신을 활용하여 개입의 효과성을 평가할 수 있어야 한다.

⑫ 기관조직 내에서 적절히 가능하고, 기관의 이용 가능한 서비스의 장 · 단점을 구별, 이들 서비스의 개선방안을 식별하는 기술을 개발한다.

⑬ 거시적인 관점에서 보다 큰 체계의 문제를 해결하기 위해 정부의 정책과 다양한 프로그램의 효과를 평가하는 기술을 갖추어야 한다.

⑭ 클라이언트의 가치를 침해하지 않으면서 효과적으로 서비스를 제공하는 기술을 개발한다. 여러 가지 이유들로 인해 도움을 요청하지 못하는 잠재적인 클라이언트에게 전문적으로 접근할 수 있는 방안을 개발할 필요가 있다.

⑮ 실습생 자신의 업무수행에 있어서 사회복지전문직의 목표와 가치를 적용할 수 있어야 한다. 실습생 자신의 역할을 수행할 때 발생하는 장단점과 한계에 대해 평가할 수 있어야 한다.

3) 전문인으로서 태도 개발의 목표

① 실습생 자신의 능력에 적합하면서 클라이언트의 문제해결에 필요한 모든 방법을 동원함을 의미하는 클라이언트 최선의 이익을 위해 원조하는 태도를 기른다.

② 클라이언트에 대한 실습생 자신의 감정과 태도를 인식하고 전문직으

로 책임성 있는 태도를 기른다. 이는 특히 실습생과는 다른 삶의 방식과 배경, 가치를 갖고 있는 클라이언트를 원조함에 있어서 더욱 요구된다.

③ 보다 큰 사회체계 수준에서 발생하는 쟁점과 문제들을 평가할 수 있는 태도를 기르기 위해 거시적인 관점에서 문제를 파악하는 태도가 요구된다.

④ 실천 과정을 평가할 수 있는 방법뿐만 아니라 이에 대한 중요성을 인식하는 태도를 기르는 사회복지실천의 과학적인 방법을 인식한다.

⑤ 직접 서비스를 제공하는 데 요구되는 지식을 습득하는 책임성 있는 태도를 기른다.

⑥ 동료(타 학교 실습생, 기관 실무자, 지도감독자 등)의 제안을 경청하고 이에 적절히 반응하며, 책임 있게 수행하는 태도를 기른다.

⑦ 끊임없이 학습할 수 있는 태도가 요구된다. 이는 전문가로서 성장하는 책임 있는 자세이다.

04 | 사회복지현장실습의 필요성과 기대효과

1) 사회복지현장실습의 필요성

사회복지현장실습은 사회복지현장의 풍부한 경험을 통하여 장차 사회복지사로서 전문성을 갖추기 위해 필요하다. 사회복지현장실습은 사회복지현장을 이해할 수 있다는 점에서 큰 교육적 가치를 가지며, 실습생은 실습 과정을 통하여 자신이 선택하는 진로의 적합성과 부적합성을 재고하는 데에도 필요하다. 이러한 필요성을 통해 실습생은 실습현장에서 실천적인 경험을 통하여 사회복지사로서의 정체감을 갖게 된다. 또한 실습생은 클라이언트와 동료 실습생들을 비롯하여 직간접적으로 지역의 또 다른 전문직을 만나게 되고, 그러한 만남을 통하여 전문사회복지사의 문화와 규범, 가치를 익히는 계기를 마련하게 된다. 그리고 수동적인 학습지도사의 자세에서 능동적인 전문가로 자질이 있는가에 대한 진지한 고민을 통해 진로를 결정할 수 있게 해준다(이원주 · 우병훈, 2021: 27).

사회복지현장실습의 필요성을 구체적으로 살펴보면 다음과 같다.

첫째, 사회복지사에게 필요한 필수능력은 교과 과정만으로 익힐 수 없으며 사회복지실천현장에서의 경험을 통해서 얻을 수 있기 때문이다.

둘째, 실습생들은 교과 과정에서 배운 사회복지 이론들을 실습을 통하여 사회복지실천현장에서 직접 실천할 수 있는 기회를 갖기 때문이다.

셋째, 실습생들은 실습 과정을 통하여 다른 활동으로는 발견하지 못했던 자신의 적성 및 장단점과 같은 자아인식을 경험할 수 있기 때문이다.

넷째, 실습생들은 실습 과정을 통하여 사회복지에 대한 지식을 얻을 수 있을 뿐만 아니라 기초적인 제반 사무능력을 배양할 수 있는 기회를 갖게 되기 때문이다.

2) 사회복지현장실습의 기대효과

사회복지현장실습 학습 과정의 실습 주체인 실습생, 실습기관 및 시설 그리고 학교는 사회복지현장실습을 통해 다음과 같은 이점을 얻을 수 있다(서진환, 2001).

(1) 사회복지이론 적용의 기회

사회복지현장실습은 학교에서 배운 이론을 실제의 상황에 적용할 수 있는 기회를 제공함으로써 교과서의 학습을 살아 있는 학문으로 만든다. 장애인,

노숙자, 아동학대나 가정폭력의 가해자나 피해자 등 다양한 클라이언트 집단을 실제로 만나 사회복지실천을 수행하는 과정에서 학교에서 배운 내용을 확고히 하며 자신의 관심 대상이나 영역을 발견할 기회를 가질 수 있다.

(2) 전문적 역할에 대한 간접적인 학습기회

사회복지전문직은 개인, 집단, 지역사회를 대상으로 클라이언트의 욕구와 문제를 사정하여 적절한 개입계획을 세워 효과적으로 개입을 해야 하며, 옹호자, 중개자, 임상가, 지역사회 계획과 조직자, 행정가 등의 다양한 역할을 유능하게 수행할 수 있어야 한다. 실습생이 한 학기 동안의 실습 경험을 통하여 이러한 역할 각각에 대한 기술을 습득할 수는 없으나, 한 기관에서 실습을 하면서 이러한 역할들을 수행하는 다른 사회복지사들과 다른 전문직의 역할 수행을 관찰할 수 있는 간접적인 학습의 기회를 가지게 된다.

(3) 전문직으로서의 사회화 과정에 참여하는 기회

실습생은 현장실습지에서의 실천 경험 과정에서 전문직의 하위문화 속으로 사회화가 된다. 이러한 사회화 과정은 전문가집단의 성원으로 수용되어 성원들이 공유하고 있는 기대에 동조하게 되며, 역할모델과 일치하는 전문가적인 자아개념을 발달시키게 됨으로써 이루어진다. 현장실습기간 동안 클라이언트와 동료들, 그리고 전문가집단과 만나게 됨으로써 이루어진다. 현장실습기간 동안 클라이언트와 동료들, 그리고 전문가집단과 만나게 됨으로써 사회복지의 문화, 규범, 가치를 배우게 되고 알게 모르게 이를 내면화하게 된다. 이러한 과정을 통하여 실습생은 수동적인 학습자에서 능동적인 전문가로 변화하게 되는 것이다.

(4) 미래 직업계획을 위한 기회

사회복지현장실습은 사회복지직이 자신에게 맞는 직업인지를 결정할 수 있는 기회를 제공함으로써 실습생의 미래 계획을 세우는 데 중요한 역할을 한다. 직업의 선택은 중요한 결정이며, 모두가 사회복지직에 맞을 수는 없다. 학교와 기관, 그리고 실습지도교수와 실습지도자는 실습생들이 실습을 통하여 사려 깊은 지도, 감독과 평가를 받도록 함으로써, 자신의 장단점을 발견하고 사회복지직이 자신에게 최선의 선택인지를 결정하도록 원조할 수 있다.

(5) 예비 사회복지사로서 정체성 확립을 위한 기회

사회복지현장실습기간은 사회복지사로서의 정체성이 확고해지는 시기이기도 한데, 실천현장에서 부딪히게 되는 의사결정의 순간에 윤리적 딜레마를 실제로 경험하고, 타 전문가들과의 관계 속에서 서비스 전달에 참여하는 등의 전문가적인 경험은 이러한 과정에 중요한 역할을 하는 것이다. 실습기간은 또한 지식과 기술의 기반에서 의미를 끌어낼 수 있는 기간이기도 한데, 이는 학생 자신의 발달 과정에 영향을 줄 수 있다. 즉, 지식과 기술이 내면화되고, 개인적으로나 사회복지직으로 자신감을 얻을 수 있다.

사회복지실습현장의 이해

1. 사회복지실천현장의 분류
2. 사회복지현장실습 관련 기준

사회복지실습현장의 이해

CHAPTER 02

사회복지실습현장은 사회복지서비스를 직 · 간접적으로 제공하고 있는 사회복지실천이 이루어지는 기관과 시설을 말한다. 사회복지현장실습에서 실습생이 기대효과를 극대화하기 위해서는 사회복지실습현장의 특성을 이해하고 각 현장에서 요구되는 적합한 역할과 기능을 수행하는 것이 필요하다. 사회복지실습현장은 사회복지실천이 이루어지는 장소(place)만이 아니라, 사회복지실천의 장(setting), 문제(problem), 대상자(client)를 포함하는 개념이다. 사회복지실습현장은 사회변화에 따라 종류도 매우 다양하며 분류방법 또한 복잡해지고 있다.

01 | 사회복지실천현장의 분류

사회복지실천현장을 분류하는 기준은 매우 다양하다. 바틀렛(Blartlett, 1971)은 개별 사회복지실천현장을 유형화하기 위한 분류기준을 다음과 같이 제시하고 있다. 첫째, 클라이언트의 문제에 대응하기 위해 마련된 조직화된 서비스 체계는 무엇인가에 따라 정책/프로그램, 공공/민간기관, 정부/비정부기관, 이용/생활시설 등이다. 둘째, 사회복지실천 관심의 주 대상과 문제가 무엇인가에 따라 약물남용, 학대, 빈곤, 비행, 가족갈등, 에이즈, 노숙 등 조직의 상황, 현상, 과제를 분류기준으로 삼았다. 셋째, 서비스 대상인 클라이언트 집단이 누구인가에 따라 아동, 청소년, 노인, 여성, 장애인, 난민 등으로 분류기준을 삼는다. 넷째, 사회복지실천기관에서 사용되는 지식, 가치, 기술에 따라 시각의 차별성, 관점의 차이, 접근방법이나 모델 등을 분류기준으로 삼았다.

한편, 사회복지실천현장의 분류는 사회복지기관의 운영목적에 따라 사회복지 1차 현장과 2차 현장으로 구분할 수 있으며, 기관의 설립 주체 및 재원조달방식에 따라 공공기관과 민간기관으로 구분하며, 서비스제공방식에 따라 거주시설과 이용시설로, 서비스가 제공되는 인구집단이나 대상 문제에 따라 아동복지, 노인복지, 장애인복지, 여성복지, 다문화복지 등 다양하게 분류할 수 있다.

1) 기관의 운영 목적에 따른 분류

(1) 사회복지실천 1차 현장

사회복지실천의 1차 현장은 사회복지서비스 제공을 기관의 일차적인 기능으로 삼고 사회복지사들이 중심이 되어 활동하는 실천현장을 말한다. 예를 들면, 지역사회 종합사회복지관, 장애인복지관, 노인복지관, 여성복지관, 사회복귀시설 등이 있다.

(2) 사회복지실천 2차 현장

사회복지실천의 2차 현장은 사회복지서비스 제공을 기관의 고유 목적으로 삼고 있지는 않지만, 기관의 운영과 서비스 효과성을 높이는 데 사회복지서비스가 긍정적으로 영향을 미치기 때문에 필요에 의해 사회복지사가 전문직으로 참여하여 협업하는 실천현장을 말한다. 예를 들면, 교육서비스를 제공하는 교육기관에 학교사회복지사, 의료서비스를 제공하는 의료기관에 의료사회복지사, 기업의 사회공헌활동에 참여하는 사회복지사, 법무부 교정시설에서 활동하는 교정복지 담당 사회복지사 등이 있다.

2) 설립주체 및 재원조달방식에 따른 분류

(1) 공공기관

행정업무가 주이며 위계질서를 중시하고 통제적일 수 있다. 정부기관(government) 또는 공공기관(public agency)은 정부의 지원에 의해 운영되며 사회복지사의 업무도 정부의 규정이나 지침에 의해 지도 · 감독된다. 이들 공공기관은 서비스를 계획, 관리, 지원한다. 서비스를 관리 · 지원하는 행정체계, 서비스를 직접 제공하는 집행체계로 보건복지부, 시 · 군 · 구청, 읍 · 면 · 동 주민자치센터이다.

(2) 민간기관

민간기관(private agency)은 사회복지 관련 사업을 목적으로 사회복지사업법에 의해 운영되는 사회복지법인, 재단법인, 사단법인, 종교단체, 시민사회단체 자원봉사단체 등의 비영리기관(nonprofit agency)을 총칭한다. 공공기관과 대별하여 비정부조직(nongovernmental organization) 혹은 비공공조직(nonpublic organization)이라고 한다. 직무수행에 있어서 자율성이나 융통성 발휘, 담당업무를 중심으로 권한 분산, 최근 팀별 접근방식으로 일의 전문성과 역동성이 극대화, 업무의 효율성을 높이려는 시도가 이루어진다. 행정지원을 위한 협의체, 직접서비스를 제공하는 사회복지서비스기관이 여기에 속한다.

3) 서비스의 직접 또는 간접적 제공 여부에 따라

(1) 행정기관 : 간접서비스 제공

① 중앙정부, 지방정부의 사회복지행정조직으로 서비스 전달체계의 효율적인 운영을 위해 사회복지서비스 전달체계상의 문제를 개선하고 행정기관과 민간기관 간의 연계, 협의 업무를 담당한다.

② 공적 부문 : 사회복지 관련법과 정책의 서비스를 효과적으로 전달

- 관련 부서 : 보건복지부(주무부서), 여성가족부, 노동부, 안전행정부 등
- 관련 인력 : 사회복지전담공무원, 아동복지지도원, 보육위원회 등
- 관련 기관 : 사회복지위원회, 장애인복지위원회, 보육위원회 등

③ 민간부문 : 특정 대상층의 욕구를 정책에 반영, 해결방안 모색

- 관련 기관 : 사회복지공동모금회, 한국사회복지협의회, 각 협의체

(2) 서비스기관 : 직접 서비스 제공

클라이언트에게 직접적인 서비스를 제공하는 것을 목적으로 하며 주요 대상이나 문제영역에 따라 서비스 분야를 나눈다.

① 공적부분 : 구청, 읍 · 면 · 동 주민자치센터(사회복지전담공무원)

② 민간부분 : 대부분의 사회복지서비스 제공 기관

4) 제공되는 서비스 형태에 따라

(1) 거주시설

클라이언트는 주거기반 복지서비스를 이용하면서 지역사회 복귀를 목표로 삼는다. 예를 들면 보육원, 그룹홈, 가정폭력 · 성폭력 피해자 쉼터, 장애인거주시설 등이 있다.

(2) 이용시설

지역사회복지기관에서 자신의 집에 거주하면서 클라이언트를 대상으로 각종 복지 프로그램 및 복지서비스를 제공한다. 예를 들면, 종합사회복지관, 노인복지관, 장애인복지관, 노인주간보호센터, 지역아동센터, 재가복지봉사센터 등이 있다.

02 | 사회복지현장실습 관련 기준

사회복지현장실습은 사회복지사 자격을 갖추기 위한 필수 교과목 중 하나로 사회복지사업법과 시행규칙에 의해 이루어진다. 사회복지현장실습 관련 기준은 사회복지사업법과 시행규칙, 한국사회복지사협회에서 발간한 사회복지현장실습 매뉴얼 및 사회복지사 자격 관리지침, 한국사회복지교육협의회 교과목 지침서를 토대로 사회복지현장실습기관과 실습지도자 자격기준, 실습과목 이수기준, 사회복지전공 교과목과 사회복지관련 교과목, 실습생에 대한 규정, 사회복지현장실습 유의사항 등에 대해 살펴봄으로써 현장실습에 필요한 규정과 지침 등에 대한 이해를 돕고자 한다.

1) 사회복지현장실습기관과 실습지도자 자격기준

(1) 사회복지현장실습기관

사회복지현장실습이 가능한 실습기관에 대한 법적 기준은 「사회복지사업법」 제2조 제1호에 따른 사회복지사업과 관련된 법인 · 시설 및 단체를 말한다. 사회복지사업을 수행하는 기관, 법인, 시설 또는 단체여야 하고 보건복지부장관으로부터 실습기관으로 선정된 기관이어야 한다. 이러한 기준은 아래의 사회복지현장실습기관의 범주와 같다.

사회복지현장실습기관의 범주

- 사회복지사업법에 따른 사회복지법인 · 사회복지시설
- 사회복지사업과 관련된 기관 및 단체
  - 사단법인 · 재단법인 : 관청의 허가를 받은 단체로 사회복지사업을 목적으로 하는 비영리단체('사회복지사업'이란 사회복지사업법에 명시된 '정의'를 말함)
- 공공기관 : 자원봉사센터
- 사회복지서비스를 제공하는 병원, 상담소, 학교, 교정기관, 시민사회단체 등(관할 관청의 인 · 허가를 받은 상태 또는 신고된 상태여야 함. 설치 뒤 1년이 지나지 않은 경우 등록 불가, 심사 시 정관, 실습계획서 등 추가 서류를 요청할 수 있음)
- 실습기관은 반드시 법적 기준에 따른 실습지도자가 있어야 함

실습기관으로 선정되고자 하는 기관은 기관실습 실시기관 선정 신청서와 실습지도자의 사회복지사업 실무 경험 확인서, 전년도 보수교육 이수확인서, 사업자등록증 또는 고유번호증과 사회복지사업 수행 사실을 확인할 수 있어야 한다. 사회복지법인은 법인 설립허가증, 사회복지시설은 시설신고증, 기타 비영리법인 또는 비영리민간단체의 경우 사회복지사업 수행 사실 확인서, 비영리법인 설립허가증 또는 비영리 민간단체등록증 등 설립근거 서류와 정관을 제출해야 한다.

한국사회복지사협회장은 접수받은 신청서와 관련 첨부서류를 검토한 후 그 자료를 보건복지부장관에게 제출한다. 장관은 제출서류와 검토자료를 심사한 후 선정기준에 적합하다고 인정되면 기관실습 실시기관으로 선정하고 그 결과를 홈페이지에 공고한다. 실시기관 선정의 유효기간은 선정일로부터 3년으로 하며, 3년이 경과한 후에도 실시기관으로 선정을 받고자 할 경우 유효기간이 종료되기 전에 신규 선정 절차에 준하여 신청하여야 한다.

(2) 실습지도자

실습지도자의 자격기준은 실습기관의 실습지도자의 경우 1급 사회복지사

자격증을 취득한 이후 3년 이상의 사회복지사업 실무 경험이 있거나 2급 사회복지사 자격증을 취득한 이후 5년 이상의 사회복지사업 실무 경험이 있어야 한다. 또한 이러한 실무경력이 「사회복지사업법」 제2조에 따른 사회복지관련 법령에 의해 신고된 법인, 시설, 기관 및 단체에서 사회복지사로 상근한 경력만 인정이 된다(사회복지사 자격증 발급일로부터의 경력만 인정).

실습지도자의 경우 기관실습이 실시되는 연도의 전년도에 8시간 이상의 보수교육을 받아야 하며, 기관 실습지도자 1명이 동시에 지도할 수 있는 학생 수는 5명 이내여야 한다. 실습지도는 실습지도자의 근무시간 내에 이루어져야 하며 평일 실습, 주말 실습, 주간 실습, 야간 실습 등 구분 없이 모두 동일한 사회복지현장실습 1건으로 보며, 같은 기간 내에 5명을 초과하여 지도할 수 없다.

실습지도자(실습 슈퍼바이저) 기준

- 예시 1 : 사회복지사 1급 자격증을 교부받은 후 3년 이상 사회복지 실무 경험이 있는 경우 인정 가능
- 예시 2 : 사회복지사 2급 자격증을 교부받은 후 5년 이상 사회복지 실무 경험이 있는 경우 인정 가능
- 예시 3 : 사회복지사 3급 자격증을 교부받은 후 4년의 사회복지 실무 경험이 있고 1급으로 승급 후 사회복지 실무경력이 1년 이상인 경우(최초 자격증을 취득한 2급 발급일로부터 5년 이상 실무 경험이 있는 것으로 인정 가능)
- 예시 4 : 사회복지사 2급 자격증을 교부받은 후 6년의 사회복지 실무 경험이 있고, 1급으로 승급 후 사회복지 실무경력이 6개월인 경우(최초의 자격증을 취득한 2급 발급일로부터 5년 이상 실무 경험이 있으므로 인정 가능)

(3) 실습지도자 윤리지침

① 실습지도자는 개인적인 이익을 추구하기 위해 자신의 지위를 이용해서는 안 된다.

② 실습지도자는 전문적 기준에 의해 공정하게 책임을 수행하고, 실습생에 대한 평가는 실습생과 공유해야 한다.

③ 실습지도자는 실습생에 대해 인격적, 성적으로 수치심을 주는 행위를 해서는 안 된다.

④ 실습지도자는 보다 내실 있고, 전문적인 실습지도를 위해 한국사회복지사협회 등 관련단체에서 진행하는 실습지도자를 위한 교육을 통해 실습지도자로서의 전문지식과 기술 및 능력을 향상시킬 수 있도록 노력해야 한다.

2) 실습과목 이수기준

(1) 실습기간 및 실습시간 이수기준

사회복지현장실습의 내실화를 위해 「사회복지사업법」 시행규칙 제2조 제2항을 신설하여 종전에 사회복지사업과 관련된 기관 등에서 120시간 이상의 실습을 받아야 했으나, 신법 기준으로 보건복지부장관이 선정한 기관, 법인, 시설 또는 단체에서 160시간 이상의 실습을 진행하도록 기준을 강화하였다.

학기 중 실습은 학교 수업과 병행하여 실시할 수 있으며, 대체로 학기가 시작되면서 실습을 병행하기 때문에 학기가 끝나는 시점까지는 실습이 종료되어야 한다. 학기 중 실습은 일반적으로 주 1회 이상 15주 동안 실시되며, 따라서 160시간의 실습을 진행하기 위해서는 학기 중 타 수업과 실습수업, 그리고 실습이 병행될 수 있도록 시간의 배분이 필요하다.

학기 중 실습은 실습과 세미나가 동시에 이루어지기 때문에 실습 경험을 나누며 실습이 진행될 수 있으며, 실습과 관련된 문제들에 대해 실습지도교수의 슈퍼비전을 받을 수 있다는 장점이 있다. 하지만 학업과 병행해야 하므로 실습에 전념하기 어렵고, 주 1회 또는 2회 진행되기 때문에 실습관련 업무가 단절되어 지속적 업무 수행에 어려움이 있을 수 있다.

방학 중 실습은 일반적으로 방학기간 동안 4주간 160시간을 집중해서 실습을 진행하는 형태로 학업이 없는 상태에서 실습에 집중할 수 있다는 장점을 가지고 있다. 하지만 방학 중 실습은 실습세미나 수업과 동시에 진행되지 못하므로 다른 사회복지관련 기관에서 실습하는 학생들과 실습 경험을 나누지 못하며, 지도교수로부터 정기적인 슈퍼비전이 이루어질 수 없다는 한계가 있다. 따라서 이러한 부분을 보완하기 위한 노력이 필요하다.

한국사회복지사협회는 2020년 1월 19일 '학칙에 규정되지 않은 학기 외 기관실습 운영관련 조치사항에 대한 안내'에서 사회복지현장실습은 대학 등 교육기관에서 운영하는 교과목이므로 각 교육기관에 적용되는 교육관련 법령의 일반원칙을 준수하되, 학기 외 기관실습 운영 등 일반원칙과 달리 운영할 경우(방학 중 실습 후 다음 학기 수업 진행) 각 교육기관의 학칙 등으로 운영 근거를 명확히 할 필요가 있음을 강조하고 있다. 따라서 「고등교육법」에 따른 교육기관은 2021학년도 1학기부터 개설되는 '사회복지현장실습' 교과목 이수를 위해 교과목 개설 전 기관실습을 실시할 경우, 학칙 등에 근거를 마련하고 기관실습의 시기, 지도교수 지정, 교과목 운영과 관리방법 등 관련사항을 규정해야 한다. 또한 원칙적으로 학기 외 기관실습은 '사회복지현장실습' 교과목 개설학기 직전 방학 중 실시한 경우에만 인정된다.

실습시간 예시

- 학기 중 실습 : 전문대학 및 대학의 학생의 경우 학기 중 실습기관에 주 1회 이상 출석하여 최소 160시간 이상 실습 시행
- 방학 중 실습 : 1일 8시간 주 5회 실습기관에 출석하여 최소 160시간 이상 실습 실시(생활시설 실습 시 1일 인정시간은 8시간으로 최소 160시간 이상 실습을 실시함)
- 실습지도 1일 지도시간 :
  최소 4시간 이상, 최대 8시간 이하로 실습이 진행되어야 하며(실습 이수시간 중 실습생의 식사시간은 제외. 단, 실습계획에 식사지도가 포함되는 경우 실습시간으로 인정) 실습계획에 의거 프로그램 특성상 기준을 넘기는 실습시간 등은 실습생, 실습기관, 학교(교육기관)가 상의하여 실습계약과 실습계획에 의거 결정하여야 하며, 상의하여 결정한 경우라 하더라도 한국사회복지사협회는 자격 심사 시 별도 추가 서류를 요청할 수 있음(일반적으로 1일 8시간 기준으로 실습이 진행되며 점심시간 1시간을 제외)

(2) 실습세미나

「사회복지사업법」 시행규칙 개정에 따라 2020년부터 사회복지사 자격증 교과목을 이수하는 경우 실습생은 사회복지현장 실습 세미나를 필수적으로 이수하여야 하며 교육기관에서 30시간 이상의 실습세미나 수업을 받아야 한다. 실습세미나는 1회당 2시간 이상의 실습세미나를 총 15회 이상 실시해야 한다. 이 경우 정보통신망을 이용한 온라인 교육을 실시하는 교육기관의 실습세미나에는 대면 방식의 세미나가 총 3회 이상 포함되어야 한다(주 1회를 초과할 수 없음).

실습지도교수는 현장실습 전 사전오리엔테이션을 포함하여 현장실습 시 기관방문, 실습세미나 운영(강의, 토의, 슈퍼비전) 등을 실시한다. 이때 실습세미나에 참여하는 학생 수는 30명 이내여야 한다. 기관실습지도자가 부여한 평가점수와 실습세미나 교수가 부여한 평가점수를 합한 최종 평가점수를 실습지도교수가 부여한다.

실습세미나의 주요 내용

- 학생의 실습 과정에 관한 강점 및 개선점을 점검함
- 현장에서 적용한 사회복지실천의 방법 및 기술을 이론적으로 정리하여 지식과 경험을 통합할 수 있도록 지도함
- 실습현장에서 직 · 간접적으로 경험한 사회복지실천 과정이 다양한 클라이언트 체계에 미치는 영향에 대해 탐색하도록 지도함
- 사회복지조직으로서 실습기관에 대한 기능과 역할에 대해 이해하도록 토론을 유도함
- 실습기관이 속한 지역사회 욕구를 파악한 것을 토대로 실습기관 서비스 간의 연계에 대해 이해하도록 토론을 유도함
- 실습 내용을 사회복지정책, 사회복지법규 및 제도와 연계하여 이해하도록 토론을 유도함
- 사회복지실천현장에서 직면하는 윤리적 딜레마에 대해 토의함
- 사회복지사로서의 전문적 자기인식에 대해 정리함
- 실습생이 자신의 실습 과정에 대한 평가를 통해 반영적 실천을 경험하도록 지도함

(3) 실습지도교수 자격기준

「사회복지사업법」 시행규칙에 의하면 실습지도교수는 학사, 석사 또는

박사학위 중 2개 이상의 학위를 사회복지학 전공으로 취득한 사람으로서 3년 이상의 사회복지학 교육 경험 또는 3년 이상의 사회복지사업 실무 경험이 있어야 한다. 다음은 사회복지사협회에서 권고하는 사회복지실습 지도교수의 기준이며, 다음 두 가지 기준을 모두 충족해야 한다.

실습 지도교수 자격기준

- 기준 1. 사회복지사 1급 자격증 소지자
- 기준 2.
  - 석사학위 소지자 : 교육 과정 중 최소 한 학기 이상 실습을 받은 경험이 있거나, 사회복지기관에서 5년 이상 근무하면서 실습지도의 경험이 있는 자
  - 박사학위 소지자 : 교육 과정 중 최소 한 학기 이상 실습을 받은 경험이 있거나, 사회복지기관에서 1년 이상 근무하면서 실습지도의 경험이 있는 자

3) 실습생에 대한 규정

한국사회복지교육협의회에서는 실습 전 사회복지개론, 인간행동과 사회환경, 사회복지실천론, 사회복지실천기술론의 4개 교과목과 법정 필수 및 선택과목 중 3개 교과목, 특정영역 실습을 위한 분야별 과목(아동복지론, 장애인복지론, 노인복지론, 사회복지와 문화 다양성 등)을 선 이수과목으로 권고하고 있다(한국사회복지교육협의회, 2020).

한국사회복지사협회에서 제시한 실습생의 자세는 다음과 같다.

우리는 사회복지 실습생으로서 사회복지사 윤리강령과 다음 사항을 준수한다.

① 실습의 목적과 중요성을 충분히 이해하고 실습 계약사항을 이행하기 위하여 최선의 자세로 실습에 임한다.

② 실습은 대학에서 학습된 이론을 구체적으로 적용하는 과정임을 인식하여 이에 최선을 다한다.

③ 기관의 구성원이라는 생각을 가지고 타 구성원과 협력하며 친화적인 태도를

취한다.

④ 기관의 정책을 이해하고 수용하며 실습 과정을 준수하도록 한다.

⑤ 근무시간은 기관의 규정에 준하며 직원과 동일한 자세로 근무시간에 임하도록 한다.

⑥ 실습 시작 최소 10분 전에 출근하여 업무에 관계된 사항을 사전에 준비하도록 한다.

⑦ 결근, 조퇴, 지각 등 근태와 관련된 사항은 반드시 실습지도자에게 사전에 보고하여 허락을 받도록 한다.

⑧ 실습지도자의 지시뿐 아니라 타 직원의 지도를 잘 이행하여 실습효과를 최대화하도록 한다.

⑨ 직무에 강한 책임감과 열의를 갖고 적극적으로 임하며 타인에게 책임을 전가하거나 태만하게 행동하지 않는다.

⑩ 실습으로 인해 알게 된 클라이언트의 사적인 정보를 교육적 목적(대학 실습지도 등) 이외에는 절대 발설하지 않으며, 교육적 목적이라 하더라도 가명을 사용하여 개인의 비밀이 침해되지 않도록 한다. 실습 종료 후, 실습관련 내용을 학회지 등에 게재하고자 할 때는 반드시 실습지도자와 상의하여 허락을 받아야 한다.

⑪ 실습지도자의 지도 혹은 타 실습생의 실습을 견학, 관찰할 경우 배우는 자세로 진지한 태도를 취한다.

⑫ 기관의 직원, 클라이언트 등에 대해 예의를 지킨다.

⑬ 복장, 소지품은 실습기관의 특성과 상황에 맞게 취하되 가능한 화려한 것을 피하고 검소하며 단정한 것으로 착용하도록 한다.

⑭ 안전사고에 만반을 기하도록 하며 안전사고와 관련된 기관의 규정을 사전에 숙지하고 그에 준해 처리하도록 한다.

⑮ 실습일지를 비롯한 각종 실습기록은 사실에 근거하여 정확하고 구체적으로 정리하여 실습 시 실습지도자의 실습지도교수에게 슈퍼비전을 받는다.

⑯ 과제에 관하여 연구하고 그 결과물에 대해 실습지도자의 슈퍼비전을 받는다.

⑰ 실습 과정 중 어떤 경우라도 사례금 등의 금품을 절대 주거나 받지 않는다.

⑱ 과제물은 정해진 기일에 제출하고 출근 전에 작성을 마친다.

⑲ 기관의 명칭을 사적으로 활용하지 않으며 실습생의 신분을 지킨다.

⑳ 기관을 대표한다는 자세로 기관의 직원들과 동일한 업무 태도와 자세를 취한다.

4) 사회복지현장실습 유의사항

① 자격증 발급 신청 시 유의사항

자격증 발급 신청 '사회복지현장실습확인서'를 제출하여야 한다. 실습확인서 양식은 실습을 이수한 해당 연도 이전 양식으로 제출할 수 없으며 실습 당시 또는 현행 양식으로 제출하여야 한다. 실습확인서 재발급 시 확인 날짜는 재발급받은 날짜로 작성하며 양식은 실습 당시 또는 현행 양식으로 제출하여야 한다.

기관 폐쇄로 인한 실습확인서 재발급이 안 될 경우 학교(교육기관)측이 소장한 원본이 있는지 확인한다. 그 사본을 원본대조필을 받아 제출한다. 실습지도자나 실습지도교수의 부재(사망, 퇴사)로 인한 서명 확인이 불가능할 때 실제 지도받은 이의 성함을 명시하고, 서명만 대리 서명한다. 실습지도자 부재 시, 기관 대표자 또는 현행 실습지도자가 대리 서명하고, 대리 서명한 곳 옆에 대리 서명 사유를 자필로 명시한 뒤 서명자 이름과 함께 서명자 개인도장을 날인한다. 실습지도교수 부재 시, 학과장이 대리 서명하고, 대리 서명한 곳 옆에 대리 서명 사유를 자필로 명시한 뒤 학과장 직인을 날인한다. 실습확인서는 반드시 원본을 제출해야 하며, 실습지도자, 실습기관, 실습지도교수 서명은 모두 확인되어야 한다. 복사하거나 스캔 받아 인쇄한 서류 등은 인정하지 않으나, 기관에서 원본대조필을 받은 경우, 학교에서 원본대조필을 받을 경우 이를 인정한다.

② 동일 직장 내에서 실습을 하는 경우 인정하지 않는다.

③ 실습이수 중 실습지도자를 중간에 변경할 경우 법적 기준에 맞는 실습지도자가 지도하여야 하며, 실습확인서는 전 · 후 지도자에게 각각 확인받아야 한다.

④ 군인, 공익근무요원 등 관계 법령에 의거 특별한 신분을 갖고 있는 자는 해당 법령에 따른 허가를 받은 경우에만 실습을 시행할 수 있다.

⑤ 해외 사회복지시설에서의 현장실습은 인정되지 않는다.

⑥ 자원봉사활동이나 단순 기관 방문, 마을축제 방문 등은 사회복지현장실습에 포함되지 않으며, 실습생이 실습기관에 출석하지 않고 알선업체를 통한 허위실습을 하거나 인터넷 등을 통한 실습은 인정되지 않는다.

⑦ 실습은 반드시 실습선정기관에서 이루어져야 하며, 실습시간 기준은 반드시 지켜야 하고, 실습세미나는 15회 총 30시간 이수는 필수이다.

CHAPTER 03

사회복지현장실습의 기초지식

1. 사회복지실천 원리
2. 전문가로서의 사회복지실천 원리
3. 사회복지실천 윤리
4. 사회복지실천 기록
5. 사회복지실천 과정과 기술
6. 지역사회 욕구조사
7. 자원개발

사회복지현장실습의 기초지식

CHAPTER 03

01 | 사회복지실천 원리

사회복지실천은 정부가 수립한 사회복지정책을 기반으로 효과적이고 효율적으로 수행하기 위해 사회복지행정을 통해 실천으로 옮겨진다. 따라서 사회복지정책은 사회복지실천현장을 잘 반영하고 있어야 하며, 사회복지행정은 사회복지정책과 사회복지실천을 아울러야 한다. 그리고 사회복지실천은 주민의 욕구와 지역사회의 현실에 중점을 두고 있어야 한다(최옥채, 2010).

1) 사회복지실천현장을 반영하는 사회복지정책

사회복지정책은 사회복지를 집행하도록 법이나 규정을 통해 제도화된 것을 말한다. 사회복지정책은 제도를 벗어나 특정 기관이나 개인에 의해 임의로 시행될 수 없다. 나아가 사회복지정책이 제대로 수립되어야 서비스를 받는 대상자의 만족도도 높아질 것이다. 따라서 사회복지정책은 사회복지의 대상자와 사회복지를 실천하는 현장의 상황을 최대한 반영하여 수립되어야 할 것이다.

2) 사회복지정책을 복지서비스로 전환하는 사회복지행정

사회복지행정은 사회복지정책이 효과적이고 효율적으로 시행될 수 있도록 체계적으로 조직된 공공의 인적 구성이라 할 수 있다. 사회복지행정은 사회복지정책과 사회복지실천현장 간의 가교 역할을 해야 하기 때문에 이 둘을 아우를 수 있어야 한다. 사회복지실천에 필요한 재정적 지원을 하는가 하면, 지원된 재정이 올바로 집행되는지 감독하는 것도 사회복지행정의 중요한 역할이다.

3) 주민의 욕구와 지역사회 현실에 중점을 둔 사회복지실천

사회복지정책에 따라 사회복지 대상자에게 서비스를 전달하는 사회복지실천은 사회복지기관이 주도한다. 사회복지정책은 모든 사회복지실천에 관하여 구체적인 서비스 내용을 세세하게 규정할 수 없기 때문에 사회복지기관이 대상자들의 세부적인 상황을 파악하여 서비스를 제공하여야 한다. 이때 사회복지기관은 주민의 욕구와 지역사회의 요구를 정확히 파악하고 현재의 상황에 맞는 서비스를 시행하여야 한다. 아무리 좋은 서비스라도 대상자와 지역의 현실을 제대로 반영하지 못할 경우 대상자들의 만족도는 낮아지고 효과적인 사회복지실천은 요원해질 것이다.

02 | 전문가로서의 사회복지실천 원리

① 사회복지실천은 사회복지사 자신의 인식과 성찰이 기반이 된다.

숙련된 사회복지사는 타인과 관계할 때 자신의 독특한 태도와 스타일을 의도적으로 활용한다. 자신의 특별한 강점을 발견하고 형성하며, 자신의 약점이 미치는 부정적 영향을 최소화하기 위해 자기 자신에 관해 계속적으로 점검하고 성장하도록 노력해야 한다.

② 사회복지사는 전문적 관계를 통해 자신의 클라이언트를 이해하고 수용하되 객관성을 유지해야 한다.

사회복지사는 통제된 정서적 관여를 통해 균형을 유지할 수 있으며, 사회복지사와 클라이언트 간의 적절한 정서적 거리는 건강한 것이며 전문적 객관성을 유지하려고 노력하는 것이 사회복지사의 소진을 예방하는 방법이 된다.

③ 사회복지실천은 다양한 사람들과 함께하는 활동이다.

사회복지사는 인간의 독특성을 이해하고 존중해야 하며, 다른 사람이 경험하는 세상의 흐름을 읽고 삶에 대한 개방적인 관점과 지식을 가져야 한다.

④ 사회복지실천은 의식적으로 지식에 기반한 실천이 되어야 한다.

사회에서 전문직에 관한 신뢰의 핵심은 전문가가 가장 최신의, 가장 적절한 지식을 가지고 변화를 추구하는 노력을 할 것이라는 기대이다. 사회복지실천 활동과 직접적인 관계가 있는 최근의 지식을 탐구하기 위한 노력을 기울여야 하며 필요한 지식을 활용하는 방법을 알아야 한다.

⑤ 사회복지사는 윤리강령을 준수하고 그에 따른 실천을 해야 한다.

사회문제를 해결함에 있어 개인의 가치가 반영되는 기관의 사회복지사는 자신의 가치와 신념에 민감해야 하며 클라이언트의 권익을 보호하기 위한 집단의 권익을 침해하는 것은 아닌지 또한 집단을 보호하기 위해 개인을 희생시키는 것은 아닌지 항상 주의 깊은 점검이 필요하다.

⑥ 사회복지실천은 전체로서의 인간에 초점을 두는 독특한 전문실천이다.

사회복지사는 인간을 생물학적, 심리적, 사회적 그리고 영적인 측면이 고려된 대상으로 바라보아야 하며, 현재와 미래와 당면한 문제나 제시한 문제 이외에 발생 가능한 다른 쟁점에도 주의를 기울여야 한다.

⑦ 사회복지실천은 수용과 존중을 기반으로 클라이언트의 성장을 지원하는 것이다.

클라이언트의 행동, 외모, 지위 혹은 상황에 관계없이 존중받을 만한 존엄성을 지닌 인간으로 대우하라는 의미이다.

⑧ 사회복지실천은 클라이언트에게 미래에 대한 현실적 희망을 갖도록 원조하는 것이다.

원조를 요청하는 클라이언트는 문제를 해결하기 위해 많이 지쳐 있고 좌절과 실망에 빠져 있는 경우가 많다. 이때 사회복지사는 새로운 아이디어, 새로운 관점, 보다 효과적인 변화 전략을 도입하여 동기부여, 변화와 성장을 촉진하여야 한다.

⑨ 강점에 기반한 사회복지실천이 이루어져야 한다.

사회복지사는 클라이언트의 변화를 돕기 위해 가장 중요한 요소로 클라이언트의 잠재력을 생각해야 한다. 이를 통해 클라이언트는 무기력하고 희망이 없어 보이는 문제상황을 해결 가능하고 미래의 희망을 실현하는 성장의 기회로 그 의미를 전환할 수 있다.

⑩ 사회복지실천은 클라이언트를 개별화하고 클라이언트의 참여를 최대화해야 한다.

클라이언트가 있는 곳에서 시작해야 하며, 자기결정과 비밀보장이 원칙을 지켜야 한다. 자기결정에 대한 인식 및 권한 확대를 통해 적극적인 참여와 주체적 역할을 수행할 수 있도록 원조한다.

⑪ 사회복지실천은 클라이언트 스스로 문제를 해결하도록 도와주는 것이다.

클라이언트를 준비시키는 것은 그들이 인접환경에서 자원과 자연적인 원조자들을 확인하고 활용하는 방법을 가르쳐 주는 것이다.

⑫ 사회복지실천 과정에 대해 지속적인 평가와 점검을 해야 한다.

개입전략 과정을 서술하고 성취되어야 할 측정 가능한 목표를 설정하여 이를 클라이언트와 공유한 후 개입, 지속적인 점검 과정을 통해 수정 보완하여 클라이언트가 만족할 수 있는 전문적 개입이 이루어지도록 하는 것이 필요하다.

03 | 사회복지실천 윤리

1) 사회복지실천에서의 가치와 윤리

힐리(Healy, 2007)는 ① 사회복지에서 윤리적 원칙을 보편적으로 적용할 수 있는가? ② 사회복지실천 윤리를 토대로 가치가 보편적인 것이라고 주장할 수 있는가? 라는 두 가지 질문을 제시하면서 가치와 윤리는 통일되기보다는 분리되어 있다고 주장하였다.

가치는 일종의 신념이며 선택이다. 이는 인간을 위해 좋은 것과 바람직한 것에 대한 가정이다(이경아 외, 2011). 따라서 바람직한 현실에 대한 개인의 주관적인 신념이며 이를 구체적인 행동으로 구현하고 자신의 기준에 맞다고 생각하는 것에 가치를 두게 된다.

윤리는 실제적인 결정을 내릴 때 필수적인 것으로 이것은 가치에서 비롯되었으며, 옳고 그름을 판단할 수 있는 도덕적 지침이 되며(엄명용 외, 2001), 사회적 규범에 기준을 두고 있다. 개인은 자신의 주관적 신념을 사회적 행동으로 옮기기 위해서 무엇을 어떻게 적용할 것인가를 고민하게 된다. 따라서 가치와 윤리의 차이점은 가치는 추상적이며 무엇이 좋고 바람직한가와 관련 있고, 윤리는 무엇이 옳고 그른가에 관한 것이라 할 수 있다.

2) 사회복지사 윤리강령

특정 직업을 전문직으로 발전시키기 위해서는 윤리강령이 필요하다. 또한 법, 의료, 심리, 정신의료, 기술, 언론 등 각종 전문직에 종사하고 있는 실천가들의 행동에 대한 책임 추궁이 빈번히 발생하면서 전문직 윤리에 대한 중요성이 강조되고 있다.

우리나라에서는 1973년 2월 사회복지사 윤리강령 초안 제정 결의 이후 1988년 3월 제정 공포되었으며, 1992년 10월, 2001년 12월 두 차례에 걸쳐 개정되었으며, 윤리기준을 다섯 가지 영역으로 분류하고 각 영역에서의 행동지침을 구체화시켰다.

사회복지사는 사회복지서비스 제공과 관리업무 수행에서 윤리강령을 준수하여 행동하여야 한다.

3) 사회복지사의 기본적 윤리기준

(1) 전문가로서의 자세

품위유지, 업무에 대한 책임감, 클라이언트에 대한 공평성, 업무의 공정성, 부당한 압력에 대한 비타협, 자신의 이익을 위해 전문직의 가치를 훼손해서는 안 된다.

(2) 전문성 개발을 위한 노력

서비스의 전문성을 위한 지식과 기술 개발 노력이 필요하다.

(3) 경제적 이득에 대한 태도

- 클라이언트의 지불능력에 상관없이 서비스를 제공해야 하며 이를 이유로 차별대우를 해서는 안 된다.
- 업무와 관련하여 정당하지 않은 방법으로 경제적 이득을 취해서는 안 된다.

4) 사회복지사의 윤리기준

(1) 사회복지사의 클라이언트에 대한 윤리기준

- 클라이언트의 권리옹호를 최우선 가치로 삼아야 한다.
- 인간으로서의 존엄성을 존중하며 전문적 기술과 능력을 발휘하여야 한다.
- 자기결정권을 최대한 행사할 수 있도록 원조하며 이익을 대변하여야 한다.
- 직무수행 과정에서 얻은 정보는 철저하게 비밀을 유지하여야 한다.
- 클라이언트의 알 권리를 존중하여야 한다.
- 정보공개 시 클라이언트의 동의를 받아야 한다.

- 개인적 이익을 위해 전문적 관계를 이용해서는 안 된다.
- 클라이언트를 동반자로 인정하고 함께 일해야 한다.

(2) 동료와의 관계

- 존중과 신뢰로서 동료를 대하여 지위와 인격을 무시하는 언행을 삼가야 한다.
- 전문직의 이익과 권익을 증진시키기 위해 동료와 협력하여야 한다.
- 윤리적이고 전문적 행위를 촉진시켜야 하며 이에 반하는 경우 법률규정 혹은 윤리기준에 따라 대처하여야 한다.
- 미흡한 판단으로 문제가 발생했을 경우 즉각적인 조치를 취하여 클라이언트의 이익을 보호해야 한다.
- 전문직 내 다른 구성원이 행한 비윤리적인 행위에 대해 제반 법률규정이나 윤리기준에 따라 조치를 취해야 한다.

(3) 동료의 클라이언트와의 관계

- 적법하고 적절한 논의 없이 동료 혹은 타 기관의 클라이언트와 전문적 관계를 맺어서는 안 된다.
- 긴급한 사정으로 인해 동료의 클라이언트를 맡게 될 경우 자신의 의뢰인처럼 관심을 갖고 서비스를 제공해야 한다.

(4) 사회와의 관계

- 인권존중과 인간평등을 위해 헌신해야 하며, 사회적 약자를 옹호하고 대변하는 일을 주도해야 한다.
- 필요한 사회서비스를 개발하기 위한 사회정책의 수립, 발전, 입법, 집행에 적극적으로 참여하고 지원해야 한다.
- 사회환경을 개선하고 사회정의를 증진시키기 위한 사회정책의 수립, 발전, 입법, 집행을 요구하고 옹호해야 한다.

- 자신이 일하는 지역사회의 문제를 이해하고, 그것을 해결하는 일에 적극적으로 참여해야 한다.

(5) 기관과의 관계

- 기관의 정책과 사업 목표의 달성, 서비스의 효율성과 효과성의 증진을 위해 노력함으로써 클라이언트에게 이익이 되도록 해야 한다.
- 기관의 부당한 정책이나 요구에 대하여 전문직의 가치와 지식을 근거로 이에 대응하고 즉시 위원회에 보고해야 한다.
- 소속기관 활동에 적극적으로 참여함으로써 기관의 성장 발전을 위해 노력해야 한다.

04 | 사회복지실천 기록

1) 사회복지실천 기록의 목적

(1) 사회복지실천활동의 문서화

- 사회복지사는 실천 초기단계부터 종결단계까지 클라이언트의 상황, 제공한 서비스의 내용과 과정, 목표달성 여부와 성과 등을 기록하여 문서화하여야 한다.
- 실천 내용을 문서화하는 것은 기관의 책무성을 보장하고 사회복지사의 전문활동을 입증할 수 있는 근거 자료가 된다.
- 법적인 증거나 재원 확보의 근거 자료로 활용될 수 있다.

(2) 효과적인 서비스를 위한 모니터

- 사회복지사는 효과적인 서비스 제공을 위해 자신의 활동을 점검할 수 있다.
- 체계적인 기록을 통해 제공된 서비스와 운영방법, 전달체계 등을 검토, 평가하여 수정 보완 가능하도록 모니터링하여야 한다.

(3) 전문가 간의 의사소통의 활성화

- 다양한 전문직과 함께 일할 경우에 기록이 중요하다.
- 각 전문직의 관점과 서비스 내용을 공유하여 팀 활동의 시너지 효과를 낼 수 있다.

(4) 슈퍼비전의 활성화

기록을 통해 자신의 활동에 대한 지도자의 피드백을 받게 되어 클라이언트에게 양질의 서비스를 제공할 수 있다.

(5) 사례의 지속성 유지

담당자의 교체에도 불구하고 서비스 기록을 통해 서비스의 지속성을 유지하는 것이 가능하다.

(6) 행정적 과업을 위한 자료 제공

기록은 기관 및 직원평가, 조직관리나 예산집행의 근거자료로 활용할 수 있다.

(7) 연구조사를 위한 자료를 제공

사회복지서비스에 대한 연구 시 기록은 매우 중요한 자료로 활용된다.

(8) 클라이언트와 정보공유

기록을 통해 클라이언트는 자신에게 제공된 서비스에 대한 이해를 높일 수 있으며 자기결정권을 적절하게 행사할 수 있다.

2) 사회복지실천 기록의 내용

(1) 기록에 포함되어야 할 내용

- 클라이언트의 욕구
- 서비스 제공 이유와 방법
- 클라이언트 상황에 대한 내용(과거, 현재) : 사회력
- 클라이언트 체계와 환경의 특성
- 활용할 수 있는 자원과 제한 요인
- 수집된 정보에 대한 사정
- 서비스 제공에 영향을 미치는 요소
- 개입(서비스 제공)의 목적, 계획 및 전략
- 개입(서비스 제공)의 과정 및 내용, 평가
- 사례 종결 이유와 방법
- 사후계획

(2) 좋은 기록과 잘못된 기록의 특징

① 좋은 기록

좋은 기록은 간결, 구체적, 타당, 명확, 논리적, 시기적절, 의미 있고, 유용하며 사실에 근거, 전문가적 윤리를 바탕으로 하며, 수용된 이론에 기초한다. 무엇보다도 클라이언트의 관점을 존중한다.

- 서비스 결정과 행동에 초점을 둠
- 사정, 개입, 평가의 기초가 되는 클라이언트와 클라이언트 환경, 상황에 대한 정보가 들어가 있음
- 각 단계의 목적, 목표, 계획, 과정과 진행을 포함한 서비스 전달에 대한 정보가 들어가 있음
- 상황묘사와 사회복지사의 견해가 명확하게 분리되어 있어 읽는 사람들이 사회복지사의 관찰 사항과 해석을 이해할 수 있음
- 구조화되어 있어 정보를 효과적으로 문서화할 수 있고, 쉽게 색출해 낼 수 있음

② 잘못된 기록

잘못된 기록은 초점이 없고, 모호, 편견, 추리에 의존, 정확하지 않고, 정보의 양이 너무 많거나 너무 적고, 조직화되어 있지 못하고, 부정확한 사정, 잘못된 판단, 부적절한 개입, 내담자에 대한 무례한 표현 등을 담고 있다.

- 맞춤법이 틀리고 잘 끊어지지 않은 문장
- 반복되고 장황한 문장
- 행위자가 식별되지 않는 문장
- 의미 없고 과장되고 비판적 표현을 사용한 문장
- 근거 없이 내린 결론
- 상황에 대해 실습생의 독단적인 견해를 표현하고 클라이언트를 무조건 비난하거나 부정적으로 표현

05 | 사회복지실천 과정과 기술

1) 사회복지실천 과정

(1) 접수 및 관계 형성

접수단계에서는 클라이언트의 문제가 무엇인지 파악하고 기관에서 클라이언트에게 서비스를 제공할지 여부를 결정한다. 기관의 서비스 내용이 클라

이언트에게 적절하지 않은 경우 더 전문적인 서비스를 제공할 수 있는 기관으로 의뢰한다. 초기면담에서 보이는 불안과 저항을 다룰 수 있어야 한다.

(2) 자료수집

클라이언트의 문제해결 및 욕구충족을 위해 '환경 내 개인'의 관점에서 사정과 진단에 필요한 기본 자료를 수집하는 과정이다.

(3) 사정

사회복지사가 클라이언트의 문제를 이해하기 위해 수집한 자료를 사회복지 이론을 적용하여 분석하는 사고 과정으로 그 결과를 바탕으로 문제해결을 위한 계획을 수립한다.

(4) 계획과 계약

① 계획의 수립

개입의 목적과 목표에 합의하고 이를 달성하기 위한 계획을 수립한다. 개입의 목표는 구체적이고 측정 가능한 것이어야 한다.

② 계약의 설정

사회복지사와 클라이언트의 역할과 책임을 분명히 하고 오해를 예방하는 것이 목적이다.

(5) 개입

정해진 목표와 계획에 따라 실천 과정을 진행하는 것이다. 합의된 역할과 과업을 수행하고 필요한 자원을 개발 활용하고, 실천 과정을 점검한다. 긍정적인 성장과 변화를 유지하도록 도와야 한다.

(6) 평가와 종결

목표달성에 대한 평가와 더불어 사회복지사의 개입 과정 및 방법 그리고 사회복지사와 클라이언트의 역할수행 전반에 대해 점검한다.

2) 사회복지실천 과정에서 요구되는 기술

사회복지실천은 준거틀이나 적용 이론 등에 따라 다양할 수 있지만, 사회복지실천 과정에서 요구되는 기술들은 다음과 같다(이경아 외, 2011).

(1) 접수 및 관계성립

- 사회복지사와 클라이언트 간의 관계를 성립한다.
- 사회복지사는 클라이언트에게 기관의 서비스에 대해 소개한다.
- 클라이언트의 욕구를 파악한다.
- 클라이언트 욕구와 기관의 서비스가 맞지 않을 경우 다른 기관에 의뢰한다.

(2) 자료수집 및 사정

- 클라이언트의 욕구와 관련된 정확한 정보를 수집한다.
- 클라이언트의 상황과 관련된 심리 · 사회적 요인을 수집한다.
- 관련된 사회체계에 대해 정확하게 관찰하고 이해한다.
- 클라이언트의 심리 · 내적, 대인관계적, 환경적 요소와 상호작용을 이해한다.
- 클라이언트의 지각적 · 인지적 · 감정적 요인에 대해 평가한다.

(3) 목표설정 및 계약수립

- 클라이언트의 욕구와 사정에 기초하여 달성 가능한 목표를 설정한다.

- 목표달성을 위해 클라이언트의 능력과 동기에 기초하여 개입전략을 수립한다.
- 개입전략에 대해 클라이언트와 합의하여 수정 · 보완한 뒤 계약을 수립한다.

(4) 개입수행

- 클라이언트와 함께 설정한 개입목표를 달성하도록 사회복지사의 전문적인 활동을 수행한다.
- 클라이언트가 자신의 문제를 해결하거나 자신이 수립할 목표를 달성할 수 있는 능력이 있음을 믿고 클라이언트를 격려한다.
- 모든 변화의 주된 책임은 클라이언트에게 있음을 명심한다.
- 설정한 목표나 개입방법 등은 개입수행 기간 동안 보완될 수 있다.

(5) 종결 및 평가

- 종결 시 평가되어야 할 내용
  - 사회복지사와 클라이언트가 설정한 목표가 달성되었는가?
  - 사회복지사의 개입 태도 및 방법은 적절하였는가?
  - 클라이언트의 변화를 위한 태도와 노력은 적절하였는가?

06 | 지역사회 욕구조사

1) 지역사회 문제

모든 지역사회는 각종 지역사회 문제를 가지고 있으며, “지역에 있는 많은 사람들에게 심각한 위협을 제공하여 지역주민들로부터 대응을 불러일으키는 조건이나 상황"으로 정의할 수 있다(지은구 · 조성숙, 2010). 지역사회 문제를 이해하고 연구하는 것은 지역사회의 문제를 보다 깊고 넓게 이해하고 대처할 수 있게 해준다. 또한 지역사회 문제에 대한 지식은 지역사회의 사회, 정치, 경제적 환경이 어떻게 주민들의 일상생활에 영향을 주는지에 대한 이해를 높여준다. 그리고 지역사회 문제의 원인을 개인적 요인으로부터 사회구조적 요인으로 확대시켜 이해할 수 있는 근거를 제공해 준다(조성숙 · 이신영, 2013).

지역사회마다 유사한 문제를 가지고 있다고 하더라고 그 지역사회 문제를 심층적으로 분석해 보면 매우 다른 배경, 다른 양상으로 나타난다. 지역사회 문제에 대한 적절한 개입을 위해서는 그 문제에 대한 정확한 이해와 분석이 우선되어야 하며, 문제를 명확히 정의할 필요가 있다. 즉 지역사회 문제에 대한 정확한 이해를 위해서 사회복지사들은 세 가지 요소, 즉 지역사회 문제의 본질, 그 문제로부터 영향을 받는 인구집단, 문제가 발생하는 영역을 파악할 필요가 있다(지은구 · 조성숙, 2010).

(1) 지역사회 문제에 대한 이해

- 문제의 정의 및 개념화
- 문제의 원인-결과 간 관계를 이해할 수 있는 관련 이론 파악
- 지역사회 문제에 영향을 받는 사람들에 대한 다양한 양적 · 질적 자료수집
- 역사적 배경에 대한 이해
- 사회문제 해결을 위한 주요 참여자와 체계에 대한 확인

(2) 인구집단에 대한 이해

- 인구집단의 인종적, 문화적 특성 이해
- 인구집단의 젠더 이슈에 대한 이해
- 문제에 대한 개인들의 생각 확인

- 문제와 문제해결 시도들과 관련된 개인적 경험에 대한 이해
- 지역사회의 다양한 집단들이 문제를 어떻게 인지하고 있는지에 대한 이해

(3) 영역에 대한 이해

- 문제에 영향을 받은 지역이나 조직에 대한 인구 · 통계적 자료수집
- 지역지도 그리기
- 지역이나 조직에서 문제가 어떻게 발생했는지에 대한 자료수집
- 지역이나 조직의 과거 경험 확인
- 중요 정책결정자와 기금 출처 확인
- 문제 원인에 대한 다양한 관점 이해

2) 지역사회 욕구조사

(1) 욕구조사의 필요성

욕구(need)란 '무엇을 필요로 하는가'에 관한 것이다. 사회복지관점에서 보면, '필요하지만 충족되지 못하고 있는 어떤 것'이 욕구가 될 수 있다. 욕구와 요구(want)는 서로 다른 의미를 지니고 있다(박태영 외, 2019). 욕구는 어떤 사람이 필요로 하는 것에 대해 타인의 판단 과정을 거쳐 확인된 것이라면, 요구는 필요한 것을 가지지 못할 때 생기는 개인의 인지 또는 정서 상태를 말한다.

욕구를 확인하는 과정은 단순히 대상자에게 질문하는 것으로만 얻어지는 것이 아니다. 즉, 누군가에게 어떤 도움이 필요한지를 결정하는 과정으로 사회적 · 다면적 과정을 포함하고 있다. 따라서 욕구조사는 조사대상자가 가지고 있는 정보를 파악하는 것을 목적으로 하는 일반적인 조사와는 달리 사회복지 프로그램에 대한 의사결정을 하는 데 필요한 정보를 얻는 데 목적이 있다(원석조, 2012).

욕구조사는 지역사회 주민이나 사회복지 대상자가 가지고 있는 욕구를 파악하여 거기에 적합한 프로그램을 개발하거나 기존 프로그램을 개선하고자 할 때 실시하며, 욕구조사의 결과는 복지 프로그램의 신설이나 개선의 필요성을 정당화시켜 주는 실증적인 근거가 된다.

(2) 욕구조사방법

욕구조사를 위한 자료수집방법으로는 지역사회 주민에게 직접 자료를 수집하는 방법, 기존 자료를 활용하는 방법, 전문가를 대상으로 하는 방법 등 여러 가지 방법이 있다(강영걸, 2008).

① 지역주민에게 직접 자료를 수집하는 방법

지역사회 주민에게 직접 자료를 수집하는 방법으로는 설문조사와 지역사회 포럼 · 공개토론회 등이 있다.

- **설문조사(survey)** : 지역 내 일반주민집단 또는 표적집단을 대상으로 욕구조사를 직접 실시하는 방법으로 장점으로는 짧은 기간에 다양한 사람의 의견을 한꺼번에 받을 수 있다. 단점은 표본의 대표성이 문제가 될 경우, 조사 결과를 신뢰할 수 없는 문제가 발생할 수 있다는 점이다.
- **공개토론회(forum)** : 지역에서 거주하거나 활동하는 사람들이 자신이 원하는 것이 무엇이며, 무엇이 문제인지를 잘 알고 있다는 전제하에 지역주민들의 의견을 공개적인 자리에서 듣는 방법이다. 공개토론회의 장점은 짧은 시간 동안 여러 집단의 다양한 의견을 들을 수 있다는 점이고, 단점으로는 지역주민 중 의견을 표명하는 집단의 입장만 대변될 수 있는 한계도 있다는 것이다.

② 기존 자료를 활용하는 방법

사회지표조사나 기존에 수행된 연구결과는 욕구를 추정하는 간접적 자료로 활용할 수 있다. 기존 자료는 조사비용 부담이 적으며, 신속하게 기존 자료를 토대로 욕구를 파악할 수 있다는 장점이 있지만, 특정한 욕구에 대해 구체적으로 자료를 얻지 못하게 되는 한계도 있다.

- **사회지표조사(social indicator analysis)** : 역사적 흐름 속에서 국민이 처해 있는 사회적 상태를 집약적으로 나타내 생활의 양적인 측면은 물론 질적인 측면까지 측정해서 국민생활의 전반적인 복지 정도를 파악할 수 있게 하는 척도이다. 조사대상은 인구를 비롯해 소득, 소비, 고용, 환경, 여가, 공안 등 생활과 관련된 전 분야를 망라하고 있다. 사회지표는 국민생활수준, 사회의 종합적 상태, 사회변화의 예측 사회개발정책의 성과 등을 측정하는 데 이용하고 있다. 욕구를 파악하기 위해 사회지표조사 결과물을 토대로 지역사회 특징을 나타내는 사회조사 자료로 활용하는 방법이다.
- **이차자료조사(secondary data analysis)** : 지역사회 내 공공기관, 연구기관, 복지관 등에서 조사한 자료를 사회조사 자료로 활용하는 방법이 있다.

③ 전문가를 대상으로 하는 방법

서비스 운영자나 제공자를 활용하여 지역사회 주민이나 대상 집단의 욕구를 파악할 수 있다. 즉, 알고자 하는 욕구와 문제에 대해 잘 알고 있는 전문가에게 의견을 청취함으로써 더 구체적이고 생생한 자료를 얻을 수 있다. 특히 학대아동, 미혼모 등과 같이 사회적으로 드러내기 어려운 대상자들의 욕구와 문제에 관해 파악할 수 있는 장점이 있다. 그러나 조사대상자 선정 과정에서 주관적이고 편향된 표본이 될 수 있어 조사대상자가 관심을 가지고 있는 문제에 대해서만 욕구가 나타나게 될 수 있는 단점이 있다.

- **델파이기법(delphi technique)** : 전문가를 패널로 구성하여 이들에게 지역사회 문제에 대한 설문지를 배부하고 전문적 의견을 취하도록 익명

인 상태에서 반복적으로 의견을 제한하고 취합하는 방법이다.

- **포커스 그룹 인터뷰(focus group interview)** : 6~10명 정도의 사람들이 한 자리에 모여 리더가 질문하는 내용에 대해 토론하며 심층적인 정보를 얻는 방법이다.

07 | 자원개발

1) 자원개발의 필요성

사회복지 관련 기관들은 부족한 자원을 마련하기 위해 여러 가지 방법을 동원한다. 우리나라와 같이 사회복지기관에 대한 정부의 재정지원이 부족할 경우에는 자원의 부족 현상이 더욱 두드러진다. 사회복지기관의 자원개발 필요성은 한정된 자원에 대한 수요가 언제나 공급을 초과하므로 자원은 항상 부족한 상태에 놓여 있게 됨으로써 발생한다. 사회복지기관들은 부족한 자원을 확보하기 위해 기업, 재단, 모금, 수익사업 등 다양한 외부의 자원을 개발하고 있다.

2) 자원의 종류

자원의 사전적 의미는 '인간의 생존을 위한 의식주를 비롯하여 경제적 생산을 위한 원료와 에너지 등 자원에 의해 주어져 인간을 활동하게 하는 요소'를 의미한다. 사회복지에서는 자원을 '대상자의 사회적 욕구를 충족하고 인간에게 발생한 사회적 문제를 해결하기 위해 필요한 현금, 현물 등 물질, 노동력이나 기술(서비스)로 구성되며 각종 제도, 시설, 기관, 단체, 프로그램 및 지식, 기술정보 등을 포함한 인적, 물적, 정보 등의 제 요소'로 정의할 수 있다(엄미선 외, 2009).

자원의 분류체계 중 가장 일반적인 것은 내용에 대한 분류이며, 인적 · 물적 · 지도적 · 정보적 자원 등으로 유형화할 수 있다.

(1) 인적 자원

다른 물자와 마찬가지로 사람의 노동력을 생산자원 중 하나로 보는 관점이며, 협의의 개념으로는 사회복지실천활동을 수행하는 인력으로 보는 것이다. 광의의 개념으로는 지역사회 내 존재하는 다양하고 많은 사람들의 구성이고 사람들의 집합체라 할 수 있다. 결국 사회복지시설의 인적 자원은 사회복지서비스를 제공하는 시설종사자와 함께 사회복지 프로그램 수행에 있어 중요한 협조자인 자원봉사자, 후원자 등을 의미한다.

(2) 물적 자원

그 존재형태가 물질적, 즉 가시적 자원으로서 사회복지 대상자에게 도움이 되는 현금이나 현물을 의미한다. 물적 자원으로 현금을 정부보조금, 기업협찬금, 시민기부금(현금, 부동산, 증권, 물품 등), 서비스 이용료(의료, 상담, 교육 등) 등을, 현물은 후원자들이 사회복지시설에 제공하는 다양한 물품이다.

(3) 제도적 자원

사회복지와 직 · 간접적으로 관련된 제도를 말한다. 즉, 사회적으로 바람직할 것으로 판단되는 가치 · 관습 등이 제도화되어 사회성을 가짐으로써 법률 · 제도 등으로 규정되는 자원을 의미한다(엄미선 외, 2009).

(4) 정보적 자원

사회복지서비스 공급자와 사회복지 대상자 모두에게 복지활동 과정에서 의사결정이나 행동에 유의미한 영향을 줄 수 있는 사회복지와 관련한 제반 지식과 욕구 및 서비스 등과 관련된 내용의 총체라 할 수 있다(이남희, 2000).

3) 지역사회 자원개발

지역사회 자원은 지역사회라는 지리적 · 공간적 범주에 속하는 자원으로 지역성을 바탕으로 한다. 따라서 사회복지기관이 위치한 경우 정부, 기업, 재단 등 지역성과 상관없는 자원의 개발도 중요하지만 가장 중요한 자원 중의 하나는 지역사회의 자원 활용이다(정연모 외, 2020).

지역사회 자원개발을 위해서는 다음과 같은 몇 가지 점에 초점을 두어야 한다.

첫째, 지역사회 자원의 개발을 위해서는 지역사회 자원의 조사가 이루어져야 한다. 지역에는 다양한 인적 · 물적 자원이 있다. 사회복지기관에서 지역자원에 대한 사전조사 없이 사업을 전개할 시에는 지원이 요구될 때마다 자원을 구하는 경우 필요한 자원을 주어진 시간 내에 구하기 어렵다.

둘째, 지역의 기존 네트워크와 자원을 활용하도록 한다. 지역사회에는 이미 확보된 자원과 자원 활용을 위한 네트워크가 형성되어 있는 경우가 있다. 지역자원을 개발할 때 이들 기존 자원과 네트워크를 활용하면 쉽게 자원을 개발할 수 있다.

셋째, 자원을 내용과 분야에 따라 분류하도록 한다. 자원은 크게 인적 · 물적 자원으로 구분된다. 인적 자원은 의료, 교육, 법률 등 전문 분야와 일반자원봉사로 구분될 수 있으며, 물적 자원은 업체와 물품 종류, 금액, 유효기간, 보관방법 등 물품의 성격에 따라 분류되어야 한다.

넷째, 지역 욕구에 기반한 자원을 개발하도록 한다. 지역사회의 자원은 지역이 필요로 하는 욕구와 연결될 때 개발이 용이하다. 지역의 문제와 환경개선을 위한 욕구가 있을 때 지역사회 자원개발을 위한 마케팅 전략이 적합하게 이루어질 수 있다.

다섯째, 자원의 관리가 체계적으로 이루어져야 한다. 자원의 종류, 양, 자원의 필요시기, 자원의 보관, 기부자 서비스 등이 체계적으로 이루어져야 한다.

4) 자원개발방법

지역사회 개인 및 조직의 기부를 목적으로 한 자원개발방법은 다음과 같다.

(1) 직접대면(face-to-face) 요청

직접 대면해서 기부를 요청하는 것은 잠재적 기부자를 직접 대면하여 기부나 후원을 요청하는 방법으로 개인을 대상으로 자원을 개발하는 가장 효과적인 방법 중의 하나이다. 그러나 기부자를 직접 만나야 하기 때문에 시간과 비용이 많이 소요되는 단점이 있다.

(2) 우편(DM) 요청

우편 요청은 가장 전통적인 자원개발 방법 중의 하나로 잠재적 기부자들에게 기부를 요청하는 우편을 발송하여 기부를 이끌어 내는 방법이다. 기관에 대한 소개, 기관이 필요로 하는 것 등을 설명하는 내용을 편지를 발송하는 것으로 비교적 비용이 저렴하고 홍보효과를 기대할 수 있다. 그러나 실제적인 기부로 이어가는 데 한계가 있다.

(3) 전화 요청

전화 요청은 잠재기부자에게 직접 전화하여 사회복지기관이나 사업에 후원해 줄 것을 요청하는 방법으로 우편 요청보다 훨씬 응답률이 높다. 이 방법은 잠재기부자와 직접 이야기를 나누고 설득할 수 있다는 장점이 있는 반면, 조직에 대한 부정적인 감정을 가지게 할 가능성도 있다.

(4) 거리모금 및 특별행사

거리모금은 거리에서 매일 수많은 불특정 다수와 대면접촉을 통해 새로운 기부자들을 개발하고 기관에 대하여 홍보할 수 있는 장점이 있다.

특별행사는 지역주민들에게 기관의 이름과 활동에 대하여 홍보할 수 있고, 사람들이 즐겁고, 흥미롭고, 감동적인 시간을 가질 수 있도록 하는 자원개발 방법이다. 바자회, 운동회, 경로잔치, 음악회, 걷기대회 등 다양한 이벤트를 통해 지역사회의 주민들에게 기관을 홍보하고 후원을 요청하거나 잠재기부자와의 접촉점을 마련하는 데 의미가 있다.

(5) 소셜 미디어(SNS) 모금 및 크라우드 펀딩(Crowd Funding)

IT기술의 발달, 인터넷과 스마트폰 사용의 보편화, 소셜 네트워크 서비스의 확대로 이를 통한 모금방법들이 빠르게 확장되고 있다. 네이버 '해피빈', 다음카카오의 '같이가치' 등 포털사이트에서 누구나 쉽게 자신이 기부하고자 하는 곳에 기부할 수 있다.

크라우드 펀딩은 투자, 대출, 후원, 기부 등의 목적으로 웹이나 모바일 네트워크 등을 통해 다수의 개인으로부터 자금을 모으는 크라우드 펀딩방식이 새로운 자원개발방법으로 떠오르고 있다. 후원과 기부는 금전적 보상을 기대하지 않는 펀딩방식으로 다양한 사회공익 프로그램이나 순수한 목적의 기부를 받을 수 있다.

(6) 조직(단체) 요청

자원개발을 위해 개인이 아닌 조직이나 단체에 기부를 요청할 수 있다. 조직이나 단체는 어떤 상황에 대하여 공유된 집단적 관점을 가질 수 있고, 구성원들이 함께 기부하도록 압력을 행사할 수 있어 효율적으로 자원개발을 할 수 있다. 로타리클럽, 라이온스클럽, 청년회의소 등 지역사회의 발전과 복지를 위해 활동하는 조직이나 단체가 자원개발의 대상 조직이 된다.

(7) 기업재단 및 공모사업 참여

기업 사회공헌팀은 사회복지사업이나 후원을 위한 자금을 예산에 배정해 두고 있다. 이를 위해서 기업의 홍보와 이미지 제고를 위한 사회복지 프로그램을 제안하여 자원을 개발할 수 있다. 특히 기업들은 공익과 연계한 마케팅 효과를 통해 기업의 이미지와 매출을 동시에 높이는 데 관심이 있다.

사회복지공동모금회 등 민간의 자금제공기관에서 실시하는 공모사업에 지원하여 보조금을 지원받는 방법이 있다. 공모사업에 프로포절을 작성하여 다른 사회복지기관들과 경쟁하기 때문에 사회복지사로서의 전문성을 높일 수 있는 기회가 되고 있다.

PART 02

사회복지현장실습의 실제

CHAPTER 04

실습지도방법

1. 직접적인 접근방법
2. 간접적인 접근방법
3. 기타

실습지도방법

CHAPTER 04

실습지도는 기관, 실습지도자, 실습생의 상황에 따라서 매우 다양한 방법을 활용하여 이루어지고 있으나, 기본적으로 실습지도자와 실습생 간의 개별화된 일대일 슈퍼비전이 실습생의 교육에서 가장 중요한 부분을 차지한다. 김선희 · 조휘일(2000)은 학교와 실천현장, 특히 클라이언트와의 직접적인 만남을 통해 이루어지는 모든 학습활동을 조정하고 통합하는 도구로써 슈퍼비전을 제시하였다. 그러나 개별 슈퍼비전은 그 중요성에도 불구하고 우리나라 실천현장의 여건상 현실적으로 가장 많이 활용되고 있는 실습지도방법은 아니다.

여기에서는 일반적으로 활용되고 있는 다양한 실습지도방법은 Bogo & Vayda(1998)가 제시한 기준에 근거하여 소개한다. 이들은 실습지도자가 실습생의 실천활동에 관여하는 상황에 따라서 직접적인 접근방법과 간접적인 접근방법으로 분류하였다. 이 외에도 강의와 집단 슈퍼비전을 보조적인 지도방법으로 제시하였는데 각각을 살펴보면 다음과 같다.

01 | 직접적인 접근방법

실습지도자가 실습생이 실천하는 직접적인 상황을 듣거나 보면서 실습지도를 하는 방법이다. 여기에는 모델링과 관찰, 보조진행, 동시적 슈퍼비전, 녹음/녹화 등이 포함된다. 이 중에서 모델링과 관찰, 보조진행 등은 우리나라의 실습지도현장에서도 많이 활용되고 있다.

1) 모델링과 관찰

모델링과 관찰은 학생들에게 실습지도자나 다른 직원들의 업무 현장을 관찰할 수 있는 기회를 제공하는 것이다. 사회적 학습은 다른 사람들의 행동을 관찰하는 것에서부터 시작된다는 점은 이미 널리 알려진 이론이다(Bandura, 1969), Mayadas & Duehn(1977)은 이러한 대리적인 학습이 대인관계 및 사회적 기술을 강화시키거나 약화시키는 데 있어서 매우 효과적인 기법이 된다고 하였다. 즉, 모델링은 학생에게 말로 설명해 주는 것보다 학습에 있어서 적절한 실마리를 제공하고 학생들이 복잡한 임상적인 기술을 보다 더 쉽게 모방할 수 있도록 돕는다. 따라서 모델링은 복잡한 대인관계 상황에 대한 이해가 부족한 학생을 지도할 때 매우 효과적이다.

2) 보조진행

보조진행은 실습지도자와 학생이 개별, 가족, 집단 개입이나 혹은 프로젝트 업무를 함께 하는 것을 말한다. 단지, 관찰이나 참여관찰의 수준이 아니라 실습지도자와 학생이 사정에서부터 계획을 세우고 실행하여 평가에 이르기까지의 과정을 능동적으로 함께 진행해 가는 것이다. 이때 실습지도자와 학생의 전문적인 기술 수준이 다르다는 것을 고려해야 한다. 이러한 점은 공동으로 업무를 진행하는 데 있어서 장애물이 될 수 있다. 그러나 보조진행을 통해서 학생은 보다 더 쉽게 학습할 수 있고 자기인식을 증진시키는 데 도움을 받게 된다.

3) 동시적 슈퍼비전

동시적 슈퍼비전은 가족치료 영역에서 개발된 훈련방법이다(Liddle, 1991; Liddle & Schwartz, 1983; Montalvo, 1973), 일방경을 통해서 슈퍼바이저나 숙련된 전문가들이 가족을 면담하는 실습생이나 직원에게 동시적 슈퍼비전을 제공하는 것이다. 즉, 회합이 진행되는 동안에 전화나 이어폰을 통해서 슈퍼비전이 제공된다. 클라이언트의 문제가 매우 복잡하거나 즉각적인 치료적 개입이 필요해서 전화로 전달하기에 무리가 있을 때에는 슈퍼바이저가 면담장소에 직접 들어가서 슈퍼비전을 제공하기도 한다, 일방경 뒤에서 슈퍼바이저와 함께 다른 학생들도 면담장면을 관찰할 수 있다. 슈퍼바이저와 학생은 가족면담을 시작하기 전에 회합을 미리 계획하고 끝난 후에 회합에 대해 토론하는 시간을 가져야 한다. 이 과정은 동시적 슈퍼비전에서 매우 중요한 부분이다.

동시적 슈퍼비전은 클라이언트 체계에 성공적으로 개입하여 긍정적인 효과를 경험하게 된 학생이 학습효과를 극대화할 수 있다는 가정에서 비롯되었다. 그러나 클라이언트가 자신이 관찰되는 것을 원하지 않을 때 그 권리는 보호되어야 한다. 또한 실습지도자는 학생들이 특히 실습 초기단계에서 자신의 활동에 대한 즉각적인 평가에 불안해 한다는 점에 유의해야 한다. 그러나 학생들이 동시적 슈퍼비전을 통하여 가족을 돕는 일에 대한 책임을 치료팀과 공유하게 된다는 것을 깨닫게 되면 이 경험을 평가보다는 지지적인 것으로 받아들이게 된다(Koopmans, 1995). 시간이 너무 많이 소모된다는 것이 이 접근의 약점이다.

4) 녹음, 녹화

이 두 가지 방법은 실제 클라이언트 상황을 있는 그대로 포착해서 구술이나 기록을 할 때 나타날 수 있는 누락이나 왜곡을 방지할 수 있다. 녹화는 사회복지사와 클라이언트의 총체적인 상황을 시각적으로 제시함으로써 녹음으로는 감지할 수 없는 미묘한 뉘앙스도 인식할 수 있기 때문에 보다 더 선호하는 방법으로 나타났다(Vogo & Vayda, 1998). 그러나 녹화는 매우 다양한 상황을 모두 보여주기 때문에 실습지도자는 테이프를 보면서 관찰해야 할 부분이 너무 많아 수동적인 입장이 될 수도 있다. 따라서 실습지도자와 학생은 특정한 교육 목표나 실천 영역에 초점을 맞출 필요가 있다. 또한 녹화는 비용이 많이 들기 때문에 녹음이 적절한 대안이 될 수 있다.

실습지도자는 녹음이나 녹화를 다음과 같이 다양한 방법으로 교육에 활용할 수 있다.

- 실습지도자는 실습슈퍼비전에 앞서 테이프 전체를 듣거나 본다.
- 슈퍼비전 시간에 학생과 함께 테이프의 일부를 듣거나 본다.
- 슈퍼비전을 실시하기 전에 학생이 테이프를 보고, 듣고 검토하고 분석해 오도록 한다.

테이프 전체를 듣거나 보는 것은 학생의 실천 기술 수준을 처음 사정할 때와 최종평가를 할 때 도움이 된다. 실습기간 중에는 학생이 테이프를 검토하고 분석한 후 서면으로 보고서를 작성하고 실습지도자와 중요한 사항을 함께 토론하는 방법이 적절하다. 또한 실습지도자와 중요한 사항을 함께 토론하는 방법이 적절하다. 또한 실습지도자가 학생에게 검토하고 분석해야 할 부분을 선택하도록 하는 것은 시간을 절약할 수 있는 방법이다. 그러나 실습지도자는 학생의 발전단계를 고려해서 필요하면 테이프 전체를 검토할 수도 있고 일부분을 선택할 수도 있다.

특히, 녹화방법을 활용할 때 동시적 슈퍼비전과 마찬가지로 실습지도자는 학생에게 세심한 주의를 기울일 필요가 있다(Miller 외, 1991). 처음으로 자신의 면접 내용을 보는 것은 매우 힘든 일이어서 상당한 거부감을 일으키기 때문이다. 그러므로 녹화 자료를 집단으로 함께 볼 때, 구성원들이 실천 내용의 부정적인 측면에 초점을 맞추는 것은 신중히 고려되어야 할 사항이다. 일대일 슈퍼비전을 할 때에도 긍정적인 측면을 우선적으로 강조해야 한다. 실습지도자는 학생의 실수를 바로 지적하여 고치려 하기보다는 '샌드위치 기법'을 활용하는 것이 바람직하다. 이는 긍정적인 언급을 한 후에 변화가 필요한 부분에 대해서 조언하고, 다시 긍정적인 언급을 하는 방법으로 학생이 받게 될 충격을 최소화할 수 있다.

02 | 간접적인 접근방법

이 접근방법은 실습지도자가 실습생이 실천할 계획이거나 실천을 하고 난 후 상황에 대하여 실습지도를 하는 것으로 기록, 구술보고, 역할극 등이 포함된다. 실습생이 작성한 각종 서면 기록자료에 대한 지도와 구술보고 등은 우리나라의 실습현장에서 보편적으로 활용되고 있다.

1) 기록

(1) 과정기록

과정기록은 학생과 클라이언트 간의 역동적인 상호작용에 대하여 서술한 것이다. 실천 경험 그 자체를 상기해서 기록하고 실습지도자와 그 경험에 대해서 의사소통을 하게 된다. 직접적인 접근을 할 수 있는 방법들과 달리 과정기록은 학생이 실제 경험의 일부분을 누락하거나 왜곡할 수 있다. 그러나 과정기록은 학생들이 자신이 실행한 개입효과에 대해서 면담내용을 회상하고 반영해 볼 수 있는 시간을 갖게 한다.

(2) 각종 기록

과정기록 이외에 구조화된 양식을 활용하여 학생의 여러 가지 활동을 기록하는 것이다. 클라이언트 체계 개입에 있어서 기록되어야 할 내용은 실제 사건, 학생의 역할, 이에 대한 클라이언트와 학생의 반응, 회합의 내용에 대한 느낌, 다음 면담에 대한 클라이언트의 준비 사항, 종결에 관한 내용 등이다.

클라이언트와 면담한 전체 상황을 기억하는 것은 어렵기 때문에 이러한 요약 기록을 보충적으로 활용하는 것이 좋다. 요약 기록은 학생들이 자신의 실천 상황에 대한 감정을 반영하고 실천현장을 이론과 연결하고 전문적인 개입을 계획할 때 도움이 된다.

(3) 구술보고

실천 상황에 대한 구술보고는 실습지도에서 흔히 이루어진다. 이는 즉각적인 방법으로 실습지도 시간을 절약할 수 있다. 언어적 기술이 뛰어난 학생들은 보다 더 시간이 소모되는 분석이나 기록보다 이러한 방법을 선호한다. 구술보고는 비체계적인 형태로 실천 자료를 제시하는 경향이 있지만 위기상황에서 적절히 활용될 수 있다.

(4) 역할극

역할극은 미래와 과거의 상황에 활용할 수 있다. 실습지도자와 학생은 이미 진행했거나 앞으로 해야 할 면담의 일부분을 연습하고자 할 때 역할극을 실시한다. 실습지도자와 실습생 모두 클라이언트나 사회복지사의 역할을 해 볼 수 있다. 역할극을 통해서 학생은 클라이언트에게 보다 더 쉽게 감정이입할 수 있고, 이전에는 인식할 수 없었던 클라이언트의 정서적인 측면을 발견할 수 있게 된다. 역할극을 실행한 후에 실습지도자와 학생은 느낀 점에 대해서 함께 토론하는 시간을 가져야 한다. 실습생이 역할극을 처음 하게 되면 인위적인 상황의 연출에 어색해 하거나 당황할 수 있다. 이는 일반적으로 나타날 수 있는 현상으로 실습지도자는 실습생에게 다음과 같은 원칙을 미리 알려주고 역할극을 시작하는 것이 바람직하다.

- 역할극은 임상훈련에 있어서 매우 중요한 부분으로 복잡한 새로운 기술을 실천 없이 습득할 수 없기 때문이다. 이 역할극은 초심자가 이 기술을 시도해 본 후에 피드백을 받을 수 있는 기회를 제공한다.
- 어느 누구도 참여를 강요받는다고 느껴서는 안 된다. 누구나 언제든지 그만둘 수 있다. 관찰하는 것도 매우 의미 있는 일이다.
- 실습생이 역할극은 하는 동안에 화가 난다면 실습지도자에게 이를 표현해야 한다. 이러한 상황이 자주 일어나지는 않지만 놀랄 만한 일은 아니다.
- 연습 중에는 역할에만 집중해야 한다. 자신의 행동에 대해서 설명하고 이에 대해 토론하려고 역할에서 벗어나서는 안 된다. 이러한 행동은 연습이 끝난 후 토론시간에 해야 한다.
- 참여자들이 같은 사람과 모든 연습을 하기보다는 상대를 바꾸어 연습하는 것이 바람직하다. 이 방법을 통해서 다양한 실천기법을 경험해 볼 수 있기 때문이다.

03 | 기타

앞에서 제시한 것 이외의 실습지도방법으로는 강의와 집단 슈퍼비전이 있다. 여러 직원이 담당하게 되는 강의는 개별적인 실습지도의 보충적인 도구로 활용할 수 있다. 이 방법은 서비스 현장에 대한 광범위한 관점, 실천현장의 복잡성, 그리고 전문적인 이론들을 체계적으로 제시할 때 효과적인 방법이다. 짧은 실습기간 동안 소수의 실습지도자가 다수의 실습생을 담당하게 되는 우리나라 상황에서 가장 많이 활용되고 있는 실습지도방법 중 하나이다. 또한 사례나 과제를 지도할 때 학생들을 소집단으로 구성하여 슈퍼비전을 할 수 있다. 집단 슈퍼비전은 다양한 관점을 공유할 수 있는 기회를 제공한다. 집단 슈퍼비전에 관한 내용은 7장에서 상세히 소개한다.

CHAPTER 05

실습지도의 내용 및 기술

1. 전문적 발달을 위한 교육 내용
2. 행정적 측면의 지식과 기술 : 조직적 상황
3. 정책적 측면의 교육 내용 : 서비스 전달체계의 상황
4. 기본적인 대인관계의 기술
5. 클라이언트 체계의 개입을 위한 일반적 기술

실습지도의 내용 및 기술

CHAPTER 05

사회복지실습을 통해 학생이 실천현장에서 무엇을 학습해야 하는가에 대해서 실습생의 실무능력 향상을 중심으로 연구가 이루어져 왔다. 한인영 외(2002)는 실습영역을 임상실습, 조사연구실습, 행정실습, 정책실습 등으로 구분하고, 각 영역에서의 실습목표, 실천기술과 지식, 실습 내용 등을 제시하였다. 이와 같은 구분은 기본 실습 과정을 마친 2차 실습대상 학생들에게 문제별 또는 대상별로 특수한 실천 영역을 구체화하는 기회를 갖도록 한다.

이 장에서는 이상의 실습 내용이 모두 포함된 실습지도에서 학부와 석사과정 학생들이 공통적으로 학습해야 하는 핵심적인 내용과 기술을 제시한 Fortune(1994)의 모델을 중심으로 각 범주의 내용과 실습에서 실제로 적용할 수 있는 방법을 구체적으로 살펴보기로 한다.

01 | 전문적 발달을 위한 교육 내용

사회복지전문직의 사명감에 관한 내용이다. 교육 내용에는 사회복지와 사회사업의 가치 및 윤리에 대한 사명감, 인간의 다양성을 존중하고 다양한 배경의 사람들과 일할 수 있는 능력을 기르는 것, 사회적 억압, 차별, 그리고 경제적 부정을 극복하려는 책임감과 사명감, 자기에 대한 객관적 지식과 자신의 강점과 약점에 대한 지식인 자아인식, 자신의 전문적 성장에 대해 책임감을 갖는 것, 자기 자신의 활동의 효과성을 평가할 수 있는 능력 등이 포함된다. 이러한 학습 내용을 학생에게 전달하기 위한 구체적인 실행 과제를 다음과 같이 제시할 수 있다.

1) 가치 및 윤리적 사명감

학생은 자기 자신의 사회복지 가치 및 윤리에 대한 사명감을 확인해 볼 수 있어야 하며, 다양한 실천 상황에서 당면하는 모호하고 갈등적인 윤리적 상황을 처리할 수 있어야 한다. 실습지도자는 실습기간 동안 학생이 사회복지 가치에 대한 사명감을 갖고 실제 상황에서 전문적 가치에 따라서 행동하도록 자극하고 격려해야 한다. 구체적인 과제로는 사회복지사 윤리강령(부록)에 대한 토론이나 윤리적 딜레마 상황에 대한 토론 등을 예로 들 수 있다.

2) 인간의 다양성 존중

학생들이 지역적 배경, 성별, 신체적 조건 등에서 오는 차이점에 대해 다양한 관점에서 접근하고, 서로 다른 문화집단의 차이를 존중하고 강점을 파악할 수 있도록 학습 과제를 선정한다.

3) 사회 및 경제 정의 증진의 사명감

사회 및 경제적 정의 증진에 대한 사명감은 어려움에 처한 집단의 이익을 위해 실천기술을 활용한다는 것을 의미한다. 학생에게 빈민을 대상으로 개입하는 실습 업무나 지역사회 내 어려움에 처한 집단을 대상으로 지역사회 실천을 경험하는 기회를 제공한다.

4) 자아인식

자아인식은 전문적 성장의 기반이 되는 것으로 학생의 자아인식을 향상시키기 위해서 많이 활용되는 과제는 자신의 강점이나 약점 및 고정관념을 파악하는 것이다. 또한 약점에 도전할 수 있는 실천 기회를 제공하는 것도 가능한 방법이다.

5) 전문적 성장에 대한 책임감

학생이 자신의 전문적 성장에 대해 책임감을 갖는 것으로 기본적으로 실습생은 슈퍼비전을 자신의 발전에 적절히 활용할 수 있어야 한다. 또한 자기평가의 시간을 갖는 것도 필요하며 새로운 문헌을 탐독하거나 전문적 조직에 참여하는 것 등을 과제로 선정할 수 있다.

6) 효과성 평가

학생 자신의 활동에 대한 효과성을 평가할 수 있는 능력이다. 특히 이 부분은 등한시하기 쉬운 부분인데 실습지도자는 목표달성척도, 업무수행평가 등의 평가도구를 활용하여 실습생이 자신의 과업 달성 및 성취 정도를 체계적으로 평가하도록 격려해야 한다.

02 | 행정적 측면의 지식과 기술 : 조직적 상황

조직의 상황을 이해하고 사회복지사가 조직 내에서 생존하며 효과적인 서비스를 제공하는 데 도움이 되는 지식과 기술이다. 기관의 사명을 이해하고, 기관의 구조를 파악하며, 조직 내에서 기능적으로 일할 수 있는 방법을 학습하고, 기록관리와 기록방법을 학습하는 것 등이 해당된다.

1) 기관 사명의 이해

기관의 사명과 철학을 이해하는 것을 기관분석보고서 과제로 제시하고, 이에 대한 집단토론을 실시할 수 있다.

2) 기관 구조 파악

기관의 공식적 · 비공식적 관료제도, 정보가 전달되는 통로와 의사소통이 이루어지는 방법, 클라이언트를 위한 자원에 접근할 수 있는 방법 등 기관의 내적 작용을 이해하는 것이다. 과제로는 기관분석보고서를 활용할 수 있고, 학생들은 이 과정에서 직원과의 직접적인 면접 등을 실시할 수 있다.

3) 조직 내에서 기능하는 능력

개인의 목표와 조직의 목표 간의 불일치를 조정하고 갈등적인 이해관계를 가진 상황에서 타협하는 방법 등 관료제도를 파악하고 이해하는 능력이다. 따라서 실습생들은 기관분석보고서를 통해서 기관의 강·약점을 분석하고 직원회의를 참관하는 기회를 가짐으로써 이러한 능력을 개발할 수 있다.

4) 기록관리와 기록활동

학생들에게 클라이언트체계 개입에 대한 각종 기록뿐만 아니라 기관의 행정적인 서식들(기안, 공문서 등)을 작성하는 기회를 제공하고 관리하는 방법을 교육한다.

03 | 정책적 측면의 교육 내용 : 서비스 전달체계의 상황

기관에 직접적인 영향을 주는 국가와 지방의 사회복지정책들에 관한 내용과 기관에 의해 서비스를 받는 지역의 경제적, 정치적, 사회적, 그리고 문화구조에 대한 지식, 그리고 지역의 사회복지서비스 연계망인 서비스 전달체계의 지식이 포함된다.

1) 사회복지정책

기관에 직접적인 영향을 주는 국가와 지방의 사회복지정책을 이해하는 부분으로 여기에 관련된 이론적인 지식은 학교에서 이미 습득했어야 한다. 따라서 기관에서는 서비스 제공에 필요한 구체적인 지식과 정책의 영향을 파악하고 활용하는 부분을 중점적으로 지도해야 한다. 실습지도자는 학생들에게 기관의 서비스 제공에 관련된 사회복지정책에 대한 토론의 시간을 갖는 기회를 제공할 수 있다.

2) 지역사회에 관한 이해

지역사회에 관한 이해는 기관이 서비스를 제공하는 지역의 경제적 · 정치적 · 사회적 · 문화적 구조에 대한 지식에 관련된 부분이다. 학생들은 정보의 중요성과 이를 서비스에 적용하는 방법을 학습해야 한다. 따라서 학생들에게 지역사회를 직접 관찰하고 다양한 자료를 활용하여 지역사회분석보고서를 작성하는 과제를 부여할 수 있다. 아울러 이에 관하여 학생들과 집단토론의 시간을 마련하면 학생들의 지역사회에 관한 이해를 도울 수 있다.

3) 지역사회복지서비스 전달체계에 관한 이해

지역의 사회복지서비스 연계망을 의미하는 것으로 지역사회분석보고서를 과제로 활용할 수 있다. 특히 이 부분에서는 가용한 공식적 · 비공식적 자원, 조직 간의 관계, 클라이언트를 위한 의뢰 절차와 접수과정 등을 분석하도록 한다.

04 | 기본적인 대인관계의 기술

다른 사람들과 협력적으로 일하거나 다른 사람으로부터 협력은 확보하는 데 필요한 대인관계 기술들이다. 여기에는 기본적인 대인관계상의 의사소통 기술과 동료와의 관계 기술이 포함된다.

1) 대인관계 의사소통 기술

기본적인 대인관계 의사소통 기술은 다른 사람의 말을 경청하고 명확한 의사소통을 할 수 있고, 감정이입을 할 수 있는 것으로 언어적 · 비언어적 단서들을 이해할 수 있는 능력이다. 실습지도자는 학생들에게 기본적인 의사소통훈련을 진행할 수도 있고, 이를 통해 학생들에게 자신의 의사소통 유형을 탐색하는 과제를 제출할 수도 있다.

2) 동료와의 관계 기술

이러한 기술은 동료들과 협력하고 갈등을 해결하며, 과업 집단에 건설적으로 참여할 수 있는 능력이다. 실습생들은 집단으로 실행하는 과제를 준비하거나 부서회의 등에 참여함으로써 이러한 기술을 학습할 수 있는 경험을 하게 된다.

05 | 클라이언트 체계의 개입을 위한 일반적 기술

개인, 가족, 집단을 포함하는 클라이언트 체계에 대한 개입이다. 이러한 광범위한 영역에는 문제해결 과정을 포괄적으로 다루는 기술들이 포함된다. 인간행동과 다양성의 내용에 관한 지식의 적용, 클라이언트와의 면접기술, 클라이언트 체계의 사정 기술, 개입 계획 기술, 개입 계획의 적용 기술, 평가 기술, 종결 기술, 집단에의 개입 기술, 의뢰와 사례관리 기술, 옹호활동 등이 포함된다.

1) 인간행동과 다양성의 내용에 관한 지식의 적용

학교에서 배운 인간행동과 다양성에 관한 지식을 실천현장에서 적용해 보는 것으로 학생들은 자신이 담당한 클라이언트를 이론적인 근거에 의해서 개별화함으로써 가장 적합한 개입방법을 계획할 수 있어야 한다.

2) 클라이언트와의 면접기술

학생들은 앞에서 설명한 대인관계 기술을 면접에 적용할 수 있어야 한다. 따라서 역할극 등을 활용해서 이러한 면접기술을 연습해 볼 수 있다.

3) 클라이언트 체계의 사정 기술

학생들이 클라이언트 체계 사정에 관련된 기술을 활용할 수 있도록 하는 것으로 학생들에게 클라이언트에 대한 초기 면접 자료를 읽도록 하고 직접 클라이언트와 초기 면접을 한 후에 초기 면접 양식을 작성하는 과제를 부여할 수 있다. 또한 다양한 사정방법에 대한 문헌을 읽도록 권장하거나 이에 관한 교육을 실시할 수 있다.

4) 개입 계획 기술

이 기술은 사정에 근거하여 클라이언트에게 적합한 개입 계획을 수립하는 것으로 학생들에게 실제로 계획서를 작성해 보는 과제를 부여할 수 있다.

5) 개입 계획의 적용 기술

이 기술에는 개입 면접을 이끌어 나가기 위한 대인관계 기술과 다양한 자원을 동원하는 전략, 그리고 구체적인 개입기법들을 적용하는 능력 등이 포함된다. 따라서 학생들에게 클라이언트 체계의 문제를 해결하기 위해서 필요한 자원을 파악하고 실제 클라이언트 체계에 개입할 수 있는 기회를 제공하는 과제를 부여한다.

6) 평가 기술

클라이언트 체계 개입에 대한 평가를 실시하는 데 관련된 기술이다. 따라서 학생들에게 클라이언트 체계 개입에 대한 평가서를 작성하는 과제를 부과한다. 또한 심화실습에서는 일반실습보다 다양한 평가도구를 활용한 학습 기회를 제공할 수 있다. 조사방법론을 활용하려 척도를 사용하고 이에 대한 통계분석을 실시하는 것 등이다.

7) 종결 기술

클라이언트와 종결하는 데 관련된 기술로서 실습지도자는 역할극 등을 활용한 학습기회를 실습생에게 제공할 수 있다.

8) 집단에의 개입 기술

집단지도와 교육활동 등으로 학생들에게 집단 프로그램을 실제로 계획하고 진행하며 종결, 평가에 이르기까지 실행해 보는 기회를 제공한다.

9) 의뢰와 사례관리 기술

학생들에게 사례관리에 관한 교육을 실시하고 사례관리의 일부 혹은 전 과정을 해볼 수 있는 기회를 제공한다.

10) 옹호활동

학생들에게 옹호에 관한 교육을 실시하고 실제 옹호활동을 보여주거나 지역사회에서 이 활동이 필요한 상황을 조사하도록 하는 과제를 부여할 수 있다.

CHAPTER 06

사회복지현장실습의 진행 과정

1. 준비 과정
2. 초기 과정
3. 중간 과정
4. 종결 및 평가 과정

사회복지현장실습의 진행 과정

CHAPTER 06

01 | 준비 과정

준비 과정은 실습생이 실습과목의 수강신청을 진행하는 것부터 시작하는 것이 아니라 실천현장기관에서 실습생을 받을 것인가의 여부를 결정하는 것에서부터 시작한다. 복지기관에서는 실습지도계획을 세우고, 실습지도자를 선정한다. 이때, 해당 기관에 실습지도자 요건을 갖춘 사회복지사가 근무하지 않으면 실습기관이 될 수 없다.[1)] 준비 과정을 살펴보면 다음과 같다.

1) 실습생의 준비 과정

(1) 실습기관의 탐색과 선정

실습기관의 탐색과 선정에 관하여 류형택은 다음과 같이 설명하고 있다

1) 사회복지현장실습은 「사회복지사업법」 제2조 제1호에 따른 사회복지사업과 관련된 법인 · 시설, 기관 및 단체 중에서 실습기관으로 지정된 기관에서만 실습을 진행할 수 있다.

(류형택 외, 2014). 학생의 입장에서 만족스러운 실습을 좌우하는 것은 어떤 실습기관을 선택하는가 그리고 책임감을 가지고 성의 있게 지도해 줄 실습지도자가 있는가에 달려 있다고 볼 수 있다. 그렇기 때문에 실습기관이 실습지도의 중요성을 인식하고 학생들에게 적절한 교육적 경험을 제공해야 한다. 그렇지 않다면 실습을 통하여 효과적이고 전문적인 사회복지사로 성장해야 하는 학생들은 다른 교과목에 비하여 긴 시간을 투자함에도 불구하고 단순히 현장을 경험하는 것으로 그칠 수밖에 없다. 그렇기 때문에 실습생은 본인이 선택해야 하는 실습현장의 선정에 깊은 고민이 있어야 한다.

실습기관의 선정에서 고려해야 할 기본 여건은 다음과 같다.

실습기관의 기본 여건

① 사회복지전문직의 윤리와 가치에 부합되는 사회복지기관이어야 한다.
② 기관이 위치한 지역사회 안에서 전문성을 갖고 본연의 역할을 수행하고 있다는 평판을 받고 있어야 한다.
③ 기관의 실무자들은 사회복지전문교육을 받은 자로서 전문교육에 대한 존중과 이해를 하고 있어야 한다.
④ 실습생에 의존하지 않고도 기관의 기본적인 프로그램을 개발 · 운영할 수 있는 직원 규모를 갖추고 있어야 한다.
⑤ 실습 프로그램은 기관의 주요 업무 범위 안에서 부서적인 업무에만 국한되지 않게 구성되어야 한다.
⑥ 실습 내용은 실습 교육 목적에 부합되어야 하며, 가능한 한 실습생의 학습단계에 맞는 것이어야 한다. 이를 위해 기관의 실습교육 계획은 실습 전에 학교에 알려야 한다.
⑦ 실습생의 교육 욕구에 적합한 과제를 지속적으로 제공할 수 있어야 하며, 이에 대한 지도 · 감독을 수행할 수 있어야 한다. 실습업무는 다양한 집단, 문제를 경험할 수 있는 것이어야 하며, 다양한 서비스 제공의 기회를 접할 수 있는 것이어야 한다.
⑧ 실습지도자에게 실습지도와 감독에 필요한 시간을 할당할 수 있는 기관이어야 한다.

(2) 실습기관의 배정 : 학생과 실습기관의 연결

학교에서 실습생과 실습기관의 배정에 관하여 다음과 같은 것이 고려되어야 한다(류형택 외, 2014).

첫째, 학생들이 실습기관을 선택할 때는 개인의 관심문제 영역이나 클라이언트를 고려하여야 한다. 둘째, 선택한 실습기관의 성격에 맞게 학생 자신이 사전에 해당 과목을 이수하는 등의 준비가 되어야 한다. 셋째, 실습기관에서 정한 실습시간과 실습일 등이 학교의 학사 일정에 부합되어야 한다. 넷째, 기관마다 실습지도 · 감독 형태와 질이 다르므로 각 기관에서 요구하는 훈련 및 학습 경험의 정도 등을 사전에 알아본다. 다섯째, 학교는 각 기관에 대한 충분한 자료를 바탕으로 실습교육기관을 선정한 후 실습기관 총목록을 작성한다.

2) 기관의 준비 과정

실습기관은 실습지도자의 선발 및 여건 조성, 실습공간의 확보 및 시설의 제공, 학교와의 긴밀한 연락 유지, 학습 환경의 조성 및 유지 등의 역할을 담당해야 한다(류형택 외, 2014).

(1) 실습기관의 조건

실습기관은 실습생의 지도방침 및 프로그램을 정해 놓고 기관 전원이 협조하고 통일된 기본적 자세를 결정해 두는 것이 중요하다. 실습생이 실습을 하기 적합한 기관의 일반적 특성 및 실습지도 시 필요한 조건들을 살펴보면 다음과 같다.

① 기관의 일반적 조건

- 클라이언트, 타 기관들 그리고 지역사회를 대상으로 제공하는 서비스의 행정적 절차가 다른 유형의 기관들과 건전한 기준들이 일치해야 한다.
- 프로그램과 재정적 지원이 안정성을 갖추고 있어야 한다.
- 지역사회의 변화에 대응할 수 있는 능력을 갖고 있으며, 혁신적인 프로

그램이나 실천을 실시하고 있어야 한다.

- 다양한 학생들을 균형 있게 다룰 수 있는 능력을 가지고 있어야 한다.
- 재정적 지원이 필요한 학생들에게는 수당을 지급할 수 있는 기관이 선호된다.
- 진취적인 실습 기준에 부합되도록 계속 노력하여야 한다.
- 학생에 대한 공식적인 안전 절차와 규정을 마련해야 한다.
- 학교와 기관과의 협력에 대한 가능성, 즉 공동연구, 자문, 기관 내 훈련 등을 마련해야 한다.
- 지속적인 실습교육을 위해 학교와 장기적인 관계 유지에 노력을 기울일 수 있어야 한다.

② 기관의 실습환경 구성기준

- 학습에 도움이 되는 촉진적 환경을 제공해야 한다.
- 실습지도자가 자격에 부합되는 2명 이상의 직원을 두어야 한다.
- 실천방법론과 연결되는 적합한 서비스 영역과 학생의 전공, 부전공의 사회복지 교육의 기회를 제공하여야 한다.
- 적절한 시설적 여건이 보장되어야 한다. 즉, 사무공간, 기자재, 면담실, 실습생을 위한 공간이 제공되어야 한다.
- 신규임명 실습지도자는 학교에서 필요한 교과목 수강이 가능하도록 시간을 허락해 준다.
- 실습지도자가 학생지도 준비, 학생과의 정기모임, 학교의 실습지도교수와의 협의 그리고 학교에서 주최하는 모임에 참석할 시간을 허락해야 한다.
- 업무수행 중 사용되는 비용에 대하여 기꺼이 상환해야 한다.
- 실습 중인 학생을 인종, 성, 종교, 국적, 나이, 결혼 유무, 장애 등의 조건으로 차별해서는 안 된다.

(2) 실습기관의 행정 준비

① 행정처리

실습지도 분야가 확정되면 기관 홈페이지 및 한국사회복지사협회 홈페이지에 실습생 모집 안내를 공지하고, 사회복지교육기관 등에 실습생 모집 공문을 보낸다. 실습지원자들의 신청서를 수합한 후 실습지도자와의 면담을 통하여 실습생을 선정하고 통지하는 과정이다. 실습생으로 최종 선발이 되면 교육기관에 연락하여 실습의뢰 공문을 발송 의뢰하고, 실습 수락서를 학교에 발송함으로써 기본적인 행정처리가 마무리된다.

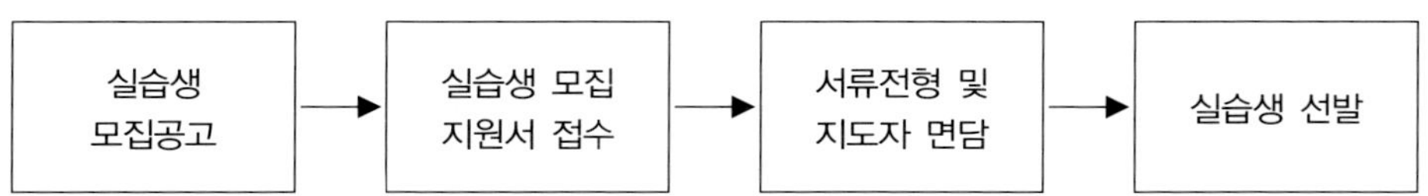

② 오리엔테이션

실습을 통해 실습생은 현장 경험을 하며 실무기술을 익히고 기관에 헌신하며 주어진 업무를 체계적으로 수행하게 된다. 실습 오리엔테이션은 실습생이 실습을 수행할 수 있도록 실습기관에 대한 이해도를 높이고, 실습생의 역할과 앞으로 전개될 실습 과정 전반에 대한 정보를 제공하여 실습을 준비하게 한다.

- 실습생 소개(자세와 역할 안내)
- 실습기관 소개(역사, 조직구조, 행정체계 등)
- 실습일정 및 지도자 소개
- 실습 관련 과제 등

02 | 초기 과정

실습이 시작되면 실습지도자는 실습생이 제출한 개인적인 정보 외에도 개별 면담을 진행하면서 실습생의 전공과 관련된 이전 경험, 지식의 정도, 관심사, 학습동기 등을 파악하게 된다. 또한 각 부서별 기본교육을 실시하고, 실습생들이 배정받은 실습업무를 실시하게 된다.

1) 실습 중 해야 할 일

실습생으로서 열심히 배우는 자세를 유지해야 하고, 정해진 실습시간과 과제를 성실히 수행해야 한다.

(1) 실습지도 시간을 위한 준비

실습지도를 위하여 정규적으로 마련된 시간을 위한 충분한 준비를 하고, 실습지도 시간 전에 실습지도자에게 필요한 자료(예: 과정기록이나 프로그램 기획안 등)를 제출함으로써, 지속적이고 책임 있는 자세로 실습지도에 임해야 한다. 특히 실습생이 실습지도를 통하여 최대한의 도움을 받기 위해서는 사전에 철저한 준비를 하는 것이 필요하다. 예를 들어, 실습지도 시간 전에 의문사항이나 상의하고자 하는 문제들을 정리해 두며, 자신의 학습 경험을 위하여 요청할 것들을 미리 적어놓아 빠짐없이 다룰 수 있도록 해야 한다.

(2) 실습과제의 기록과 제출

실습일지, 과정기록, 프로그램 기획안과 결과보고서, 중간평가서와 종결평가서 등 실습과제의 수행과 관련되어 작성하도록 기대되는 모든 문서작성 및 기록을 정해진 기간 내에 작성하여 제출한다. 모든 문서를 작성할 때는 문법에 맞으며, 간결하고 명료한 문장을 구사할 수 있도록 주의해야 한다.

실습일지 작성원칙

1. 실습일지는 사실대로 정확한 표현을 사용하여 작성한다.
2. 내용상에 거짓이 없어야 하며, 허위 · 과장된 내용 기록을 금지한다.
3. 하루의 일과를 일부 삭제하는 경우(누락)를 금지한다.
4. 구체적 · 객관적 · 논리적 · 긍정적으로 작성한다.
5. 정확한 전문 용어를 사용해 작성한다.
6. 각종 기관의 고유 명칭을 사용하고, 약어를 사용하지 않는다.
7. 글씨는 깨끗하고 단정하게, 문어체(~하는 것이다)로 작성한다.
8. 맞춤법(띄어쓰기, 표기 등)에 유의하여야 한다.
9. 공문서 작성 요령[2)]에 의거하여 기록한다.

2) 실습 중 문제상황 발생 시 대처

실습 중 문제상황이 발생하면 즉시 실습지도자와 개별 면담을 통해 적극적으로 해결하고자 노력해야 하며, 결근 또는 실습 중단과 같은 극단적인 선택이 되지 않도록 주의해야 한다. 실습지도자와 문제상황에 대해 면담을 진행하여도 변화가 발생하지 않으면 실습지도교수에게 알리고 상담을 통해 실습 진행에 문제가 발생하지 않도록 한다.

2) 공문서 작성 예시

① 용지 : A4 용지(가로 210mm×세로 297mm), ② 용지 여백 : 위 30mm, 왼쪽 20mm, 오른쪽 15mm, 아래 15mm, ③ 볼펜 : 검정색 또는 파랑색 볼펜, ④ 글쓰기 : 가로쓰기(좌에서 우로), ⑤ 교정 시 자로 두 줄 후 서명 또는 날인, ⑤ 숫자 : 특별한 경우를 제외하고는 아라비아 숫자를 사용, ⑦ 금액 표시 : 금 123,000원(금일십이만삼천원), ⑧ 항목의 구분 : 2타 띄움.

⑨ 문서 작성 시 유의사항

- 정확성(바른 글) : 6하원칙(누가, 언제, 어디서, 무엇을, 어떻게, 왜)
- 신속성(이해가 빠른 글) : 문장은 짧게 끊어서 개조식으로 쓴다.
- 용이성(쉬운 글) : 읽기 쉽고 알기 쉬운 말을 쓴다.
- 경제성 : 용지의 규격을 표준화. 반복적인 업무는 표준 기안문 제도를 활용한다.
- 결재 : 결재를 득했을 때 문서로서 효력이 발생하며, 서명 칸은 동일한 규격으로 작성한다.

03 | 중간 과정

실습의 중간 과정에서 실습생은 실제적인 현장업무에 투입된다. 실습지도자는 실습생에게 배정된 담당 실습업무를 점검하고 슈퍼비전과 교육을 통하여 학생의 전문적인 성장을 돕는다. 또한 이 과정에서는 실습의 중간평가가 이루어지는데, 중간평가는 학생의 실천업무를 평가하기 위한 것으로 실습지도자는 이를 바탕으로 앞으로 남은 실습지도의 내용을 수정, 보완하게 된다.

1) 실습업무 점검

실습지도자는 실습생이 작성한 실습일지, 프로그램 계획서 및 평가서, 기록 등을 활용하여 실습생의 담당업무를 지속적으로 점검한다.

2) 중간평가

실습생이 중간평가서를 작성하고 부서 · 팀별로 실습지도자와 실습생이 함께 모여 이에 대한 논의를 하게 된다.

- 수행한 실습 내용
- 학습목표의 달성 정도의 평가
- 학습목표 달성을 위한 하반기 계획
- 실습지도자에 대한 건의 사항

04 | 종결 및 평가 과정

클라이언트와의 적절한 종결과 실습생의 종결은 사회복지현장실습에서 매우 중요한 부분이다. 종결이 다가오면서 실습생과 실습지도자는 실습과제의 마무리와 평가 등 공식적인 처리를 하는 일들뿐만 아니라 중요한 부분을 차지했던 인간적 관계를 종결하는 작업도 준비하여야 한다.

1) 종결 과정

종결 과정의 주요 업무는 실습생들이 실습 결과를 통합하고 정리할 수 있도록 하는 것이다. 즉, 실습지도자와 실습생은 실습을 통해서 수행한 업무와 지식 및 기술 향상에 대해서 논의하고, 이것이 어떻게 이루어졌는가를 명확히 점검하며, 실습 전반에 대한 최종 평가를 실시하게 된다.

실습생들의 업무와 학습에 맞춰 평가를 한다. 교육기관에 실습생에 대한 실습평가서를 발송하고, 실습지도와 관련된 피드백이나 건의사항을 전달하는 행정처리를 수행한다.

(1) 실습생(자기) 평가

실습생이 자신의 실습활동을 총체적으로 평가하는 것으로 종합평가와 실습보고회가 실시된다. 종합평가는 실습생이 종합평가서를 작성하고 부서 · 팀별로 실습생과 실습지도자가 함께 모여 이에 대한 논의를 하게 된다. 실습보고회는 실습생들 실습생이 기관 직원들을 대상으로 실습 내용에 대한 발표를 하는 시간이다.

실습 경험의 검토 차원에서 실습생의 자기평가에 대한 내용은 다음과 같은 내용이 포함되어야 한다.

첫째, 실습의 긍정적 · 부정적인 경험에 대하여 되돌아본다. 즉, 실습기간 동안의 만족스럽고 성취감을 주었던 활동과 사건, 상호작용을 돌이켜보고 좌절감과 긴장을 주었던 경험도 마찬가지로 회상해 본다.

둘째, 습득한 학습 경험에 대한 검토가 이루어져야 한다. 실습을 마치면서 사회복지실천현장에서의 실천 경험을 통해 사회복지에 관한 지식의 증가, 실천기술의 향상, 이론과 실제의 통합 등 성취감을 갖고 자신감을 가질 수도 있었을 것이다. 그러나 오히려 자신의 지식과 능력의 부족함을 깨닫고 장래에 대한 두려움을 경험하기도 한다. 따라서 습득한 지식과 기술, 가치를 실습 이전과 구체적으로 비교함으로써 실습을 통해 성취한 학습을 평가해야 한다. 이때 종결평가서를 작성하여 실습기관과 실습세미나에서 발표하는 것이 큰 도움이 된다.

셋째, 전문가로서 발전을 위한 검토가 필요하다. 예를 들어, 내가 왜 사회복지사가 되려 하는가, 사회복지사로서의 직업이 나에게 맞는가, 사회복지사로서 나의 장점과 약점은 무엇인가, 나에게 맞는 클라이언트 대상이나 문제 영역은 무엇인가 등 자신의 장래와 관련된 의문에 확신, 혹은 이에 더 가까이 접근하는 계기가 될 수 있을 것이다.

(2) 실습지도 평가

실습기관의 실습지도 프로그램에 중점을 두고 실시되는 평가로서 실습평가, 실습지도자 평가, 실습지도 평가회가 진행된다. 실습생들은 실습지도 프로그램에 대한 실습평가와 실습지도자에 대한 실습지도자 평가를 실시한다.

(3) 실습 종결 평가

실습 마지막 주에는 실습기관의 모든 직원과 실습생이 모여 실습의 전 과정에 대한 실습생의 보고와 실습지도자의 평가, 실습생의 배운 점, 기관에 대한 제언, 목표의 성취 정도 등에 대하여 발표하고 평가하는 실습보고회의 시간을 갖는다. 실습생은 종결 평가서에서 실습의 전 과정에 대한 평가를 하게 되는데, 실습생이 완성하여 실습지도자와 논의한 종결 평가서는 기관에서 실시되는 실습보고회를 위해 준비되고 사용될 수 있다.

종결 평가를 통해 실습생은 실습의 성공적인 수행 여부뿐만 아니라, 예비 사회복지사로서의 자세와 노력, 실천현장에서의 대인관계 능력과 자원 활용 정도, 사회복지직에 대한 인식과 동기를 점검해 볼 수 있는 기회를 가실 수 있다. 실습기관과 교육기관에서는 실습생의 입장에서 제기된 기관의 실습교육에 대한 전체적인 평가를 통해 기관에서 제공하고 있는 실습교육의 강점과 문제점에 대해 인식할 수 있다.

실습생의 종결 평가서는 실습 전반에 걸쳐서 경험한 학습목표의 성취 정도를 평가하는 것이고, 실습을 통해 얻은 지식, 기술, 경험 등을 구체적으로 기술해야 한다. 또한 사회복지사로서의 자아인식의 변화와 기관에 대한 평가를 통하여, 실습생의 실습 전 과정에 대한 평가를 하고 실습기관에 대한 제언이 포함된다.

(4) 실습보고서 제작 및 제출

실습 오리엔테이션을 통해 공지된 사항에 따라 교육기관에 제출할 제본을 만들고, 제출 마감일 전에 실습지도교수에게 제출하면 모든 실습 과정이 마무리된다.

2) 관계 종결

(1) 클라이언트와의 종결

클라이언트와 종결하는 과업은 정서적 반응의 정리이다. 실습 과정을 통하여 실습생과 클라이언트와의 사이에 필연적으로 특별한 인간관계가 생겨난다. 실습생은 개입의 효과를 위해 진실하고 수용적이며, 안정적인 관계를 유지하도록 노력해 왔을 것이다. 그러므로 이러한 우호적인 관계를 종결한다는 것은 클라이언트에게 감정적인 부담이 될 수 있다. 따라서 실습생은 실습의 종결을 앞두고 클라이언트가 이러한 자신의 감정들을 표현하도록 도와주고 잘 처리할 수 있도록 도와야 한다.

(2) 실습지도자와 직원, 다른 실습생과의 관계 종결

실습생과 실습지도자는 모두 실습의 종결에 대해 양가감정을 갖게 되는데, 실습을 무사히 마치고 학습과 교육(learning/teaching) 관계를 성공적으로 이루어낼 수 있었다는 안도감과 동시에 각자의 생활에서 중요했던 관계가 끝나게 되는 것에 대한 상실감을 경험하게 된다.

실습지도자는 종결에 대한 감정을 적절히 조절하면서 실습생이 자신의 클라이언트와의 관계를 종결하는 데 필요한 기술을 습득할 수 있는 중요한 모델링이 될 수 있도록 행동하여야 한다. 실습생은 실습을 종결하면서 자신이 실습기관에서 인간관계에 얼마나 심리적으로 투자했었는지를 인식하게 된다. 이별이 가까워지면서 이별과 상실감이 나타날 수도 있고, 반대로 아무렇지 않을 수도 있다.

실습 종결시기가 다가오면서 실습기관에서 특별히 인간적인 관계를 형성했던 실습지도자, 직원 혹은 다른 실습생들에게 어떻게 감사와 인사를 전할 것인지를 미리 생각해 둔다. 이들에게 자신의 마음을 전하는 것은 의미 있는 관계를 만족스럽게 종결하기 위해 필요한 과정이다(류형택 외, 2014).

(3) 실습 종료 후 해야 할 일

실습일정을 종료하게 되면 실습지도교수에게 실습 종료를 보고하고, 그동안 작성되었던 서류 및 실습 관련 자료를 정리한다.

① 실습세미나 참여

교육기관에서의 실습교육인 실습세미나에 빠짐없이 출석하여 자신의 실습 진행상황을 발표하고 다른 실습생의 실습 진행상황에 대한 관심을 표한다. 또한 교육기관의 실습지도교수가 요구하는 다양한 실습 과제물을 제출하여 학교에서의 적절한 실습지도가 이루어질 수 있도록 한다.

② 실습평가에 참여

실습평가를 할 때 자신의 실습과제 수행에 대한 평가 과정에 적극적으로 참여하고, 실습기관과 학교에서의 실습교육에 대한 평가를 함으로써, 이후의 실습교육방법을 향상시키는 데 기여한다.

CHAPTER 07

실습과 슈퍼비전

1. 실습슈퍼비전의 개념
2. 실습슈퍼비전의 기능
3. 실습슈퍼비전의 원칙
4. 실습지도자의 역할
5. 슈퍼비전의 실제

실습과 슈퍼비전

CHAPTER 07

이 장에서는 사회복지현장실습을 진행하는 데 있어서 이루어지는 슈퍼비전에 대해 살펴보고자 한다. 슈퍼비전의 개념, 기능, 슈퍼바이저의 역할 등에 대한 이론적인 지식과 사회복지현장실습이 실시되는 준비단계, 초기단계, 중기단계, 종결단계에 실시되는 슈퍼비전에 대해 알아보고자 한다. 사회복지현장실습을 진행하면서 실습지도자와의 관계 형성이 어떻게 이루어지느냐에 따라 실습을 성공적으로 마무리할 수 있는지에 대한 여부가 달려 있다고 해도 과언이 아니다. 따라서 사회복지현장실습을 진행하면서 슈퍼비전을 통해 실습지도자와의 바람직한 관계 형성뿐만 아니라 사회복지사로서의 전문적 정체성을 수립하며 실무역량을 강화할 수 있도록 도움을 주고자 한다.

01 | 실습슈퍼비전의 개념

사회복지현장실습은 학교에서 학습한 사회복지실천의 가치 및 윤리, 지식 그리고 사회복지실천 과정 및 기술을 사회복지실천현장에 실제로 적용하는 것이다. 현장실습을 통해 전문직의 사명감과 실천 능력을 겸비한 사회복지사로 양성될 수 있도록 교육, 훈련하는 사회복지교육의 핵심 과정이다(한국사회복지교육협의회, 2012). 슈퍼비전(supervision)은 'super(위에서 혹은 능가하여)'와 'vision(관찰하다, 지켜보다)'의 조합으로 '감독하다'라는 의미이며, 다른 사람이 하는 일에 대하여 책임을 갖고 지켜보는 감독자(overseer)가 하는 일의 의미로 해석될 수 있다.

슈퍼비전은 사회복지실천현장에서 사회복지의 질적 함양을 위해 사회복지사가 하는 일을 그 일에 대한 사전 경험이 풍부한 사회복지사가 지도·감독하는 일을 의미한다. 실습생이 학교에서 배운 이론과 기술을 현장에서 실제로 적용하며 실천하는 일에 대해 실습지도자가 책임을 지고 가르치는 일이다. 실습생이 하는 일에 대해 감시가 아닌 교육·훈련을 통해 전문가로 성장할 수 있도록 지도하는 일이 실습슈퍼비전의 핵심적인 부분이다.

따라서 실습슈퍼비전은 실습지도자로 자격조건에 부합하는 사회복지현장 경험과 지식이 있는 사회복지사가 슈퍼바이저로 역할을 수행한다. 실습생은 실습지도자에게 대학의 교과 과정의 일환으로 현장에서 실습교육을 받으며 사회복지현장에 대해 배워나가는 것이다. 따라서 실습지도자와 실습생의 관계는 개방적이고 협력적이며 긍정적인 관계 형성이 이루어져야 한다. 실습이 성공적으로 마무리되기 위해서는 서로 간의 신뢰, 배려, 라포 형성이 잘 이루어져야 하며, 이를 통해 기관의 고유 역할에 대한 수행뿐만 아니라 실습생의 업무수행에 대해 긍정적인 상호작용을 통해 슈퍼비전이 이루어지고 현장의 경험을 익혀 나갈 수 있도록 해야 한다.

이처럼 실습슈퍼비전은 사회복지학을 전공하는 학생이 사회복지실천현장에 대해 경험하고 이해하기 위해 진행되는 실습기간 동안 실습기관의 지도자가 실습생을 교육시키는 것이다. 이때 교육을 담당하는 사회복지사를 실습지도자라 하며, 실천현장에서의 교육적인 기능을 수행하기 때문에 이때 슈퍼비전의 유형은 교육적 슈퍼비전이 된다(양옥경 외, 2017). 슈퍼비전은 사명감을 바탕으로 전문적이고 실제적인 지식과 경험적 실천기술을 갖추어야 하며, 자신의 능력에 대한 솔직한 태도와 슈퍼바이지에 대한 칭찬과 인정이 유지되어야 한다.

02 | 실습슈퍼비전의 기능

실습슈퍼비전은 실습생이 학교에서 배운 지식과 기술을 실천현장에서 잘 활용할 수 있도록 도움을 주는 활동이다. 따라서 실습생이 현장에서 경험을 바탕으로 사회복지사로서의 전문적 정체성을 수립하며 실무역량을 강화할 수 있도록 실질적인 기회를 마련해 주고, 도움을 줄 수 있도록 다양한 기능을 수행해야 한다.

1) 행정적인 기능

행정적 슈퍼비전은 사회복지사의 행정적 성장을 꾀하는 데 목적을 두고 사회복지사에게 업무 환경의 구조화와 업무수행에 필요한 접근법을 제공해 줌으로써 기관의 구조와 자원을 효율적으로 이용할 수 있도록 돕는 과정이다. 행정적 슈퍼비전은 업무를 계획하고 할당하고 위임하고 조정 · 협동을 통하여 감독하고 평가하는 기능을 한다. 슈퍼비전에서의 행정 기능은 전통적으로 실습생들을 지휘하고, 조정하고, 향상시키고, 평가하는 것으로 개념화되어 왔다.

사회복지현장실습을 진행하면서 실습지도자는 다양한 행정적인 업무를 수행하게 되며, 가장 핵심적인 기능은 실습생의 업무할당에 대한 계획과 조직 및 결정이다. 실습생이 실습기간 동안 어떤 업무를 수행할 것인지 그리고 어떤 권한을 위임할 것인지 업무에 대한 점검은 어떻게 할 것인지를 포함한다. 실습지도자는 실습생에게 효과적으로 업무를 할당하고 조직하기 위해서 실습생에 대한 이해가 있어야 한다. 실습생의 강점과 약점, 실습생의 업무의 형평성, 실습생의 능력에 대한 고려 등을 바탕으로 업무가 배분되어야 한다. 이러한 부분이 고려되고 실습생에 대한 이해가 잘 되어 있을 때 보다 효과적으로 업무를 할당할 수 있으며, 실습생 역시 실습을 하는 동안 효과적인 업무를 수행해 나갈 수 있다.

또한 실습기간 동안 실습생이 작성하는 문서작업이 제때 잘 이루어지고 있는지 점검해야 한다. 현장에서 의외로 많은 사회복지사들이 문서작업에 어려움을 경험하고 있다. 실습을 하면서 작성하는 기본적인 기록과 서류 업무가 향후 실천현장에서 자신이 실천한 서비스의 책무성에 있어서 중요한 기반이 되는 부분임을 인식시키고 실습생이 기록과 문서를 작성하는 데 정기적인 슈퍼비전이 필요하다. 이처럼 실습생을 지휘, 조정하고 업무를 계획, 결정하며, 업무량을 관리하고, 실습생을 향상시키고 발전시키는 것을 행정적 기능이라고 할 수 있다.

2) 교육적인 기능

실습슈퍼비전의 핵심적인 기능은 교육기능이다. 사회복지현장실습에서 이루어지는 슈퍼비전은 실습생이 학교에서 배운 이론과 기술을 현장에서 실제로 적용하며 실천하는 일에 대해 실습지도자가 책임을 지고 가르치는 일이다. 실습생이 하는 일에 대해 감시가 아닌 교육 · 훈련을 통해 전문가로서 성장할 수 있도록 지도하는 일이 실습슈퍼비전에서 핵심적인 부분이다. 따라서 실습지도자는 사회복지실천현장에서의 경험과 기술을 바탕으로 실습생이 실습기간 동안 사회복지실천 지식과 기술을 배울 수 있도록 잘 전달하고 교육을 위한 전략을 수립해야 한다.

오늘날 클라이언트의 문제가 매우 복합적이고 다양하기 때문에 클라이언트의 문제를 해결하기 위해서는 전문적인 지식과 기술을 바탕으로 실질적인 개입이 필요하다. 이처럼 현장에서 실질적인 개입을 위한 실천방법과 서비스 전달 과정에 대해 슈퍼바이저를 통해 교육과 훈련이 이루어지는 부분이다. 특히 기관에서 실습은 집단으로 이루어지기 때문에 실습생들의 공통적인 학습욕구와 실습생들의 능력을 사정하여 교육과 훈련이 이루어져야 보다 효과적인 실습이 이루어질 수 있다. 물론 대부분의 실습기관은 각각의 기관의 특성에 따라 실습일정과 교육 내용을 구성하여 체계적으로 실습생을 지도하고 있으며 4주간의 실습을 통해 예비 사회복지사로써 갖추어야 하는 실천 경험을 할 수 있도록 교육과 훈련이 이루어지고 있다. 교육기능에서 실습지도자의 기본적인 활동은 다음과 같이 정리할 수 있다(유진희 외, 2020).

① 학교에서 배운 지식과 기술을 바탕으로 현장에서의 사례를 통해 적용해 보고 토론이나 발표의 시간을 가지고 슈퍼비전을 제공한다.
② 새로운 활동, 기술, 행동들에 대하여 실습생을 교육한다. 기존의 이론 및 개념의 적용뿐 아니라 새로운 기술과 행동에 대해서도 교육한다. 학교가 주로 이론에 치우친 교육을 담당한다면 실습기관은 클라이언트나 지역사회에서 직접 활용되는 기술 행동에 대한 교육을 책임져야 한다. 기술을 습득하고 익힌 후 연습해 보는 것이 실습생이 실습기관에서 경험해야 할 의무이자 권리이다.
③ 실습생의 학습이 어느 정도 진행된 후에는 각 실습생들의 업무 활동 및 사례들을 돌아가면서 발표하여 다른 실습생의 업무와 접근방법 및 기술,

활동 등에 대해 간접적으로 학습할 수 있도록 하는 것이 좋다.

④ 논문, 저서, 보고서, 연구물들을 공유하거나 회람하여 나누도록 한다. 실습에 직접 연관되어 있는 논문이나 저서를 회람함으로써 현재 실습생이 배우고 있는 내용에 대한 공신력을 높이며, 보고서를 회람함으로써 모든 것을 실습지도자가 직접 교육해야 하는 부담을 덜 수 있다.

⑤ 정보를 제공하거나 기술을 가르치기 위해 주제 강사를 초청할 수 있다. 필요에 따라 외부강사를 초청하거나, 실습생들의 소속 대학의 교수를 초청하여 강의를 개방함으로써 실습 내용의 질을 향상시킬 수 있다.

3) 지지적 기능

사회복지현장실습을 실시하는 실습생은 처음으로 현장에서 실천 경험을 하고 직접적으로 진행을 해야 하기 때문에 긴장상태를 유지하고 진행을 하게 된다. 또한 학교에서 배운 지식과 기술을 현장에서 직접적으로 접목하고 실천을 해야 하기 때문에 자신이 잘하고 있는지에 대한 의문점을 가질 수도 있다. 그리고 실습을 하면서 경험하게 되는 실습지도자와의 관계, 클라이언트와의 관계, 동료 실습생과의 관계, 기관과 함께 하는 다양한 자원봉사자 등 사람들과의 원만한 관계 형성에 어려움을 경험할 수 있다. 실습지도자는 이처럼 실습생이 사회복지실천현장에서 실습을 하면서 경험하게 되는 어려움을 해소하고 실습이 성공적으로 종결될 수 있도록 지도해야 한다.

실습슈퍼비전에서의 지지적 기능은 단순히 실습생을 격려하고 지지하는 것뿐만 아니라 실습생이 효과적으로 실습 업무를 수행해 나갈 수 있도록 심리적으로 관계적인 자원을 제공하는 것을 의미한다. 실습지도자의 지지적 기능은 실습생이 실습을 하면서 경험하는 스트레스를 감소시키고 사기를 증진시켜 실습 업무를 수행하는 데 있어서 효과성을 증진시킨다. 또한 실습지도자의 지지를 통해 자신의 업무수행능력 강화와 사기가 진작됨으로써 향후 사회복지사가 되었을 때 열의 있고 이해심 있는 사회복지사의 모델을 추구한다고도 할 수 있다.

03 | 실습슈퍼비전의 원칙

실습에서 제공되는 슈퍼비전의 경우 몇 가지 원칙하에서 진행될 필요가 있으며 실습슈퍼비전의 원칙은 다음과 같다(서울시사회복지관협회, 2005).

① **정규화의 원칙** : 실습생을 위한 슈퍼비전의 정기성은 학기 중 매주 정해진 시간에 그리고 방학 중의 경우는 매일 정해진 시간에 슈퍼비전이 제공될 수 있어야 한다. 이처럼 슈퍼비전은 정기적으로 제공되어야 한다.

② **공식화의 원칙** : 슈퍼비전은 업무의 일부로 업무시간 중에 수행되어야 한다. 실습생과 실습지도자의 업무량의 관리를 통해 공식 업무의 일환으로 수행되어야 한다.

③ **상호교류중심화의 원칙** : 슈퍼비전은 슈퍼바이저와 슈퍼바이지의 상호 계획하에 수행되어야 한다. 실습은 목적적인 것이므로 실습 계약을 통해 설정된 목표에 실습생과 실습지도자가 상호적으로 슈퍼비전의 전 과정에 함께 해야 한다.

④ **개별화의 원칙** : 슈퍼비전은 슈퍼바이지의 업무와 관련된 지식, 기술, 능력을 파악하여 이와 관련한 훈련, 개발, 더 나아가서 경력개발에 초점을 두고 개별화하여 진행되어야 한다.

⑤ **성장중심화의 원칙** : 슈퍼비전은 슈퍼바이지의 업무수행상 취약점을 지적하는 것보다는 가능성과 강점의 개발에 초점을 두고 진행되어야 한다.

⑥ **맥락화의 원칙** : 슈퍼비전은 조직의 내적 및 외적 환경, 슈퍼바이지가 속

한 업무 환경 등 맥락을 고려하여 진행되어야 한다.

⑦ **욕구중심화** : 실습생의 욕구에 맞춰 실습슈퍼비전을 계획하고 제공해야 한다. 실습생이 실습지도자로부터 슈퍼비전을 통해 받고 싶은 것, 받을 필요가 있는 것 등을 미리 파악하고 그에 맞춰 제공해야 한다.

04 | 실습지도자의 역할

사회복지현장실습을 실시하는 실습생은 학교에서 배운 사회복지관련 지식과 기술을 바탕으로 현장에서 실질적으로 적용해 보는 경험을 하게 된다. 처음 실습에 임하는 실습생의 경우 다양한 어려움을 겪게 된다. 전문적인 지식과 기술을 접목하여 클라이언트의 문제나 욕구를 해결하기 위해 도움을 주는 실천하는 경험의 어려움뿐만 아니라 기관의 직원, 동료 실습생, 기관 이용자, 자원봉사자 등과의 관계 형성에도 어려움을 경험하게 된다. 또한 실습을 진행하면서 부여되는 과업을 수행하는 데 있어서도 많은 어려움을 경험하게 된다. 이처럼 실습을 하면서 경험하게 되는 어려움을 해소하고 성공적인 실습이 이루어지기 위해서는 실습지도자의 역할이 중요한 부분이다. 따라서 실습지도자가 갖추어야 하는 자질에 대해 살펴보고자 한다(양옥경 외, 2007).

실습지도자는 사회복지에 관한 전문적인 지식, 태도, 조직에 대한 이해와 기관이 제공하는 전반적인 사업과 서비스에 대한 풍부한 지식을 갖추고 있어야 한다. 또한 사회복지를 실천함에 있어서 전문적인 실천기술에 대한 이해가 있어야 하며 특정 전문분야에 대한 고유의 실천기술을 소유하고 있어야 한다. 이를 바탕으로 실습생이 다양한 문제상황에 직면하게 되면 실습생들에게 진지한 자세로 사회복지현장에 대해 이해를 할 수 있도록 슈퍼비전을 줄 수 있어야 한다. 아래 〈표 7-1〉과 같이 실습지도자는 슈퍼비전에 대한 평가를 통해 부족한 부분을 보완하고 실습지도를 하기 위해 노력해야 한다.

실습생이 문제상황에 처했을 때 실습지도자에게 편안하게 문제상황에 대해 이야기할 수 있도록 실습생과의 관계를 형성해야 하며 실습지도자도 때로는 실천을 하면서 실수도 할 수 있음을 솔직하게 보여줄 수 있어야 한다. 더불어 실습생이 실습의 과업을 잘 수행하면 실습생의 동기를 유발하고 전문성을 키워나갈 수 있도록 칭찬과 인정을 해줘야 한다.

표 7-1 실습지도자 평가척도[3]

점수	평가기준
1점	슈퍼비전을 제대로 제공하지 못하여 슈퍼비전을 위한 학습이 절대적으로 요구됨
2점	슈퍼비전을 제공하는 영역에 대한 지식이 부족하고 슈퍼비전을 제공할 능력도 부족함
3점	슈퍼비전을 제공하는 영역에 대한 기본지식을 갖추고 있으며, 슈퍼비전을 제공하는 능력이 있음
4점	슈퍼비전을 제공하는 영역에 대한 정확한 지식을 갖추고 있으며, 슈퍼비전을 체계적으로 정확하게 제공함
5점	슈퍼비전을 제공하는 영역에 대한 정확한 지식을 갖추고 있으며, 슈퍼비전을 체계적으로 정확하게 제공하는 우수한 전문가 위상을 갖추고 있음

영역	내용	점수				
		1	2	3	4	5
1. 지식	1.1 슈퍼비전의 목적을 이해한다.					
	1.2 슈퍼비전의 경계를 명확히 알고 있다.					
	1.3 다음 요소를 이해한다. 행정적/교육적/지지적					
	1.4 다양한 슈퍼비전 계약의 유형을 알고 있다.					
2. 슈퍼비전 관리기술	2.1 슈퍼비전 목적을 슈퍼바이지에게 설명할 수 있다.					
	2.2 서로가 동의하고 명확한 계약을 협상해 낼 수 있다.					
	2.3 적절한 경계를 유지할 수 있다.					

3) Hawkins & Shohet(2006: 127-129). 사회복지현장실습지도자교육(2010). 한국사회복지사협회 재인용.

	2.4 다음과 같은 슈퍼비전 분위기를 형성할 수 있다. 공감적/진실한/적합한/신뢰할 수 있는/직접적					
	2.5 행정적 · 교육적 · 지지적 기능 간의 균형을 유지할 수 있다.					
	2.6 정각에 적절하게 회기를 끝낼 수 있다.					
3. 슈퍼비전 개입기술	3.1 다음의 개입유형을 사용할 수 있다. 규범적/지식을 주는/대립적/촉매적/카타리스적/지지적					
	3.2 다음과 같은 방법으로 피드백을 줄 수 있다. 명확한/인정한/균형이 맞는/구체적					
	3.3 다음에 유용하게 초점을 맞출 수 있다. 보고된 내용/슈퍼바이지의 개입/슈퍼바이지-클라이언트 관계/슈퍼바이지의 역전이/슈퍼비전 관계/자신의 역전이/좀 더 넓은 맥락					
	3.4 자신이 일하는 방법을 묘사할 수 있다.					
	3.5 자신의 경험을 적절하게 제공할 수 있다.					
	3.6 슈퍼바이지에게 자신의 슈퍼비전 기술을 전개할 수 있다.					
4. 특성 또는 특질	4.1 슈퍼바이저 역할에 대한 헌신한다.					
	4.2 슈퍼바이저 역할 고유의 권위에 대해 편안하다.					
	4.3 격려하고 동기를 부여하며 적절한 낙관주의를 줄 수 있다.					
	4.4 슈퍼바이지의 욕구에 대해 민감하다.					
	4.5 다음과 같은 개인의 차이를 인식하고 적응할 수 있다. 성/연령/문화적 · 인종적 배경/계층/성격/전문적 훈련					
	4.6 유머감각이 있다.					
5. 지속적 발전에 대한 헌신	5.1 자신의 적절한 슈퍼비전에 대해 책임져 왔다.					
	5.2 자신의 실천가 및 슈퍼바이저로서의 기술과 지식을 업데이트하기 위해 노력했다.					
	5.3 슈퍼바이저로서 자신의 강점과 단점을 파악하고 자신의 한계를 인정한다.					
	5.4 다음과 같은 사람들로부터 정기적 피드백을 받는다. 슈퍼바이지/동료/자신의 슈퍼바이저 또는 상사					
6. 집단 슈퍼바이저	6.1 집단역동에 대한 지식을 가지고 있다.					
	6.2 슈퍼비전 과정을 돕기 위해 집단 과정을 사용할 수 있다.					
	6.3 집단 내의 경쟁력을 조정할 수 있다.					

7. 시니어 조직 슈퍼바이저	7.1 전문가 간의 이슈를 감독할 수 있다.					
	7.2 조직의 이슈를 감독할 수 있다.					
	7.3 팀 내의 활동범위와 조직발달에 대한 지식을 가지고 있다.					
	7.4 기초가 되는 팀 또는 조직문화를 '표면화'할 수 있다.					
	7.5 조직의 변화를 촉진할 수 있다.					
	7.6 슈퍼비전이 활발하게 이루어지는 학습적 문화를 조성할 수 있다.					

1) 슈퍼비전에 관한 윤리강령

실습지도자가 실습생에게 슈퍼비전을 줄 때는 사회복지사 윤리강령에 명시되어 있는 동료에 대한 윤리지침을 바탕으로 특히 슈퍼바이저의 윤리지침에 따라 이루어져야 한다. 한국사회복지사협회가 2001년 개정한 사회복지사 윤리강령에는 전문가로서 책임과 의무를 명시하고 있으며 슈퍼바이저로서 의무 역시 윤리적 지침을 따르도록 규정하고 있다. 슈퍼바이저로서 지켜야 하는 윤리적 지침은 아래와 같다.

슈퍼바이저

1. 슈퍼바이저는 개인적인 이익의 추구를 위해 자신의 지위를 이용해서는 안 된다.
2. 슈퍼바이저는 전문적인 기준에 의해 공정하게 책임을 수행하며, 사회복지사, 수련생 및 실습생에 대한 평가는 저들과 공유해야 한다.
3. 사회복지사는 슈퍼바이저의 전문적 지도와 조언을 존중해야 하며, 슈퍼바이저는 사회복지사의 전문적 업무수행을 도와야 한다.
4. 슈퍼바이저는 사회복지사, 수련생 및 실습생에 대해 인격적 · 성적으로 수치심을 주는 행위를 해서는 안 된다.

① 실습지도자는 개인적인 이익의 추구를 위해 자신의 지위를 이용해서는 안 된다. 실습지도자의 권한을 이용하여 실습생으로 하여금 실습지도자의 업무를 대신하게 하거나, 각종 개인적인 심부름을 시켜서는 안 된다. 실습지도를 벗어나 개인적인 업무, 심부름을 시킨다거나 실습

과제로 무리하게 후원자 발굴이나 기관의 생산품 등 물품 구입을 강요하는 행위를 해서는 안 된다.

② 실습지도자는 전문적 기준에 의해 공정하게 책임을 수행하며, 사회복지사 · 수련생 및 실습생에 대한 평가는 당사자들과 공유해야 한다. 사회복지현장실습은 사회복지사 자격증을 취득하기 위해 반드시 이수해야 하는 필수과목으로 실습교육에 따른 커리큘럼에 따라 실시되어야 한다. 이처럼 실습을 실시함에 따라 실습지도자는 자신의 전문적인 지식과 능력의 범위 안에서 실습생이 사회복지사로서 갖추어야 하는 지식과 기술을 익힐 수 있도록 실습이 이루어져야 한다. 또한 실습생에 대한 평가는 실습생과 공유하고 공정한 기준에서 이루어질 수 있도록 해야 한다. 실습평가에 대한 결과를 공유하고 실습생이 실습목표를 달성할 수 있도록 노력해야 하며, 실습생이 예비 사회복지사로서 정체감을 형성할 수 있도록 교육이 이루어져야 한다.

③ 실습생은 실습지도자의 전문적 지도와 조언을 존중해야 하며, 실습지도자는 실습생의 전문적 업무수행을 도와야 한다. 실습생의 실습일지를 매일 확인하여 즉각적인 피드백을 제공해야 하며 정기적으로 구조화된 실습슈퍼비전 계획을 수립하고 일정에 따라 개별적으로 집단적 슈퍼비전을 통해 실습교육 목적을 달성하도록 노력해야 한다. 또한 실습생은 실습기간 동안 슈퍼바이저의 지시와 지도를 따라 실습에 임해야 하며, 실습기간 동안 클라이언트와 관련된 정보나 서비스 진행상황을 실습지도자에게 보고하고 점검해 나가야 한다.

④ 실습지도자는 사회복지사 · 수련생 및 실습생에 대해 인격적 · 성적으로 수치심을 주는 행위를 해서는 안 된다. 실습교육기관과 실습지도자는 실습생의 인권을 보장해야 하며, 모욕, 성적 추행, 수치심을 자아내는 행위는 절대 해서는 안 된다. 실습지도자 및 직원은 실습교육기간 동안 실습교육기관 외의 장소에서 사적인 자리를 마련하지 않아야 하며, 실습지도자 및 직원은 실습생의 호칭이나 실습생 평가 시 모욕이나 수

치심을 자아내는 언행을 삼가야 한다. 실습지도자 및 직원은 실습생에게 이성적인 호감을 표시하거나 구애행위를 해서는 안 되며 실습기간 동안 기관 내에 다른 직원이 자신의 실습생에게 이와 같은 행위를 하는 것을 목격했을 시, 그 행위를 중단시켜 실습생을 보호해야 한다.

05 | 슈퍼비전의 실제

실습지도자는 슈퍼비전을 효과적으로 제공하기 위해서는 슈퍼비전을 구성하는 요소들을 정확히 이해해야 하며, 슈퍼비전의 원칙을 세우고 그 원칙에 준하여 제공해야 한다.

1) 실습준비단계의 슈퍼비전

실습준비단계는 효과적인 실습의 토대가 되는 작업을 진행하는 과정으로, 실습교육 과정에서 수행될 내용을 사전에 점검하면서 슈퍼비전이 효과적으로 제공될 수 있도록 기본 틀을 구축하는 과업을 수행하는 단계이다. 실습을 진행하기 전에 수행되어야 하는 과업에 대해 체크리스트를 만들어 미흡한 사항이 있는지 확인할 수 있다. 사전에 점검해야 하는 사항은 실습생의 선발과 배치, 실습생에게 부과되는 실습 내용의 적절성, 실습 수행 장소, 실습을 위한 기관의 시설 및 재정지원, 실습 개시를 위한 실습 대학과의 행정적인 업무 등이다. 이러한 사항을 포함하는 실습 관련 업무목록을 〈표 7-2〉와 같이 작성하여 사전에 점검하면 효과적으로 실습을 준비할 수 있다. 실습슈퍼바이저는 실습지도 준비와 관련하여 실습 전 준비사항을 점검하고 미비점을 보완해야 하며, 선발된 실습생에게 실습 확정에 대한 공지, 실습

초기 모임 및 실습 일정에 대한 공지, 실습생과 초기 관계 형성을 위한 역할을 해야 한다. 또한 실습 진행 전 실습 대학에서 발송한 실습 의뢰와 관련한 행정절차와 실습계약 체결, 실습서약서 작성, 실습비 안내 등 계약관련 역할을 수행한다. 사회복지현장실습을 하기 전 실습생을 대상으로 사전 오리엔테이션을 통해 실습생의 자세와 역할, 태도에 대한 안내, 실습 일정과 실습 내용에 대한 안내, 실습기관 및 지역사회에 대한 안내가 이루어지고 실습생의 실습에 대한 기대와 욕구를 수렴해서 〈표 7-3〉과 같이 실습 준비를 위한 역할을 수행해야 한다.

표 7-2 실습사전 준비점검표

구분	내용	점검
실습생 모집	- 실습생모집공고(최소 2주간 기관 홈페이지 한국사회복지사협회 홈페이지에 공지)	□예 □아니오
	- 실습생 모집공고 내용의 적절성(실습내용, 기간, 모집절차, 실습비용 등의 내용의 적절성	□예 □아니오
	- 실습생 모집절차의 충분성(실습 시작 전 충분한 시간적 여유(최소 2개월)를 두고 진행)	□예 □아니오
실습생 선발, 배치	- 실습생 선발조건을 명시함(선수과목, 봉사 경험, 태도 등)	□예 □아니오
	- 실습생 선발을 위한 절차가 정해져 있음(서류검토, 면접심사 등)	□예 □아니오
	- 실습생 선발결과에 대해 공식적인 공지를 함	□예 □아니오
	- 실습생을 배치할 경우 실습생의 희망과 실습업무의 특성을 고려하고자 함	□예 □아니오
실습 전 기본교육	- 실습 시작 전 실습생을 대상으로 실습준비모임 진행(2주간)	□예 □아니오
	- 실습기관의 목적, 사업, 구조, 재정 등 기관에 대한 오리엔테이션을 실시	□예 □아니오
	- 기관이 속한 지역사회에 대한 이해를 도모하기 위한 교육 실시	□예 □아니오
	- 실습생의 역할, 실습 태도 및 자세 등에 대한 교육을 실시	□예 □아니오
실습지도 환경	- 실습지도를 위한 물리적 환경 확보(공간, 자리 등)	□예 □아니오
	- 실습업무를 수행하는 장소(지역사회, 가정방문)의 안전 확인	□예 □아니오
	- 실습기간 동안 실습생의 소지품 보관 등 편의제공을 위한 조치	□예 □아니오
	- 실습업무 중 사무기기 사용 및 소모품 제공 사전조치	□예 □아니오
	- 외부활동 등 실습업무 동안 안전과 관련된 제도 마련	□예 □아니오
실습교육 공식화	- 교육기관에 실습 확정 공문발송	□예 □아니오
	- 실습교육기관, 실습생, 실습지도자 간 실습계약	□예 □아니오
	- 실습기간 중의 의무사항에 대한 안내 및 서약서 작성	□예 □아니오

출처 : 한국사회복지사협회(2017).

표 7-3 실습준비단계의 내용

단계	주요 내용	과제물	활용 양식
준비단계	- 실습 전 확인사항 점검 - 실습계약 체결(3자 체계: 실습지도자, 실습학생, 지도교수) - 실습서약서 작성 - 실습 시작 전 오리엔테이션(사전미팅) 실시 - 실습생 프로파일 검토 - 실습슈퍼비전을 위한 기초자료 수립 - 실습생의 교육욕구 진단 - 실습지도자와 실습생의 초기 관계 형성	- 실습생 프로파일 - 실습생 실습계획서	준비점검표 프로파일 실습계획서 실습계약서 실습서약서

출처 : 한국사회복지사협회(2017).

실습준비단계에서 실습생의 개별욕구를 반영한 실습슈퍼비전 계획을 수립해야 한다. 실습생에 대한 슈퍼비전을 설계하는 실습슈퍼비전 계획서는 그 계획서상의 투입인력의 성장과 발전을 위한 개별화된 지도계획서를 의미한다. 실습생의 경우 새로운 환경에의 적응, 업무에 대한 책임, 동료실습생과의 관계 형성 등과 관련하여 초기 긴장과 불안감이 야기될 수 있으므로 지지적 슈퍼비전을 통해서 불안감을 완화하고 극복하도록 해야 한다. 기관의 실습슈퍼비전 계획서에 포함되는 내용은 실습생의 이름, 성별, 그동안의 봉사 및 실습경력, 현 실습업무, 지식, 기술, 능력, 성향, 욕구 등을 포함한다. 이러한 내용은 실습생의 프로파일을 참고해도 된다. 또한 〈표 7-4〉와 같이 슈퍼바이저의 상황, 일시, 기간, 장소 등을 포함하는 슈퍼비전 구조와 과정별 슈퍼비전 내용을 포함하여 계획해야 한다. 실습 과정별 실습슈퍼비전계획서는 〈표 7-5〉와 같이 초기단계, 중간단계, 종결 및 평가단계로 구분하여 지도할 수 있다.

표 7-4 실습슈퍼비전계획서

실습지도계획서

• 실습지도자 :

1. 실습목적 :

2. 실습목표 :

3. 실습분야 :

4. 실습기간 :

5. 실습대상(실습생의 자격) :

6. 교육계획

단위시간	내용	담당	비고

7. 실습지도방법
   - 개별실습지도 계획 :
   - 집단실습지도 계획 :
   - 기타 계획 :

8. 실습일정

주	월/일	시간	실습내용	담당	과제물

9. 실습생의 책임과 과제

10. 참고도서

출처 : 한국사회복지사협회(2017).

표 7-5 실습 과정별 슈퍼비전계획서

<table>
<tr><td rowspan="4">초기
단계</td><td rowspan="3">실습생의 업무태도와 자세를 강조하고 기관과 실습에 관련한 지식교육을 활발히 진행한다.</td><td>기관소개</td><td>- 기관의 역사와 조직구조에 대한 이해</td></tr>
<tr><td>부서교육</td><td>- 각 부서별 사업에 대한 이해
- 클라이언트에 대한 이해
- 지역사회에 대한 이해</td></tr>
<tr><td>담당
실습업무
실시</td><td>- 집단프로그램 계획 및 진행, 평가
- 사례관찰 및 면담, 사례회의 참관
- 기타 프로그램 참관
- 행정업무 보조</td></tr>
<tr><td>슈퍼비전 내용</td><td colspan="2">- 실습지도자와 실습생의 관계 형성(상호합의와 신뢰형성)
- 실습계약서 작성
- 실습에서의 목적의식 공유
- 실습생의 역할에 대해 인지시키고, 상호 의무와 기대를 토의
- 공통교육 및 과제에 관한 공지
- 기관구조 및 사업관련 교육 진행
- 기관 내 기록서식에 대한 교육과 필요성 지도
- 윤리적 실천에 대한 교육</td></tr>
<tr><td rowspan="3">중간
단계</td><td rowspan="2">실습업무를 점검하며 지식과 기술을 정밀화하고 실습생이 하는 업무에 자신감을 갖도록 돕는다.</td><td>담당실습
업무 점검</td><td>- 슈퍼비전(일지점검, 기록점검, 과제점검, 프로그램 계획서 평가)</td></tr>
<tr><td>중간평가</td><td>- 실습내용 및 역할 요약, 실습을 통해 배운 점, 어려운 점, 개선사항 등</td></tr>
<tr><td>슈퍼비전 내용</td><td colspan="2">- 지속적인 정서적 지지제공 및 실습생의 감정인식
- 과제의 성공적인 수행 여부에 대한 검토
- 자아인식(강점 및 약점)에 관한 인터비전을 진행
- 중간평가를 통해 목표 달성 정도, 배운 점, 건의사항 등에 대해 논의
- 사례관리 및 집단프로그램에 대한 실습생의 감정을 공유하고 적극적인 피드백 제공</td></tr>
<tr><td rowspan="4">종결
및
평가
단계</td><td rowspan="3">종결을 알리고 실습에 대한 전반적인 평가를 한다.</td><td>종합평가
(실습생 평가)</td><td>- 실습 과정에 대한 보고와 평가, 배운 점, 기관에 대한 제언 등</td></tr>
<tr><td>실습지도 평가</td><td>- 실습생이 실습지도와 실습지도자가 평가</td></tr>
<tr><td>평가서 발송</td><td>- 실습평가서 학교로 발송</td></tr>
<tr><td>슈퍼비전 내용</td><td colspan="2">- 실습 종결 알림 및 감정탐색(실습생과 클라이언트의 만남이 얼마나 남았는지, 실습지도자와의 시간이 얼마나 남았는지 상기시킴)
- 종결평가를 통해 목표달성 여부를 평가하고 학습한 것을 공유</td></tr>
</table>

출처 : 한국사회복지사협회(2017).

2) 실습초기단계의 슈퍼비전

실습교육 초기단계는 실습 시작과 함께 실습슈퍼비전도 시작되는 단계로 향후 실습지도자와 실습생 간의 관계 형성의 토대가 되는 단계이다. 실습슈퍼비전 초기단계에서는 실습을 하는 동안 실습생이 해야 하는 업무와 역할에 대해 설명을 통해 실습생이 자신의 역할에 대해 혼동하지 않도록 해야 하며, 기관에서 실습생의 위치와 권리에 대해서도 안내를 해야 한다. 또한 준비단계에서 사전에 진행되었던 기관오리엔테이션이나 지역사회에 대한 이해의 미진한 부분을 보완하는 교육 시간을 먼저 가져 실습생이 기관이 속해 있는 지역사회에 대한 이해를 통해 실습을 성공적으로 실시할 수 있도록 돕는다. 만일 준비단계에서 기본적인 오리엔테이션이 충분히 진행이 되었다면 오리엔테이션 내용을 재확인하는 것으로 시작할 수 있다. 실습의 구체적인 내용에 대한 안내와 실습 일정, 과제물에 대한 안내 및 실습 과정에서 행해지는 평가의 내용과 방법 및 시기에 대해서 안내를 해야 한다. 더불어 실습생이 실습 과정에서 수행하는 실습업무에 대해 평가가 이루어진다는 것을 안내하고 향후 평가를 통한 실습생의 성과와 괴리가 발생하지 않도록 하는 것이 필요하다.

실습초기단계에서 실습생에게 강조되어야 하는 것은 사회복지 지식과 기술의 습득뿐만 아니라 사회복지사 윤리강령에 입각한 실습생의 업무 태도와 자세에 대한 부분이다. 실습지도자는 실습지도를 통해 실습생이 기관의 기능적 측면에 대한 이해와 조직성원으로서의 근무규칙에 적응을 할 수 있도록 해야 한다. 또한 기관의 환경 및 기관 이용자에 대한 이해, 문서작성과 각종 보고서 등의 기초적인 업무수행능력 습득, 실습 프로그램에 대한 계획 수립, 사례관리, 집단지도, 지역사회 개발 등의 계획 수립을 통해 실습지도가 이루어져야 한다.

실습초기단계에서 이루어지는 실습 오리엔테이션을 통해 〈표 7-6〉과 같이 실습생의 실습과 관련된 세부적인 내용에 대한 안내를 실시하고 조직 구성원으로 소속감을 갖도록 하는 것이 필요하다. 실습 오리엔테이션에서는 실습 과정의 구체적인 일정에 대해서 안내를 하며, 실습기관의 미션과 지역사회에 대한 이해의 재검토, 기관의 업무처리 절차에 대한 안내 및 실습 과정에서 사용되는 양식과 기관의 행정 절차 및 서류 양식에 대한 소개, 기관의 자원에 접근할 수 있는 방법 안내(시설, 업무환경 등), 실습기관의 직원과 동료 실습생에 대한 소개, 실습 내용에 대한 안내, 실습 업무에 대한 평가 내용, 시기, 방법에 대한 안내가 이루어진다. 더불어 실습생에 대한 안전교육을 통해 실습기간 동안 안전사고가 발생하지 않도록 안전지침을 안내한다.

표 7-6 실습초기단계의 내용

단계	주요 내용	과제물	활용 양식
초기 단계	- 공통 교육 진행(윤리, 행정, 예산, 문서(기록) 작성, 프로그램 계획서 작성 등) - 기관 및 직원 소개 실습 - 지역사회 탐방 - 부서 및 실습업무 안내 - 관련된 정책 및 제도에 대한 이해	-기관분석보고서 -지역사회분석보고서 -지역사회지도그리기	실습일지, 실습생출근부, 실습지도기록서, 사회복지사선서, 윤리강령, 기관분석보고서, 지역사회분석보고서

출처 : 한국사회복지사협회(2017).

3) 실습중기단계의 슈퍼비전

실습중기단계에서 실습지도자의 주된 역할은 사회복지현장에서 요구되는 지식과 기술을 구체화하면서 실습생이 전문가로서 익혀야 하는 실천기술과 방법에 대해 습득할 수 있도록 돕는 것이다. 초기단계의 실습지도 과정에서 파악된 실습생에 관한 내용을 토대로 실습에서 요구되는 지식과 기술을 지속적으로 보완하도록 하며, 실습생이 수행한 과업에 대한 긍정적인 피드백을 통해 업무에 자신감을 가질 수 있도록 도와야 한다. 또한 실습생의 실습지도자에 대한 의존도를 조금씩 줄여 나가도록 해야 한다. 여러 실습생이 함께 실습을 수행할 경우, 동료 실습생 간의 역할분담으로 인한 갈등 상황은 없는지, 업무와 관련하여 부담이나 스트레스는 없는지, 그리고 클라이언트와 전문적인 관계를 유지하면서 윤리적인 실천의 노력을 하는지, 대상자에 대한 이해는 충분한지, 실습지도에 대한 건의사항은 없는지 등을 확인하면서 실습생이 성장할 수 있도록 지도감독을 해야 한다.

실습중기단계는 과제물과 일지 등 각종 기록의 제출이 가장 활발하게 이루어지는 단계이기 때문에 실습생이 제출한 결과물을 바탕으로 슈퍼비전이 이루어진다. 실습생이 작성한 결과물에 대한 슈퍼비전을 통해 실습생의 부족한 지식과 기술을 보완해 나가며 역량을 강화할 수 있도록 하며 상황에 따라 개별 슈퍼비전과 집단 슈퍼비전을 병행하여 진행할 수 있다. 실습중간단계에서는 〈표 7-7〉과 같이 실습 내용 중 실습의 중간 시점에서 그 동안 실습 내용과 과정에 대한 실습생의 중간평가가 이루어진다. 중간평가를 통해 실습생이 수행해 왔던 업무와 성과에 대한 지지와 또한 부족한 부분에 대해 남아 있는 실습기간 실습생이 좀 더 성장할 수 있도록 방향을 제시해 줘야 한다.

실습중간평가는 실습기간 중반이 되는 시점에 진행하는 것이 적절하며, 실습생이 작성한 실습중간평가서를 토대로 수행 정도를 객관적으로 평가한다. 실습중간평가는 실습지도를 통해 목표점검과 해결방안, 실습생에 대한 격려와 지지를 통해 교육 효과를 향상시키기 위한 목적을 가지고 있다. 실습중간평가에서는 실습의 목표달성 정도와 실습 시 어려운 점과 애로 사항, 그리고 실습슈퍼바이저에 대한 건의 등이 포함된다. 중간평가에 대한 결과는 실습생, 기관 현장지도를 나온 실습지도교수와 공유할 수 있으며, 발표한 실습평가 내용에 대하여 실습생 간의 동료슈퍼비전도 진행 가능하지만 실습중간단계 진입한 시기이기 때문에 동료 간의 슈퍼비전은 제한적으로 적용하는 것이 좋을 수도 있다. 중기단계는 초기단계의 실습을 토대로 보다 전문적이며 세부적인 내용을 경험하도록 해야 하며, 그 과정에서 실습 내용의 중요도를 고려하여 다양한 실습 내용 중 어떤 것에 에너지를 더 투여해야 하는지 우선순위를 분명히 하는 것도 필요한 과업이다.

표 7-7 실습중기단계의 내용

단계	주요 내용	과제물	활용 양식
중기 단계	- 클라이언트(개별, 집단)의 욕구파악을 통한 프로그램 기획 및 실행 - 개별대상자에 대한 사정과 개입 계획 작성 및 기록 - 타 기관 방문 - 사회조사: 지역조사, 욕구조사	- 과정참여보고서 - 프로그램계획서 - 프로그램평가서 - 중간평가서 - 기관방문보고서 - 사회조사보고서	과정참여보고서 프로그램계획서 프로그램평가서 중간평가서 사례관리양식 계획서 진행일지 집단지도양식 사회조사양식 기관방문보고서 사회조사보고서

출처 : 한국사회복지사협회(2017).

4) 실습종결단계의 슈퍼비전

실습종결단계는 실습기간 동안 학습한 실천기법과 기술을 확고히 하며 마무리하는 단계이다. 물론 160시간의 실습을 통해 학교에서 배운 지식과 이론을 사회복지현장에서 접목해서 습득해 나가는 과정은 제한적일 수밖에 없다. 사회복지사로서 갖추어야 하는 전문적인 실천기술을 습득하는 실습시간이 너무나도 부족하지만 실습종결단계에서 실습지도자는 실습생이 실습기간 동안 경험하고 학습한 내용을 확고히 할 수 있도록 해야 한다. 클라이언트나 집단과의 전문적 관계를 종료하는 연습을 통해 전문적 관계의 경계를 학습하기도 하며, 무엇보다도 사회복지사로서 자신의 강점과 약점에 대한 인식을 통해 자신감을 확고히 하며 전문직에 대한 정체성을 형성하도록 지도해야 한다. 실습종결단계는 실습평가서를 제출하면서 실습을 마무리하는 단계인 만큼 실습생이 수행한 역할을 평가함과 동시에 클라이언트와의 종결, 동료 실습생과 관계의 종결, 실습지도자와 전문적 관계의 종결을 준비할 수 있도록 지도해야 한다. 실습평가는 실습생의 업무수행과 관련하여 객관적인 사실에 근거한 평가가 되어야 하며, 실습생이 전문적인 성장을 할 수 있도록 피드백을 제공할 수 있어야 한다. 실습평가는 실습생 개인의 성격 그리고 가치에 대한 평가가 아니라 실습종결평가서의 내용을 중심으로 실습생이 수행한 실습 업무의 전반적인 과정에 대해 객관적인 평가로 실습생에게 슈퍼비전을 제공한다. 실습종결단계에서는 〈표 7-8〉과 같이 실습 내용이 이루어지며, 실습지도자의 역할은 실습총평가서를 토대로 실습 목적 및 목표에 대한 점검과 함께 부족한 부분을 보완할 수 있는 방법을 제시해야 한다.

표 7-8 실습종결단계의 내용

단계	주요 내용	과제물	활용 양식
종결 및 평가단계	- 종결(사례종결, 실습종결) - 평가(실습만족도와 실습평가) (실습보고회)	- 사례종결보고서 - 실습만족도 작성 - 실습보고회 진행 - 실습평가서	실습만족도 실습평가서 현장실습확인서

출처 : 한국사회복지사협회(2017).

실습지도자는 실습종결단계에서 최종 실습이 마무리되면 실습생이 작성한 종결보고서를 바탕으로 실습종결평가 보고회를 진행한다. 실습종결평가 보고회는 실습생, 실습지도자, 사업담당자, 중간관리자, 최고관리자 등 기관의 규모에 따라서 융통성 있게 결정할 수 있으며 향후 실습을 진행하는 데 발전적인 방향을 제시할 수 있도록 객관적인 평가가 진행되어야 한다. 실습생의 평가 내용에 대해 실습지도자는 긍정적인 슈퍼비전을 통해 실습생이 성취감을 갖도록 하며 실습생이 실습기간 동안 수행한 업무와 내용에 대해서 평가함으로써 자신의 강점을 더 발전시켜 확고히 할 수 있도록 한다. 또한 실습종결평가 보고회를 통해 실습생이 160시간의 실습 과정 동안 경험했던 긴장과 갈등 등을 해소할 수 있도록 격려하고 지지할 수 있어야 한다.

실습종결평가 보고회는 실습생이 각자 실습기간 동안 수행했던 업무를 중심으로 개별적으로 사회복지현장실습보고서 발표를 하고 실습생이 수행한 역할에 대해 평가함과 동시에 클라이언트, 동료 실습생, 실습지도자와의 관계 종결을 준비하도록 하는 데 초점을 둬야 한다. 또한 종결단계에서 실습생 개인별 실습 목표를 다시 한 번 점검하고 실습일지에서 초기단계에서의 일지와 슈퍼비전을 통해 성장한 부분들을 비교, 제시하여 실습생이 목표를 달성하였는지 점검한다. 이처럼 최종 실습이 마무리되면 실습지도자는 실습총평가서를 실습종결 후 3일 이내에 학교로 사회복지현장실습 확인서와 함께 발송을 하여 학교에서 성적 처리가 원활하게 이루어질 수 있도록 전반적인 행정적 절차 업무를 수행해야 한다.

CHAPTER 08

프로그램 개발과 프로포절 작성

1. 프로그램 개발의 의의
2. 프로그램 개발의 단계
3. 프로포절 형식과 훌륭한 프로포절 작성법

프로그램 개발과 프로포절 작성

CHAPTER 08

사회복지서비스는 프로그램의 형태로 클라이언트에게 제공된다. 사회복지사들은 프로그램의 관리자라고 할 만큼 상담, 치료, 교육, 보호, 재활, 정보제공, 의뢰서비스 등 다양한 사회복지서비스를 클라이언트 집단에게 제공하는 일을 한다. 이러한 사회복지서비스 제공 활동의 중요한 모체가 바로 사회복지 프로그램이다. 국가의 사회복지적 이념이나 정책들은 구체적인 프로그램의 형태로 전환되어 클라이언트에게 전달되고 있는 것이다.

이 장에서는 사회복지실천현장에서 활용되고 있는 프로그램 기획 과정과 최근 사회복지기관에서 집중하고 있는 프로포절 작성에 관한 내용을 다룬다.

01 | 프로그램 개발의 의의

1) 프로그램의 개념

프로그램은 특정 목적을 달성하기 위하여 일정한 방향으로 행동하도록 한 것들의 집합체이다. 사회복지 프로그램은 어떻게 인간을 도울 것인가에 대한 내용을 담고 있다(Rapp & Poerther, 1992). 사회복지기관은 조직의 목적을 달성하기 위한 활동들이 결국 프로그램의 형태로 존재한다. 따라서 대부분의 사회복지기관은 하나 이상의 프로그램을 운영하고 있다. 실제로 조직 내부에서는 단일팀이나 부서가 여러 가지에 대하여 책임을 지고 운영하고 있는 실정이다.

사회복지현장에서 프로그램이라고 하면 욕구나 문제를 가진 대상자(예: 개인, 가족, 집단, 지역사회 등)에게 특정한 목적을 가지고 사회복지사에 의해서 체계적으로 계획된 일련의 절차에 따라서 실천되는 문제해결 과정을 의미한다.

프로그램 기획(program planning)[4]이란 "현재와 미래의 환경 변화에 대응하기 위한 것으로 프로그램의 목적 설정, 수단의 선택, 실행, 평가에 이르는 제반 프로그램 과정에서의 합리적인 의사 결정과 활동"이라고 할 수 있다(김영종, 2003).

한편 프로그램 계획, 기획, 설계라는 용어 대신에 프로그램 개발이라는 용어로 사용되기도 한다. 프로그램 개발은 새로운 프로그램을 창출하거나 기존의 프로그램을 과학적이고 체계적인 일련의 과정을 통하여 발전시켜

4) 단순한 의미로 계획(plan)이란 "어떤 것을 하거나 만들기 위해 사전에 마련된 구체적인 방법"을 의미한다. 이러한 계획을 수립하는 과정을 기획(planning)이라고 하고, 이 과정을 통해서 얻어진 결과 산출을 계획이라고 한다. 일반적으로 계획은 두 가지 모두를 지칭하는 경우도 있지만 기획은 계획하는 과정에 한하여 사용된다(신복기 외, 2008).

나가는 활동이라고 할 수 있으며, 따라서 이 장에서는 프로그램 기획과 설계를 포함하는 거시적인 의미로 프로그램 개발이라는 용어를 사용한다.

2) 프로그램 기획의 과정

사회복지 프로그램은 어떻게 사람들에게 도움을 줄 것인지에 관한 활동의 집합이고, 그것을 통해 사회적 욕구를 실현하는 것이다(Rapp & Poertner, 1992). 이러한 프로그램이 명확한 논리를 갖추어 기획되어야 하는 것은 당연하다. 정확하고 명료한 목표와 개입기술을 표방할 수 있는 프로그램이 궁극적으로는 자원 획득과 책임성에 따른 정치적 지지를 획득하게 된다는 것은 분명하다(Patti, 1983).

프로그램의 기획 과정은 학자에 따라서 다양하게 제시하고 있지만 문제분석과 욕구 사정, 목적과 목표 수립, 프로그램 및 대안 설계, 실행 및 평가 등으로 구분된다. 프로그램의 기획 과정에서는 문제인식 국면과 프로포절 작성 국면에서 다음과 같은 내용을 점검한다.

사회복지 프로그램은 조직의 목표를 달성하기 위한 하나의 수단이다. 따라서 어떠한 프로그램이라도 자신이 속한 조직의 사명, 목표, 현행 프로그램과 연계를 맺을 수밖에 없다. 프로그램 개발 시에 자신의 기관에 대해 〈표 8-1〉과 같은 내용을 우선적으로 파악한다(Coley & Scheinberg, 정무성 역, 1998).

표 8-1 프로그램 기획 과정에서의 주요 점검 내용

단계 국면	문제 인식 국면	프로포절 작성 국면
문제 확인	• 사회적 관심사는 무엇인가? • 그중 주요한 사회 문제는 무엇인가?	• 그 문제가 대상 집단의 욕구로 어느 정도 존재하는가? • 현재의 서비스가 그 문제를 어느 정도 해결하고 있는가? • 현재까지 해결되지 않은 가장 큰 욕구는 무엇인가?

목표 설정	• 지역 사회에서 어떠한 사회적 가치가 바람직한가? • 파악된 문제에 대한 사회적 목표는 무엇인가?	• 그 문제의 해결을 위한 대안은 어떤 것들이 있는가?
프로그램 설계	• 이 문제를 해결하기 위한 현재의 서비스는 어떤 것이 있는가? • 이들 서비스로 성취한 것은 무엇인가?	• 클라이언트에게 받아들여질 수 있는 대안은 어떤 것들이 있는가? • 최적의 서비스 조합은 무엇인가?
평가	• 확인된 문제를 해결하는데 사회는 얼마나 효과적이었는가? • 제공된 서비스는 얼마나 효과적이었는가?	• 서비스 평가의 기준, 절차, 방법은 무엇인가?

출처: 최일섭 · 이창호(1993).

① 기관의 역사와 사명 선언서

② 기관의 서비스 지역(지리적 지역)

③ 서비스 대상 인구층(클라이언트)

④ 현재 실시되고 있는 프로그램

⑤ 현재 직원들의 현황(자격, 업무량, 관심사 등)

⑥ 기관의 앞으로의 계획(5년 중기 계획 등)

⑦ 재정 출처(전체 예산에서 각각 차지하는 비율)

02 | 프로그램 개발의 단계

프로그램 개발은 기획 과정이기 때문에 다양한 활동들과 일련의 단계를 거치며, 우연의 산물이 아닌 논리적인 과정의 산물이다. 프로그램 개발은 문제 및 욕구의 확인 → 프로그램 설계 → 프로그램의 실행 → 프로그램의 평가 등의 단계를 거친다. 즉, 프로그램 개발은 문제 발견과 욕구 분석으로부터 시작하여 포괄적인 목적과 구체적인 목표를 조작 · 설정하고 이를 성취하기 위한 실행체계를 구성하는 과정을 의미한다.

1) 문제와 욕구의 분석

문제를 분석한다는 것은 만족스럽지 못한 상황은 무엇인가, 어떻게 그러한 문제가 발생하였는가, 그 문제의 원인은 무엇인가, 또 이 문제에 이해관계가 걸려 있는 집단은 무엇인가, 문제가 해결되기를 바라는 사람과 문제로 인하여 이익을 보는 사람들은 누구인가 등을 분석하는 것을 말한다. 일반적으로 사회복지기관에서는 이러한 질문이 무시되거나 업무 과정에서 기계적이고 형식적으로 대답하는 경우가 많다. 그러나 정확한 문제인식과 욕구 사정에서부터 프로그램의 개발이 시작된다고 해도 과언이 아니다.

문제분석에서 중요한 것은 어떠한 일이 일어나고 있는가(드러난 현상), 그러한 문제가 왜 발생했는가(문제의 원인), 그리고 그 문제를 해결하기 위해 어떠한 조치들이 취해져야 하는가(프로그램의 목적) 등을 서설하는 것이다. 문제 분석은 심각성을 보다 극명하게 드러내기 위해서 지역사회의 문제상황과 전국적 · 세계적 차원에서의 문제와 비교할 수도 있다. 그리고 현재의 문제가 점점 악화되고 있는지 아니면 호전되고 있는지를 제시하고 장차 이 프로그램의 대상자가 될 가능성이 있는 잠정적 클라이언트의 문제를 집중적으로 설명한다. 또한 현재의 문제나 사회에 미치는 영향에 대해 기술하며, 이 문제에 개입하지 않을 경우 미래에 닥칠 부정적 영향에 대해서도 주목해야 한다. 이 문제의 당사자뿐만 아니라 사회에 어떠한 심리적 · 재정적 · 정서적 비용을 치르게 하는지를 제시한다(Coley & Scheinberg, 정무성 역, 1998). 문제나 욕구를 분석하고자 할 때 다음의 사항을 점검해 봐야 한다.

① 특정 프로그램이 역점을 두고 해결하고자 하는 문제는 무엇인가?
② 얼마나 많은 사람들이 그 문제로 인하여 영향을 받고 있는가?
③ 프로그램이 서비스를 제공하려는 표적집단은 누구인가?

④ 프로그램에 의해서 서비스를 받는 집단의 지리적 지역 경계가 분명하게 있는가?

⑤ 규범적 욕구를 측정하기 위한 기준은 마련되어 있는가?

⑥ 욕구 조사의 기획에서 미충족된 욕구의 상황이 존재하는 이유를 예측하는 것은 중요하다(서비스의 부재, 정보의 부재, 자원의 부재 등).

⑦ 서비스를 받기 원하는 사람들 가운데 몇 퍼센트(%)가 수혜를 받고 있는가?

특정 사회문제가 지역 사회 내에서 취약 계층에 상당한 고통을 주고 있다는 사실을 규명한 다음, 그러한 사회 문제가 실제로 얼마나 심각하게 만연하고 있는지를 통계자료로 근거를 제시하는 노력이 필요하다. 이는 새로운 프로그램을 기획하는 과정에서 프로그램의 정당성을 뒷받침하는 근거를 마련할 수 있다.

문제분석을 할 때에는 첫째, 문제의 규모, 둘째, 문제의 심각성, 셋째, 문제가 개인이나 사회에 끼치는 영향, 넷째는 현행 프로그램이 해결하지 못한 점과 새로운 접근방법의 필요성 등으로 서술한다(신원식 · 김민주, 2008). 사회문제의 규모를 추산하고자 할 때 먼저 세 가지의 개념을 사용할 수 있는데(황성철, 2007), 우선 사회 문제가 얼마나 심각한지에 관해서는 시간이나 연도에 따라 달라질 수 있기 때문에 기간(a period of time)의 설정이 있어야 한다. '최근 5년간 가출 청소년 발생률, 인구 1,000명당 5명'과 같이 기간 설정이 제시되어야 한다. 또한 사회 문제는 대개 발생(incidence)과 확산(prevalence)이라는 두 가지 개념으로 그 규모를 파악한다. 예를 들어 '2020년 65세 이상 노인 가운데 치매 유병률은 10명당 2명이다'라고 표현하면 문제의 발생과 확산 정도를 표현한다. J시의 경우 노인 인구는 2020년 전체 인구 가운데 노인 인구 비율인 7.3%를 적용하면 약 27만 7천명으로 추산된다. 2020년 12월 현재 J시의 기초생활수급 노인은 약 2만 4천명이고, 차상위계층 노인은 약 6천명으로 저소득 노인은 합계 약 3만명으로 추산된다. 조사결과 저소득

노인 가운데 상시 보호를 필요로 하는 위험집단의 노인 인구가 천명당 100명으로 추계(확산)되었다면, J시의 저소득 노인 3만명 가운데 3천명은 긴급히 장기요양보호 서비스를 받아야 할 대상자 수로 계산된다. 그런데 2020년 기준 J시의 무료시설과 실비요양시설은 15개소에 불과하고, 인원수로는 500명밖에 수용할 수 없다면 약 2천5백명의 노인들의 요양 욕구를 충족시켜 줄 시설의 건립이 시급한 과제로 대두된다.

클라이언트의 문제는 욕구로 전환되어야 사회복지기관이 무엇을 할 수 있는지를 알 수 있게 된다. 따라서 사회복지기관이 문제 해결을 위해서 무엇을 할 수 있는지를 파악하기 위해서는 문제를 욕구로 전환시키는 노력이 필요하다(황성철, 2007). 왜냐하면 욕구충족을 위한 방안을 강구하는 과정에서 특정 대안이 곧바로 프로그램으로 구체화될 수 있기 때문이다. 사회문제를 클라이언트 문제로 환원하여 클라이언트 문제를 욕구로 전환시켜 욕구충족을 위한 개입방법을 도출하면 그 개입방법은 바로 프로그램이나 서비스가 된다.

2) 프로그램 대상자의 선정

문제 규모를 정확하게 보여 주기 위해서 일반집단(general population), 위험집단(a risk population), 표적집단(target population), 클라이언트 집단(client group)의 수로 구분하여 파악한다(Taber & Finnegan, 1980).

(1) 일반집단

프로그램의 대상자가 될 수 있는 가장 포괄적인 인구집단이다. 프로그램의 대상지역 내에 거주하고 있고, 그 문제와 관련되어 있는 전 인구집단을 지칭한다. 예를 들어 노인복지 프로그램 일반집단에 관한 기술에서는 '서울시 65세 이상 전체 35만명'으로 표현할 수 있다.

(2) 위험집단

일반집단 중에서 사회 문제에 가장 취약성을 보이거나 문제나 욕구 차원에서 심각한 상태에 있는 인구집단이다. 위험집단은 사회복지 프로그램으로 특정한 개입이 필요한 사람들을 산출하면 된다.

(3) 표적집단

표적집단은 위험집단의 하위집단으로 프로그램의 대상자로 일차적인 자격요건(eligibility)을 갖춘 사람들이다. 위험집단의 모든 사람들이 프로그램의 대상자가 될 수는 없다. 위험집단에서 표적집단으로 좁히는 방법은 클라이언트 특성 요인과 기타 몇 가지 요인을 고려하여 선정한다. 예를 들면 위험집단 치매노인 중에서 중증의 치매노인이라든가 아니면 저소득 치매노인으로 부양가족이 없는 치매노인은 클라이언트 특성에 따라 위험집단에서 표적집단으로 한정된다. 또 다른 요인으로 법률 규정이나 프로그램 이론, 기관의 자원, 후원기관의 요구 등을 기준으로 축소할 수도 있다.

(4) 클라이언트 집단

표적집단 중에서 해당 프로그램이 실시될 때 실제로 참여하게 될 집단이다. 프로그램 대상자로 자격요건을 갖춘 모든 표적집단의 사람들이 클라이언트가 될 수는 없다. 프로그램 개발자는 누가 서비스를 받고 누가 받지 못할 것인지를 결정해야 하는데 이때 고려할 수 있는 요인은 다음과 같다(황성철, 2007).

① 실용적 수용성(pragmatic capacity)으로 프로그램의 수행 인력과 재정의 여건을 감안하여 적정한 클라이언트 집단의 수를 결정하는 것이다.
② 윤리성(ethical principles)으로 설사 자격요건을 갖춘 클라이언트라고 하더라도 본인의 자발적인 동의에 의해서 희망하는 사람들만을 클라이언트 집단으로 선정하는 방법이다.

③ 클라이언트 능력(client capabilities)으로 클라이언트는 프로그램에 참여하기 위해서 교통수단이나 시간, 프로그램에 따라갈 능력 등이 갖추어져야 비로소 최종적인 클라이언트로 선정된다.

표 8-2 프로그램 대상자 선정의 예 (단위 : 명)

구분	대상자 산출 근거	대상자 수
일반집단	- 서울시 ㅇㅇ구에 거주하는 65세 이상 노인	28,000
위험집단	- 서울시 ㅇㅇ구에 거주하는 65세 이상 노인 중 치매노인	1,680
표적집단	- 위험집단 중 기초생활수급자 가정의 치매노인	250
클라이언트 집단	- 표적집단 중 경증치매로 본인이나 가족이 희망하고 기관의 송영 서비스 권역에 거주하는 치매노인	15

3) 목적 및 목표 설정

(1) 프로그램의 목적

프로그램 개발 과정에서 문제 분석과 욕구사정, 대상자 선정이 이루어지고 목적(goals)과 목표(objectives)를 설정한다. 목적과 목표의 설정은 프로그램 개발자들에게 그들이 무엇을 달성하려고 하는지와 어떻게 그것을 성취하려고 하는지를 명료한 용어로 기술하게 함으로써 실행을 위한 틀을 제공해 준다.

프로그램의 목적은 기관의 설립 이념과 목적으로부터 논리적으로 유추되며 프로그램의 궁극적 지향점을 제시해 준다는 측면에서 측정의 대상이 되지는 않는다. 프로그램의 목적은 다음과 같은 특성이 구비되어야 한다. 프로그램의 목적은 누구의 어떤 문제를 어떻게 변화시킬 것인가로 요약된다.

① 구체적 표적 문제(누구)

② 현재의 문제 영역(어떤 문제)

③ 바람직한 미래 상태(어떤 상태로 변화)

④ 수단(어떤 방법)

정신질환자를 대상으로 하는 사회 복귀 프로그램의 목적을 예를 들면 '일정한 지역 내의 증상관리가 가능한 정신질환자(클라이언트 혹은 표적집단)를 각종 집단 및 개별 서비스를 통해서(수단 또는 도구) 자신의 사회적 또는 직업적 기능(문제)을 향상시켜 독립생활과 취업(바람직한 미래 상태)이 가능하도록 한다'라고 제시할 수 있다.

(2) 프로그램의 목표

목표는 목적으로부터 논리적으로 분화되어 구체적으로 측정 가능한 형태로 기술한 것을 말한다. 프로그램의 목표는 프로그램 목적의 측정지표라고 할 수 있으며 반드시 클라이언트 중심으로 서술되어야 한다. 평가는 프로그램 목표가 어느 정도 달성되었는가를 측정하는 것이다.

목표는 SMART objectives, 즉 Specific(구체적, 명료하게), Measurable(측정 가능하게), Attainable(실현 가능하게), Result-oriented(결과 지향적으로), Time frame(시간구조를 갖도록)의 틀 속에서 제시되어야 한다(신복기 외, 2008). 목표를 기술할 때에도 목적과 마찬가지로 누가(반드시 클라이언트 입장에서 진술되어야 함), 무엇을(변화의 내용과 정도), 어떤 결과를(행위 또는 결과), 어떤 도구로('~를 통해서'와 같이 주된 매개체) 등을 포함하여 설정한다.

한편 프로그램 목표를 하위 목표(혹은 세부목표)로 분화하게 될 경우에는 다음과 같은 방법으로 기술한다(황성철, 2007).

① 목표에서 문제나 욕구와 관련된 핵심 요소를 2~3개로 나누어 작성하는 방법
   예 '자아정체감 확립'이라는 목표는 '자신의 이해', '긍정적 자아감', '스스로 진로계획 수립'으로 분화한다.

② 성과를 중심으로 몇 가지 과정목표 또는 기관이나 활동목표로 나누는 방법

예 '장애인 이동권 확보'라는 목표는 '이동 차량 확보', '자원봉사자 비상연락망 구축', '민원업무 시 차량 지원' 등으로 분화한다.

③ 목표 달성을 위한 도구 또는 수단을 2~3개로 나누어 하위목표로 작성하는 방법

예 '특별활동을 통해서 잠재력을 개발한다'는 목표는 특별활동을 '성장집단활동', '교육활동' 등으로 분화한다.

④ 목표 진술 시 사전에 미리 하위목표로 나눌 수 있는 요소를 차후 통합하여 작성하는 방법이다.

예 '자신감을 회복하고 재취업의 기회를 획득한다'는 목표를 '자신감을 회복한다', '재취업의 기회를 갖는다'로 분화한다.

2021년도 사회복지공동모금회 신청사업안내(성과중심형)에 나타나는 목표 작성의 예를 살펴보면 <표 8-3>과 같다.

표 8-3 목표 작성의 예

세부 사업명	산출목표	모니터링 방법
맞춤형 서비스 지원	• 20가정 일반상담 5회, 총 100회 실시	• 방문 일자별 상담기록 작성
	• 20가정 심리치료 1회, 총 120회 실시	• 검사 결과/치료일지 확인
	• 서비스 통합 사례회의 5회 실시	• 사례회의록 작성
	• 일상생활 지원 가정별 1회, 총 20회 실시	• 자원연계 내역 기록
양육교육 프로그램	• 전문가 상담 및 교육 가정별 2회, 총 20회 진행	• 교육일지 및 상담기록 작성

※산출목표: 사업시행을 통해 발생되는 산출물(예: 20가정 일반상담 5회, 총 100회 실시)

4) 프로그램 설계와 개입 전략

(1) 프로그램 이론 개발

프로그램의 목적과 목표를 수립하게 되면 이를 달성하기 위한 최선의 대안을 선택하는 단계이다. 프로그램을 구성하는 활동의 대안(목표 달성을 위해

제안된 서비스나 혹은 세부 프로그램)들은 다양하게 수립될 수 있으며, 이 중에서 프로그램의 목적과 목표 달성에 가장 적합한 대안을 결정하는 것은 쉽지 않다. 프로그램을 구성하는 최종의 대안 서비스 혹은 세부 프로그램은 우선순위 비교와 기관 내·외부의 유사 프로그램의 존재 여부, 자원 동원의 가능성에 따라 결정되며, 우선순위는 적합성과 실행 가능성에 기초하여 분석·결정된다.

프로그램의 내용을 구성하기 위해서는 프로그램 가설(program hypothesis)을 설정하여 대략적인 개입 전략의 윤곽과 내용이 사회문제나 클라이언트 욕구와 어떤 논리적인 관계에 있는지를 살펴봐야 한다. 개입전략은 분명히 사회문제의 해결, 클라이언트의 욕구충족 그리고 프로그램의 목적 또는 목표와 관련이 있어야 한다.

프로그램 가설을 설정하는 데 있어서 첫 번째 원칙은 인과관계(cause and effect)의 도출이다(Kettner 외, 1999). 인과관계에서 결과는 클라이언트의 당면 문제이며, 원인은 이러한 문제를 야기시킨 조건 또는 상황이다. 예를 들어 아동학대는 결과이면서 클라이언트가 당면한 문제이며, 아동학대를 야기시키는 원인으로는 빈곤, 음주 문제, 부모의 성격적 결함, 부모의 양육기술의 부족, 부부관계에서의 스트레스 등이 있을 수 있다. 프로그램 가설의 두 번째 원칙은 인과관계로 간주되는 것 중에서 프로그램으로 접근 가능한 요인을 발견하는 것이다. 즉, 아동학대의 여러 원인 중에서 부모의 성격적 결함, 부모의 양육기술 부족, 부부관계에서의 스트레스는 프로그램으로 접근 가능한 아동학대의 요인들이다. 다음 단계는 프로그램 가설로 정리하여 논리적으로 타당한지를 검토하는 것이다.

이와 같이 프로그램 가설이 설정되면 프로그램의 내용을 구성하는 개입전략과 서비스의 형태를 대략적으로 설계할 수 있다. 이때 프로그램 개발자는 문제와 그 문제의 원인 그리고 프로그램으로 가능한 요인을 선정하기 위해서는 다양한 자료들을 참고하여야 한다.

(2) 개입전략 선택 실천 계획 수립

프로그램 이론이 정리되고 관련 자료들을 검토하게 되면 다양한 대안들 중에서 가장 적합한 대안을 선택하게 되고 이를 달성하기 위한 구체적인 서비스 실천 계획을 수립한다. 개입 전략을 선택하고 검토할 때 사용되는 기준은 크게 실행 가능성(feasibility)과 소망성(desirability)으로 구분된다(신원식 · 김민주, 2008).

① 실행 가능성

실행 가능성은 대안이 채택되어 집행될 수 있는 가능성의 정도를 나타내는 것이다. 여기에는 기술적 실행 가능성, 경제적 실행 가능성, 사회윤리적 실행 가능성, 정치적 측면으로 나누어 검토할 수 있다.

② 소망성

어떤 대안이 실행될 경우 그 결과가 얼마나 바람직스러운가 하는 바람직성의 정도를 말한다. 여기에는 효과성, 효율성, 적합성, 형평성 등으로 검토할 수 있다.

실천계획의 수립은 결국 목표를 달성하기 위한 체계를 창출하는 과정이며, 선택된 대안 서비스들이 구체적으로 작성되는 과정이라고 할 수 있다. 이와 같은 프로그램 실천계획의 수립은 프로그램의 목적 및 목표의 설정, 내용의 선정과 조직, 프로그램의 실행과 관리에 관한 기본계획을 포함한 프로그램을 개발, 실행하기에 앞서 이루어진다.

5) 프로그램 평가

평가란 사회복지 프로그램 또는 기관의 계획, 수행, 성과 등 제반 활동을 체계적으로 가치 판단하는 것을 의미한다(Rossi & Freeman, 1993). 평가는 프로그램 대상자와 지역사회에서 일어난 변화, 즉 생산성을 측정하는 것이며 효과성(effectiveness)을 평가하는 것이다.

(1) 평가의 종류와 방법

프로그램 평가는 그 목적에 따라 총괄평가(summative evaluation)과 형성평가(formative evaluation)으로 나누어지는데, 전자는 프로그램 투입에 대한 총체적인 판단을 내리기 위한 평가이며, 후자는 프로그램의 원활한 진행을 위한 문제점을 발견하여 수정 · 보완할 목적으로 실시되는 이른바 과정평가이다.

(2) 평가의 기준

평가기준이란 프로그램의 성패를 판단하기 위해서 프로그램의 어느 측면을 평가의 초점 내지는 대상으로 삼아야 할 것인가에 대한 기준을 말한다. 대부분의 학자들은 평가의 기준으로 노력성, 효과성, 효율성, 서비스의 질 등 네 가지로 제시했다.

① 노력성

서비스에 투입된 노력(인력, 비용 등)의 양과 서비스의 결과인 생산량으로 볼 수 있다. 노력성은 단위당 클라이언트 수, 시간당 클라이언트 수, 서비스 단위당 자원 봉사자 수, 클라이언트당 워커의 수 등으로 측정된다.

② 효과성

서비스의 목표 달성의 정도를 측정하는 것을 말한다. 효과성을 측정하는 방법에는 단일사례설계(single subject design), 목표달성척도(Goal Attainment Scale: GAS) 그리고 프로그램의 산출물(product: 업무량, 생산비용, 직원들의 전문성, 유지비, 수익성 등)을 선정해 확인하는 평가조사의 방법이 있다.

③ 효율성

효율성 평가는 투입(비용, 노력, 시간 등)에 대한 산출(목표 달성의 정도)의 비율(산출/투입) 평가로서 자원의 효율적 사용에 대한 정보를 제공해 준다. 효율성 평가에는 비용/노력으로 서비스 단위당 투입된 비용(cost per service unit)을 계산하거나 비용효과분석(cost-effectiveness analysis)이나 비용편익분석(cost-benefit analysis) 등이 활용된다.

④ 서비스 질 및 대상자 만족도 평가

서비스의 질 평가는 서비스를 통해 클라이언트의 변화 등을 평가하는 것이다. 서비스의 질을 측정하는 방법으로는 동료 리뷰(peer review)나 클라이언트의 만족도 조사 등이 있다. 2021년 사회복지공동모금회 신청사업안내에 나타나는 목표에 대한 평가방법에 예를 살펴보면 〈표 8-4〉와 같다.

표 8-4 성과목표 및 평가방법

성과목표	평가도구 및 방법	측정 시기
아동학대 행위자의 학대위험요인 감소	• 성과지표 : 학대위험 20% 감소 • 평가도구 : 학대위험도 평가척도 • 평가방법 : 학대행위자 20가정 대상 사전 사후 설문조사	사전(2월), 사후(12월)
아동학대 행위자의 부모양육태도 향상	• 성과지표 : 부모양육태도 20% 향상 • 평가도구 : 부모양육태도검사(PAT) 척도 • 평가방법 : 부모, 가족구성원 사전 사후 설문조사	사전(4월), 사후(12월)
아동학대 피해가정 가족 기능 강화	• 평가주체 : 본 기관 담당자 • 평가방법 : 참여자 20가정 대상으로 구조화된 질문지를 통해 인터뷰 실시	사업종료 후(12월)

※성과목표: 사업의 결과로 나타나는 변화(예: 아동학대 행위자의 학대 위험요인 20% 감소)

03 | 프로포절 형식과 훌륭한 프로포절 작성법

최근 사회복지공동모금회를 비롯한 기업복지재단, 지방정부에서 재정 지원을 할 때 체계적으로 작성된 프로포절을 요구한다. 프로포절이란 사회복지기관들이 수행하고자 하는 프로그램의 내용을 설명하는 사업제안서를 의미한다. 경쟁력을 높여 서비스의 질을 개선하고 기금 배분의 투명성을 확보하기 위해 대부분의 기금주들이 기본적으로 요구하는 서류이다. 이에 사회복지현장의 많은 실무자들은 훌륭한 프로포절을 작성하기 위하여 온갖 노력을 기울인다.

프로포절은 '전문적인 의사소통'이나 마찬가지이다. 따라서 프로포절은 설득력을 가져야만 한다. 설득력은 이 장에서 다룬 바와 같이 논리성을 가져야 한다. 프로포절을 심사할 때 고려사항으로는 문제의 심각성, 프로그램의 참신성과 효과성, 프로그램 운영의 비용 효율성, 기관의 능력과 직원들의 전문성 등이 있다. 또한 프로포절에는 기본적으로 사회복지의 가치가 반영되어 있어야 하며, 실현 가능성, 기관의 준비성, 기록의 신뢰성 등을 제시할 수 있어야 한다.

일반적으로 프로포절은 표지, 문제 분석, 대상자 선정, 목표 설정, 활동내용, 예산, 평가계획 등으로 구성되며 앞부분에 사업개요가 포함된다. 사업개요는 프로포절 전체를 개관하는 부분이다. 개요는 프로포절을 단순히 소개하는 것이라기보다는 프로포절 전체를 함축적으로 요약한 것이며, 프로포절을 심사할 때 매우 중요한 자료가 되기 때문에 신중하게 작성해야 한다. 프로포절은 사업제안서의 형식이기 때문에 자기 기관에 관한 내용을 포함하고 있다. 기관 현황은 기관의 설립 목적 및 주요 연혁, 조직 및 직원 체계, 주요 사업내용, 연간 예산, 외부 지원금 현황, 사업수행 경험, 이사회 및 운영위원회 등으로 구성되며, 프로그램을 성공적으로 수행할 수 있는 역량을 갖추고 있다는 것을 보여줄 수 있는 부분이다. 이러한 내용들을 어떻게 제시하는가에 따라 프로포절 심사에 상당한 영향을 미치기 때문에 대부분의 사회복지기관에서는 직원들에게 프로포절 요령에 대한 지식과 기술을 갖추도록 노력하고 있다.

〈참고자료 – 2021 사회복지공동모금회 배분신청서 양식/성과중심형〉

2021년도 배분신청서(프로그램 성과중심형)

<table>
<tr><td>기 관 명</td><td colspan="2"></td><td>고유번호
(사업자등록번호)</td><td></td></tr>
<tr><td>사 업 명</td><td colspan="4">〈대상+목적+방법 : 부제〉</td></tr>
<tr><td rowspan="3">사업
기본 정보</td><td>연차</td><td colspan="3">① 1년차 ② 2년차 ③ 3년차 ④ 기타( )</td></tr>
<tr><td>대상 지역</td><td></td><td>사업수행 인력</td><td>명</td></tr>
<tr><td>사업 기간</td><td colspan="3">년 월 일 ~ 년 월 일 (총 개월)</td></tr>
<tr><td rowspan="2">사업
참여자[5)]</td><td>참여자 구분</td><td colspan="3">① 아동/청소년 ② 노인 ③ 장애인 ④ 여성/다문화
⑤ 위기가정 ⑥ 지역사회 ⑦ 북한/해외/기타</td></tr>
<tr><td>핵심 참여자</td><td></td><td>인원수</td><td>명</td></tr>
</table>

사업구분	모금회 지속가능발전목표(C-SDGs)
ㅁ 기초생계 지원	ㅁ경제적 빈곤 퇴치 ㅁ영양 및 급식지원/기아종식
ㅁ 교육/자립 지원	ㅁ교육 및 자립역량 강화 ㅁ양질의 일자리 만들기 ㅁ적정기술과 정보기술격차 해소 지원
ㅁ 주거/환경 개선	ㅁ모두를 위한 깨끗한 에너지 ㅁ지속가능한 지역사회 인프라 구축 ㅁ지속가능한 생산과 소비 ㅁ기후변화와 대응 ㅁ해양생태계 보존 ㅁ육상생태계 보호
ㅁ 보건/의료 지원	ㅁ신체·정서적 건강과 회복 ㅁ깨끗한 물과 위생
ㅁ 심리/정서 지원	ㅁ신체·정서적 건강과 회복
ㅁ 사회적 돌봄 강화	ㅁ사회적 배제 감소와 불평등 완화
ㅁ 소통과 참여 확대	ㅁ성평등 ㅁ지속가능한 지역사회 인프라 구축 ㅁ사회적 약자의 권리증진
ㅁ 문화 격차 해소	ㅁ사회적 배제 감소와 불평등 완화
성과목표	해당사항이 없을 경우에는 공란으로 표기

<table>
<tr><td rowspan="4">주요
사업 내용</td><td>세부 사업명</td><td colspan="5">주요 내용</td></tr>
<tr><td></td><td colspan="5"></td></tr>
<tr><td></td><td colspan="5"></td></tr>
<tr><td></td><td colspan="5"></td></tr>
<tr><td>사 업 비</td><td>총 사업비</td><td colspan="2">원</td><td>신청금액</td><td colspan="2">원</td></tr>
<tr><td rowspan="2">신청금액
세부내역</td><td rowspan="2">사업비</td><td>원</td><td rowspan="2">인건비</td><td>원</td><td rowspan="2">관리
운영비</td><td>원</td></tr>
<tr><td>%</td><td>%</td><td>%</td></tr>
<tr><td rowspan="2">담 당 자</td><td>성명</td><td></td><td>직통전화</td><td></td><td>E-mail</td><td>@</td></tr>
<tr><td>직위</td><td></td><td>휴대폰</td><td></td><td>FAX</td><td></td></tr>
</table>

위와 같이 2021년도 사업을 신청합니다.

2020년 월 일

기관대표자 : (인)

사회복지공동모금회장 귀하

5) 기능보강 사업은 이용 대상자 기재

신청기관 현황

<table>
<tr><td colspan="2">기 관 명</td><td colspan="3"></td><td>대 표 자</td><td colspan="2"></td></tr>
<tr><td colspan="2">고유번호
(사업자등록번호)</td><td colspan="3"></td><td>전화번호</td><td colspan="2"></td></tr>
<tr><td colspan="2">E-mail</td><td colspan="3"></td><td>FAX</td><td colspan="2"></td></tr>
<tr><td colspan="2">홈페이지</td><td colspan="3"></td><td>설립연월일</td><td colspan="2">년 월 일</td></tr>
<tr><td colspan="2">주 소</td><td colspan="6"></td></tr>
<tr><td colspan="2" rowspan="2">직원 현황</td><td rowspan="2">총 명
(①+②)</td><td colspan="3">상근 (①)</td><td colspan="2">비상근 (②)</td></tr>
<tr><td colspan="3">명</td><td colspan="2">명</td></tr>
<tr><td rowspan="2">기관
주요
사업</td><td>구분</td><td colspan="6">① 노인복지 ② 영유아/아동복지 ③ 장애인복지 ④ 노숙인복지
⑤ 지역복지 ⑥ 정신보건 ⑦ 여성복지 ⑧ 가족복지
⑨ 청소년복지 ⑩ 다문화지원 ⑪ 북한/해외지원 ⑫ 기타( )</td></tr>
<tr><td>내용</td><td colspan="6"></td></tr>
<tr><td rowspan="4">결산</td><td rowspan="2">세입</td><td>총 계</td><td>보조금수입</td><td>전입금</td><td>후원금수입</td><td>사업수입</td><td>기타수입</td></tr>
<tr><td>원</td><td>원</td><td>원</td><td>원</td><td>원</td><td>원</td></tr>
<tr><td rowspan="2">세출</td><td>총 계</td><td>인건비</td><td>관리운영비</td><td>사업비</td><td>재산조성비</td><td>기타지출</td></tr>
<tr><td>원</td><td>원</td><td>원</td><td>원</td><td>원</td><td>원</td></tr>
<tr><td rowspan="4">예산</td><td rowspan="2">세입</td><td>총 계</td><td>보조금수입</td><td>전입금</td><td>후원금수입</td><td>사업수입</td><td>기타수입</td></tr>
<tr><td>원</td><td>원</td><td>원</td><td>원</td><td>원</td><td>원</td></tr>
<tr><td rowspan="2">세출</td><td>총 계</td><td>인건비</td><td>관리운영비</td><td>사업비</td><td>재산조성비</td><td>기타지출</td></tr>
<tr><td>원</td><td>원</td><td>원</td><td>원</td><td>원</td><td>원</td></tr>
<tr><td rowspan="5">운영
법인
또는
단체</td><td>운영주체
성격</td><td colspan="6">① 사회복지법인 ② 사단법인 ③ 종교법인 ④ 학교법인
⑤ 재단법인 ⑥ 국가지방자치단체 ⑦ 임의단체 ⑧ 개인(신고)
⑨ 법인(기타) ⑩ 단체(기타)( ) ⑪ 개인(기타) ( )</td></tr>
<tr><td>법인
(단체)명</td><td colspan="3"></td><td>대 표 명</td><td colspan="2"></td></tr>
<tr><td>고유번호
(사업자
번호)</td><td colspan="3"></td><td>전화번호</td><td colspan="2"></td></tr>
<tr><td>홈페이지</td><td colspan="3"></td><td>설립연월일</td><td colspan="2">년 월 일</td></tr>
<tr><td>주소</td><td colspan="6"></td></tr>
</table>

※ 신청기관 조직도, 운영위원회 및 운영법인 이사회 명단은 별첨자료로 첨부 요망
※ 조직도, 운영위원회 및 운영법인 이사회 명단은 별도 첨부
※ 온라인배분신청사이트(http://proposal.chest.or.kr) 내 최신 기관정보 업데이트 요망

〈성과중심형〉 사업계획서

1. 사업명 :

• 대상, 목적, 방법과 관련된 정보를 담은 사업명을 적어주십시오.(슬로건은 부제(副題)로 병기해주세요)

2. 사업 내용 및 추진 전략

1) 사업 참여자 모집 전략

(1) 참여 대상 및 인원

• 누가 이 사업에 참여합니까? - (핵심 참여자) 성과를 측정하게 되는 대상은 누구이며, 인원은 몇 명입니까? (이 사업에 참여하게 함으로써 누구의 변화를 이끌어내려고 하는 것입니까?) - (주변 참여자) 성과측정 대상은 아니지만 핵심 참여자의 변화를 이끌어내는데 중요한 역할을 하는 사람은 누구이며, 인원은 몇 명입니까?

핵심 참여자	참여대상 : 인원 : 명
주변 참여자	참여대상 : 인원 : 명

(2) 참여자 선정 기준

• 어떤 기준을 세워서 참여자를 모집하게 됩니까?

➜

(3) 참여자 모집 방안

• 기준에 적합한 참여자를 어떻게 모집할 예정입니까?

➜

2) 사업 내용 및 사업 집행 전략

• 아래 내용을 모두 포괄하되, 자유롭게 (질문순서에 상관없이) 표현해 주시기 바랍니다. - 전체 사업을 몇 개의 세부 사업으로 분류한다면 어떻게 구성될 수 있습니까? - 사업을 어떻게 추진할 것인지에 대하여 세부 사업별 시행방법, 시행 시기 및 횟수, 사업 진행 일정 등 구체적인 정보를 담아서 기술해 주시기 바랍니다.

➜

3) 기관 연계협력 전략

• 위의 사업 집행 전략과 관련하여, 지역사회 내(또는 그 범위를 넘어서) 어떤 기관들과 유기적인 협조관계를 가질 것인지에 대하여 아래 내용을 포함하여 기술해 주시기 바랍니다. - 협력 기관이 세부 사업에서 어떤 역할을 담당하게 되는지, 그 때 신청기관의 역할은 무엇인지, 이러한 협력체계는 어떤 절차를 통해 진행되는지 등

➜

3. 예산 편성

> • 사업에 직접 투입되는 비용을 인건비, 사업비, 관리운영비로 구분하여 작성해주시기 바랍니다.
> - (인건비) 해당사업을 직접적으로 수행하는 인력에게 투입되는 비용
> - (사업비) 프로그램 수행에 필요한 직접비용
> - (관리운영비) 프로그램의 수행에 필요한 간접비용(사업관리에 필요한 비용)
> - 예산 수립 시 "예산편성기준표"를 참고하여 주시기 바랍니다.
>
> • 세목은 세부 사업별로 구분하고 단위가 큰 경우 세세목으로 구분하여 작성하시기 바랍니다.
> • 산출근거는 실제 단가, 수량, 인원수, 건수, 횟수 등을 구체적으로 기록해 주시기 바랍니다.

(단위 : 원)

목	세목	세세목	계	산출근거	예산조달 계획				
					신청 금액	비율 (%)	자부담	비율 (%)	자부담 재원
총 계									
인건비									
	소 계								
사업비									
	소 계								
관리 운영비									
	소 계								

4. 문제의식(사업 필요성)

1) 사업 계획 배경

> • 왜 이 사업을 기획하게 되었습니까?
> - 귀 기관이 관심을 가지기 전에는 어떤 상태에 있었는지, 인근 다른 지역에도 유사한 상황이 있다면 어떻게 대응하고 있는지에 대해서도 서술해 주시기 바랍니다.

➜

2) 기존 유사사업과의 차별성

> • 기존의 시각이나 접근방식과 다른 점은 무엇입니까?

➜

3) 신청기관의 강점

- 이 사업을 신청기관에서 수행해야 하는 이유에 대해 사전조사 내용, 관련 분야 수행 경험 등을 포함하여 기재해 주시기 바랍니다.

➜

5. 목표 및 평가

1) 산출목표

- 성과목표를 달성하기 위해 이끌어내야 하고 모니터링 해야 하는 산출목표는 무엇입니까?

세부 사업명	산출목표	모니터링 방법

2) 성과목표 및 평가방법

- (성과목표) 성과목표와 관련하여 아래 내용들에 대해 작성해 주시기 바랍니다.
  - 핵심 참여자의 어떤 부분을 어느 수준까지 변화시키는 것입니까?
  - 작성하고자 하는 성과목표가 이후에 기술되는 평가방법을 통해 달성 여부를 알 수 있게 됩니까?
  - (성과라고 강조하고 싶은데) 양적으로 드러내기(수치화하기) 어려운 성과목표가 있다면 무엇입니까?
  - 앞서 기술하신 사업내용과 성과목표를 논리적으로 연결하여 작성해 주십시오.
- (평가도구 및 방법/측정시기) 성과목표 달성 여부와 정도를 어떻게 평가하실 건가요?
  - 성과목표 달성 여부와 정도를 판단하기 위해 어떤 성과지표를 설정하실 건가요?
  - 제시된 성과목표에 대한 평가계획(자료수집방법, 측정시기 등)은 어떠한가요?
  - 수치화하기 어려운 성과목표가 있다면 어떤 평가방법을 통해 변화의 수준과 의미를 드러내실 건가요?

성과목표	평가 도구 및 방법	측정 시기

6. 사업종료 후 지향점

1) 사업 수행으로 인한 기대 효과

- 이 사업이 성공적으로 수행된다면 기대되는 효과는 무엇입니까?

➜

2) 사업 결과의 활용 계획

- 사업의 효과로 나타난 결과를 어떻게 활용할 계획입니까?
- 사업 결과를 통해 유사기관이나 지역사회에 꼭 알리고 싶은 이야기가 있다면 무엇입니까?

➜

〈참고자료 – 2021 사회복지공동모금회 성과중심형 사업계획서〉

〈성과중심형〉 사업계획서

1. 사업명 : 홀로 사는 남성장애인의 건강한 자립생활을 위한 로컬푸드 요리프로그램 (부제: ㅇㅇ차림)

2. 사업 내용 및 추진 전략

1) 사업 참여자 모집 전략

(1) 참여 대상 및 인원

핵심 참여자	ㅇㅇ 내 식생활에 어려움이 있는 홀로 사는 남성장애인 10명
주변 참여자	요리전문 강사 1명, 건강교육 전문 강사 2명, 자원봉사자 3명

(2) 참여자 선정 기준
- 1순위: ㅇㅇ내 식생활 개선이 필요한 홀로 사는 남성장애인
- 2순위: 복지관 등록 장애인 중 신체 및 정신 건강 위험도가 높은 홀로 사는 남성장애인 (자체 체크리스트 활용)
- 3순위: 로컬푸드 요리 프로그램에 관심 있는 홀로 사는 남성장애인

(3) 참여자 모집 방안
- 복지관 등록 된 홀로 사는 남성장애인 대상 사업 홍보지 배포를 통한 모집
- ㅇㅇ 각 읍·면 맞춤형 희망 복지팀 사례관리담당자 연계(대상자 추천)
- 복지관 홈페이지, 게시판, SNS, 지역 장애인 신문 활용 통한 참여 희망자 모집

2) 사업 내용 및 사업 집행 전략

ㅁ 사업 내용

세부사업명	활동(수행방법)
개강식	- 대상 : 홀로 사는 남성장애인 10명, 요리전문 강사 1명, 자원봉사자 3명 - 내용 : 사업 안내 및 개별 조리복 전달을 통한 참여 유도 및 참여자 인사 나눔/년 1회
건강한 자립교육	- 대상 : 홀로 사는 남성장애인 10명, 건강한 자립교육 강사 2명 - 내용 : 외부 전문가를 통한 식생활 및 로컬푸드 관련 교육 분기별 실시/년 4회 (올바른 영양섭취와 식생활 관련 위생·건강·영양교육, 로컬푸드에 대한 기초교육 및 ㅇㅇ특산물 재배 방법 교육)
ㅇㅇ밥상	- 대상 : 홀로 사는 남성장애인 10명, 요리전문 강사 1명, 자원봉사자 3명 - 내용 : 전문요리강사 지도를 통한 음식 만들기/년18회 : 제철식재료 및 ㅇㅇ특화작물 활용한 영양과 건강을 고려한 조리활동 : 1회 2시간 주제별 요리수업을 통한 조리방법 습득 : 음식 평가를 통한 참여자 간 소통의 시간 제공
건강탐방	- 대상 : 홀로 사는 남성장애인 10명 - 내용 : 지역의 로컬푸드를 이용한 가공식품 공장견학/년 1회(ㅇㅇ한살림 축산 가공공장,

	자연드림 생산공장 등 견학) : 자원봉사센터 연계 로컬 푸드 농장 방문 및 체험/년 1회(농가 방문을 통한 재배 방법 및 직접 수확 체험)
나눔밥상	- 대상 : 홀로 사는 남성장애인 10명, 지역주민 100명, 재가장애인 20명 - 내용 : ○○고추축제, 지역사회복지 유관기관 참여하여 직접 만든 로컬푸드 음식 나눔 행사/년 2회 : 복지관 재가장애인 밑반찬 대상자에게 직접 만든 로컬푸드 음식 나눔/년 2회
간담회	- 대상 : 홀로 사는 남성장애인 10명, 전문요리강사 1명, 자원봉사자 3명 - 내용 : 사업에 대한 중간 점검 및 평가 : 강사, 자원봉사자, 참여자의 의견 수렴/년 2회
수료식	- 대상 : 홀로 사는 남성장애인 10명, 요리전문 강사 1명, 자원봉사자 3명 - 내용 : 사업 추진 경과보고 및 성과발표/년 1회

□ ○○밥상 교육 프로그램 계획(안)

회기		프로그램	진행과정	계절별
1	3월	○○한우를 활용한 음식 만들기 1	- 요리 전 자체 위생교육 및 재료준비 - ○○한우의 유래 및 육류 보관법 교육 - 소고기육개장, 소고기장조림 요리 - 요리 평가 및 정리정돈	봄, 여름, 가을, 겨울
2		○○한우를 활용한 음식 만들기 2	- 요리 전 자체 위생교육 및 재료준비 - 복습 및 소고기활용 다양한 음식 알아보기 - 소고기미역국, 소고기 우거지된장국 요리 - 요리 평가 및 정리정돈	
3	4월	○○버섯을 활용한 음식 만들기 1	- 요리 전 자체 위생교육 및 재료준비 - ○○버섯 유래 및 보관방법, 버섯 종류 알아보기 - 버섯볶음, 버섯찌개 요리 - 요리 평가 및 정리정돈	봄
4	5월	○○버섯을 활용한 음식 만들기 2	- 요리 전 자체 위생교육 및 재료준비 - 복습 및 버섯 활용한 음식 알아보기 - 버섯전, 버섯꼬지 요리 - 요리 평가 및 정리정돈	봄, 여름
5		○○버섯을 활용한 음식 만들기 3	- 요리 전 자체 위생교육 및 재료준비 - 복습 및 버섯 이용한 음식 알아보기 - 버섯들깨탕, 팽이버섯 시금치 달걀부침 - 요리 평가 및 정리정돈	
		○○올갱이(다슬기)를 활용한 음식 만들기 1	- 요리 전 자체 위생교육 및 재료준비 - ○○올갱이에 대한 유래 및 보관법 교육 - 올갱이국, 올갱이 무침 요리 - 요리 평가 및 정리정돈	
7		○○올갱이(다슬기)를 활용한 음식	- 요리 전 자체 위생교육 및 재료준비 - 복습 및 다슬기 이용한 요리 알아보기	

		만들기 2	- 다슬기수제비 요리, 다슬기 전 요리 - 요리 평가 및 정리정돈	
8		ㅇㅇ올갱이 (다슬기)를 활용한 음식 만들기 3	- 요리 전 자체 위생교육 및 재료준비 - 복습 및 다슬기 이용한 요리 알아보기 - 다슬기 미역죽, 다슬기 청포묵 무침 요리 - 요리 평가 및 정리정돈	
9	6월	ㅇㅇ감물감자를 활용한 음식 만들기 1	- 요리 전 자체 위생교육 및 재료준비 - ㅇㅇ감물감자에 대한 유리 및 보관법 교육 - 감자 삶기, 감자 고추장찌개 요리 - 요리 평가 및 정리정돈	여름
10		ㅇㅇ감물감자를 활용한 음식 만들기 2	- 요리 전 자체 위생교육 및 재료준비 - 감자채 볶음 요리, 감자 맑은국 요리 - 요리 평가 및 정리정돈	
11		ㅇㅇ감물감자를 활용한 음식 만들기 3	- 요리 전 자체 위생교육 및 재료준비 - 복습 및 감자 활용한 요리 알아보기 - 감자 멸치조림, 감자전 요리 - 요리 평가 및 정리정돈	
12	7월	ㅇㅇ청결고추를 활용한 음식 만들기 1	- 요리 전 자체 위생교육 및 재료준비 - ㅇㅇ청결고추에 대한 유래 및 보관법 교육 - ㅇㅇ청결고추장 만들기, 고추참치 볶음밥 - 요리 평가 및 정리정돈	
13		ㅇㅇ청결고추를 활용한 음식 만들기 2	- 요리 전 자체 위생교육 및 재료준비 - 복습 및 고추 활용한 요리 알아보기 - 고추 부추 김치, 고추 백물김치 요리 - 요리 평가 및 정리정돈	
14	8월 9월	ㅇㅇ대학찰옥수수를 활용한 음식 만들기 1	- 요리 전 위생교육 및 재료준비 - ㅇㅇ대학찰옥수수에 대한 유래 및 보관법교육 - 옥수수전, 옥수수영양밥 요리 - 요리 평가 및 정리정돈	여름, 가을
15		ㅇㅇ대학찰옥수수를 활용한 음식 만들기 2	- 요리 전 위생교육 및 재료준비 - 옥수수샐러드, 옥수수영양죽 요리 - 요리 평가 및 정리정돈	
16		ㅇㅇ대학찰옥수수를 활용한 음식 만들기 3	- 요리 전 위생교육 및 재료준비 - 복습 및 옥수수 활용 요리 알아보기 - 옥수수 땅콩 조림, 옥수수계란찜 요리 - 요리 평가 및 정리정돈	
17	10월	ㅇㅇ배추를 활용한 음식 만들기 1	- 요리 전 위생교육 및 재료준비 - ㅇㅇ배추에 대한 유래 및 보관법 교육 - 배추 굴 된장국, 배추북엇국 요리 - 요리 평가 및 정리정돈	겨울
18		ㅇㅇ배추를 활용한	- 요리 전 위생교육 및 재료준비	

		음식 만들기 2	- 복습 및 배추 활용 요리 알아보기 - 배추김치 담그기 - 요리 평가 및 정리정돈	

※ ○○차림 진행 시 사용하는 모든 식재료는 ○○에서 생산하는 제철 식재료를 활용함.
※ 메뉴는 강사와 협의 및 복지관 사정에 의에 변경될 수 있음.

□ 사업진행일정

기간 / 주요 내용	1월	2월	3월	4월	5월	6월	7월	8월	9월	10월	11월	12월
사업 홍보												
참여자 모집												
개강식												
건강한 자립교육												
OO밥상												
건강탐방												
나눔밥상												
간담회												
수료식												
성과보고 자료집 배포												

3) 기관 연계협력 전략

협력기관명	세부사업명	협력계획	비고
○○보건소	- 건강한 자립 교육	- 위생 · 건강 · 영양 식생활 관련 전문가 자문 및 교육 연계	- 협약체결 (2015.5.22)
○○농업 기술센터		- 친환경 농작물에 대한 교육 및 재배 기술 교육 연계	- 협조요청 공문 발송
한살림○○연합회 (사회적기업)	- ○○밥상	- 식재료 구입 할인	- 협약체결 예정
○○자연드림 (친환경유기식품 클러스터)	- 건강탐방	- 자연드림 내 로컬푸드 식품공장 견학 연계	- 협조요청 공문 발송
○○자원 봉사센터	- 참여자 모집 - 건강탐방	- 자원봉사자 모집 협조 - 생산적 일손봉사가 필요한 로컬푸드 생산 농가 방문 및 체험활동 연계	- 협약체결 (2014.11.25)
각 읍면 맞춤형 복지팀 사례관리자	- 참여자 모집	- 참여 대상자 추천관련 협조 공문 발송 및 담당자 미팅	- 대상자 추천

3. 예산 편성

(단위: 원)

<table>
<tr><th rowspan="2">목</th><th rowspan="2">세목</th><th rowspan="2">세세목</th><th rowspan="2">계</th><th rowspan="2">산출근거</th><th colspan="5">예산조달 계획</th></tr>
<tr><th>신청
금액</th><th>비율
(%)</th><th>자부
담</th><th>비율
(%)</th><th>자부담
재원</th></tr>
<tr><td colspan="3">총계</td><td>8,810,000</td><td></td><td>8,810,000</td><td>100%</td><td></td><td></td><td></td></tr>
<tr><td rowspan="19">사
업
비</td><td rowspan="19">○○
차림</td><td rowspan="3">개강식</td><td rowspan="3">380,000</td><td>다과비
3,000원×10명</td><td>30,000</td><td>0.34</td><td></td><td></td><td></td></tr>
<tr><td>현수막
50,000원×1조</td><td>50,000</td><td>0.57</td><td></td><td></td><td></td></tr>
<tr><td>진행비(조리복 구입)
30,000원×10명</td><td>300,000</td><td>3.41</td><td></td><td></td><td></td></tr>
<tr><td rowspan="2">건강한
자립교육</td><td rowspan="2">420,000</td><td>다과비
3,000원×10명×4회</td><td>120,000</td><td>1.36</td><td></td><td></td><td></td></tr>
<tr><td>재배교육물품비
15,000원×10명×2회</td><td>300,000</td><td>3.41</td><td></td><td></td><td></td></tr>
<tr><td rowspan="3">○○밥상</td><td rowspan="3">5,360,000</td><td>강사비
150,000원×1명×18회</td><td>2,700,000</td><td>30.65</td><td></td><td></td><td></td></tr>
<tr><td>재료비
12,000원×10명×18회</td><td>2,160,000</td><td>24.52</td><td></td><td></td><td></td></tr>
<tr><td>물품구입비
(칼, 도마, 가스, 프라이팬 등 구입)
350,000원×1회
(키친타올, 장갑, 손소독제, 세제 등 구입)
150,000원×1회</td><td>500,000</td><td>5.68</td><td></td><td></td><td></td></tr>
<tr><td rowspan="3">건강탐방</td><td rowspan="3">530,000</td><td>식비
15,000원×12명×2회</td><td>360,000</td><td>4.08</td><td></td><td></td><td></td></tr>
<tr><td>다과비
5,000원×12명×2회</td><td>120,000</td><td>1.36</td><td></td><td></td><td></td></tr>
<tr><td>진행비
25,000원×2회</td><td>50,000</td><td>0.56</td><td></td><td></td><td></td></tr>
<tr><td rowspan="3">나눔밥상</td><td rowspan="3">1,400,000</td><td>재료비
250,000원×4회</td><td>1,000,000</td><td>11.35</td><td></td><td></td><td></td></tr>
<tr><td>다과비
5,000원×10명×2회</td><td>100,000</td><td>1.13</td><td></td><td></td><td></td></tr>
<tr><td>진행비
(현수막, 장갑, 도시락, 위생용품 등 구입)
150,000원×2회</td><td>300,000</td><td>3.40</td><td></td><td></td><td></td></tr>
<tr><td>간담회</td><td>60,000</td><td>다과비
3,000원×10명×2회</td><td>60,000</td><td>0.68</td><td></td><td></td><td></td></tr>
<tr><td>수료식</td><td>360,000</td><td>식비
10,000원×16명×1회</td><td>160,000</td><td>1.82</td><td></td><td></td><td></td></tr>
</table>

				진행비(포토북) 20,000원×10명	200,000	2.27			
		성과보고 자료집 제작	300,000	10,000원×30부	300,000	3.41			
	소 계		8,810,000		8,810,000	100			

4. 문제의식

1) 사업 계획 배경

(1) 1인 가구 수의 증가에 따른 장애인 1인 가구 수의 급증

2000년대 이후 우리나라는 사회적, 시대적 변화로 1인 가구 비중이 지속적으로 크게 증가하고 있으며 그에 따라 장애인 1인 가구 수도 마찬가지로 해가 거듭될수록 사회적, 시대적 변화로 증가하고 있는 추세이다. 2017년 국토교통부의 장애인실태조사에 따르면 1인 장애인 가구 추정치는 2011년 42만 4천 232가구, 2014년 68만 7천 652가구, 2017년 26.4%로 해가 거듭될수록 빠르게 증가하고 있으며 추후로도 증가할 전망임을 알 수 있다.

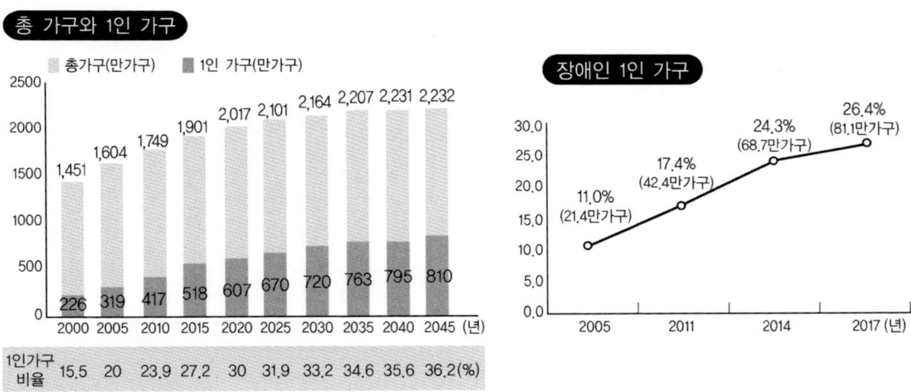

〈그림 1〉 장애인구 및 1인 장애가구 출현율

또한 1인 장애인 가구가 증가함에 따라 복지 사각지대가 증가하고 있으며 그에 따라 대두되는 문제로 1인 가구의 고독사를 들 수 있다.

〈표 1〉 2017년, 2018년 장애인 무연고 사망자 현황 비교 (단위: 명, %)

구분	장애인 무연고 사망자		전국 무연고 사망자
	명	전체 대비 비율	명
2017년	269	13.4	2,010
2018년	483	21.2	2,279

실제로 고독사 5명 중 1명은 장애인인 것으로 나타났으며, 이는 비장애인에 비해 제한된 일상과 지원 서비스의 취약함을 알 수 있다.

○○도 마찬가지로 2013년 ○○장애인복지관 ○○지역 장애인 서비스 욕구 조사결과에 의하면 응답자의 22.5%가 혼자 거주한다고 응답하여, ○○장애가구도 시대적 흐름에 맞게 1인 가구 수가 늘어나고 있고, 그에 따른 장애인 1인 가구의 관심과 다양한 서비스와 관심을 확대할 필요가 있다.

(2) 홀로 사는 남성장애인 장애와 식생활에 대한 인식부족으로 인한 질병 노출

질병관리본부[6] 국민건강영양조사 결과를 바탕으로 1인 가구 성인의 건강행태를 분석한 한 연구에 따르면 흡연율, 스트레스, 우울감, 자살생각, 고혈압, 이상지질혈증, 관절염이 다인 가구에 비해 더 높거나 많은 것으로 나타났다. 특히 장애인[7] 1인 가구의 경우에는 장애로 인해 비장애인들보다 더 많은 건강문제에 직면해 있으며, 홀로 사는 남성장애인의 경우 장애, 식생활에 대한 인식부족, 가사활동에 대한 어려움, 경제적 부담으로 대다수 식사를 자주 거르고 매일 한 끼 이상 저렴한 패스트푸드나 인스턴트식품을 사먹는 등 부실한 식사를 하는 빈도가 높다.

이로 인해 영양불균형, 영양결핍 및 과다로 건강에 적신호가 켜져 있으며, 다양한 질병 또한 노출되어 있다. 2017년 장애인 실태조사에서 만 19세 장애인 중 만성질환을 가지고 있는 비율은 2017년 81.1%로 2014년의 77.2% 등 지속적으로 증가하고 있다. 특히 고혈압 및 당뇨병 유병률은 전체 인구에 비해 높게 나타났다.

〈표 2〉 장애인 건강특성

구분	2011년	2014년	2017년	비고
만성질환 유병률	71.4%	77.2%	81.1%	만 19세 이상
스트레스 인지율	53.0%	61.0%	58.0%	만 19세 이상
우울감 경험률	21.4%	24.5%	18.6%	만 19세 이상
건강검진 비율	70.4%	72.9%	72.7%	2017년 전 연령 2011년, 2014년 만 40세 이상

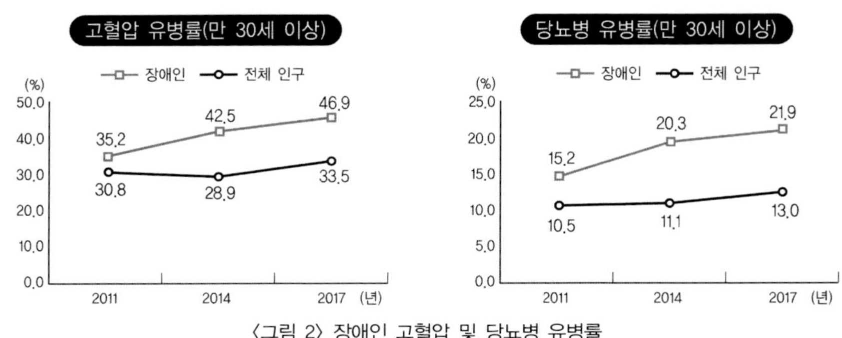

〈그림 2〉 장애인 고혈압 및 당뇨병 유병률

또한, 장애인의 비만 관련하여 장애인은[8] 장애로 인한 일상생활의 불편함과 신체활동 부족으로 체중이 증가하게 된다. 신체움직임의 감소로 인한 장애인의 비만은 비장애인 1.9배 또는 신체장애인의 비만 유병률은

6) 1인 가구의 건강관리(한국경제, 인제대 의대 서울 백병원 가정의학과, 강재헌 교수, 2018년12월2일)

7) 장애인 건강검진 수검자들의 비만, 콜레스테롤, 고혈압, 고혈당의 관련성(백석대학교 치위생학과, 홍민희, 2016년)

비장애인의 1.2~3.9배로 장애는 비만의 부담을 상승시키고 심질환과 당뇨병의 위험성이 높게 나타나 비만으로 인한 2차 감염이나 장애를 막기 위해 집중적인 비만관리가 필요하다.
위와 같은 남성장애인의 다양한 질병을 예방하고 건강한 자립을 위해서는 장기적 건강식습관의 개선 및 건강 교육이 필요하다.

(3) 남성장애인 욕구 및 문제 부합하는 사업 부재

보건복지부 여성장애인지원사업의 교육지원사업 목적을 보면 장애와 여성이라는 이중제약으로 역량강화의 기회를 찾지 못한 여성장애인들에게 양질의 맞춤형 서비스를 제공하여 여성장애인의 역량강화를 통한 사회참여 기회 확대 및 삶의 질 향상에 기여한다는 내용으로 여성장애인 평생교육사업이 진행되고 있다.
이에 본 복지관은 여성장애인평생교육사업 수행기관으로 지정을 받아 지역여성장애인의 특성과 욕구에 맞는 서비스를 제공하여 여성장애인의 역량강화 및 사회참여 기회에 노력을 기하고 있다. 하지만 그와 달리 남성장애인[9]도 경제적 어려움, 건강 · 의료, 문화 · 여가, 교육 등 다양한 욕구 및 문제가 있음에도 불구하고 남성장애인만을 위한 사업은 아직 진행되지 않고 있다. 이에 남성장애인의 욕구 및 문제해결에 부합하는 사업이 필요하다.

(4) 장애인의 요리교육을 통한 건강관리능력과 자존감 향상에 대한 선행연구

남성장애인[10]의 건강관리 능력과 자존감 향상 및 평생학습의 기회제공과 자립의 기회를 확대하고자 부산광역시에 위치한 장애인복지관에서 홀로 사는 남성장애인 10명을 대상으로 요리교육을 실시하였다.
결과에 따른 결론은 첫째, 남성장애인 스스로 음식을 조리하는 등의 성공 경험을 통해 자존감 향상과 우울감 감소효과가 나타났다. 총 10명의 자아존중감 및 우울감 사전 · 사후 검사 결과, 4명의 자아존중감 향상과 8명의 우울감 감소 효과가 확인되었고, 둘째, 식생활 개선을 통한 건강 증진 · 질병 예방 및 위생관리 능력이 향상되었다. 영양 · 위생 개념, 남성으로서 간과하기 쉬운 올바른 조리방법, 음식 궁합, 손씻기, 5대 영양소 섭취를 통한 비만, 성인병 및 각종 질환예방의 기회를 마련하였다.

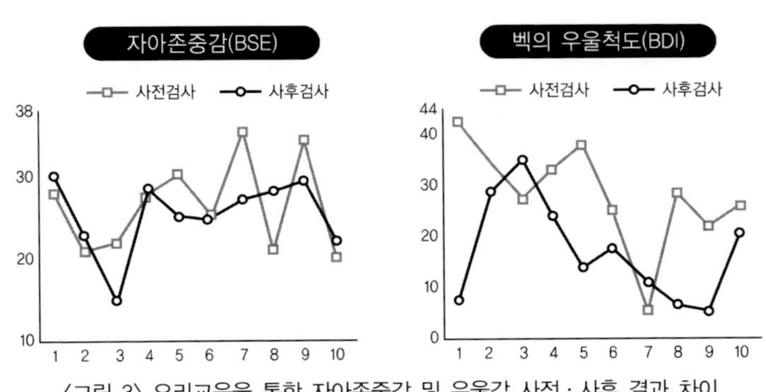

〈그림 3〉 요리교육을 통한 자아존중감 및 우울감 사전 · 사후 결과 차이

8) 장애인의 비만상태 변화에 영향을 미치는 요인에 관한 연구(한양대학교 일반대학원 간호학과, 서울대학교 보건대학원 보건학과, 최오종 · 종성일, 2015년)

9) ㅇㅇ장애인복지관 재가복지대상자 만족도조사 결과(2018년 10월 15일)

10) 남성장애인의 요리교육을 통한 건강관리능력과 자존감 및 우울감 효능(고신대학교 사회복지학과, 이미란 · 남희은 · 김선희, 2014년)

2) 기존 유사사업과의 차별성

(1) 자연과 함께하는 ○○! ○○로컬푸드 활용한 요리는 건강한 요리!

현재 대다수 국민들은 호사스런 식생활을 누리고 있다. 추운겨울에 여름과일을 먹고, 우리나라의 과일뿐 아니라 외국과일 손쉽게 먹고, 외국에서 만든 치즈와 쿠키를 먹는다. 이렇게 국제화된 밥상에서 우리는 지금 음식이 어디에서 누구에 의해 만들어져 어떻게 밥상에 올라오는지 알지 못한다.
이런 국제화된 밥상을 유통과 가공과정에 각종 농약과 화학첨가물들이 사용되어도 완전히 표기되지 않아 우리가 의식하지 못한 채 먹고 마시는 사이 가공식품에 중독되고, 그 음식들이 과식으로 질병을 유발한다.
최고의 품질을 자랑하는 음식은 그 지역에서 가장 오랜 시간 먹어온 음식들이다.
안전하게 생산되고, 누가 만들었는지 불안해하지 않으며, 운반과정의 화학처리에 대한 두려움도 적기 때문이다. 따라서 로컬푸드를 이용한 요리는 자연식과 지역식, 계절식과 전통식이다. 이러한 로컬푸드를 활용한 요리는 안정성뿐만 아니라 영양적으로 우수한 요리이다.
○○은 친환경 유기농업군으로 전국 최고의 품질의 친환경 유기농 특산물을 재배 생산하고 있다. 대표적인 특산물로는 청결고추, 대학찰옥수수, 절임배추 등이 있으며, 그 외에도 올갱이, 버섯, 사과, 배, 한우, 인삼, 잡곡, 콩 등 다양한 특산물이 있다.

〈표 3〉 ○○대표 특산물, ○○청(2019년)

구분	○○대표 특산물 특징	계절별
감자	백두대간의 청천환경과 깨끗한 토양에서 재배되는 감자	3월~5월
대학찰옥수수	당도가 높아 씹을수록 단맛이 우러나며, 껍질이 얇고 담백한 맛이 일품인 옥수수	6월~8월
청결고추	○○은 해발 250m의 산간 고랭지로 주야간 일교차가 클 뿐 아니라 청정지역으로 천혜의 조건과 산자수려함으로 인하여 고추 색상이 선명하고 산뜻하며 특유의 맛과 향이 남	9월~11월
절임배추	국산 천일염 절임작업과 지하수 세척과정을 거쳐 배추 포기마다 온전히 싱그러운 자연을 담아낸 자연한포기 절임배추	12월~2월

○○의 친환경 특산물은 각 계절의 기운을 품고 재배되어 영양분이 뛰어나다. 특산물 활용하여 요리를 한다면 더할 나위 없는 영양균형 잡힌 건강한 요리가 되고 남성장애인의 건강한 식생활에도 도움이 된다. 또한 지역 특산물로 손쉽게 구할 수 있어 식재료에 대한 부담이 적으며, 저렴하기까지 해 경제적인 차원에서도 도움이 된다.

3) 신청기관의 강점

본 기관은 2018년 발달장애 청소년의 사회적응능력 향상을 위한 요리치료 프로그램을 진행하였다. 프로그램을 통해 발달장애 청소년의 사회성 향상 및 정서적 안정을 도모하여 발달장애 청소년의 자립능력을 향상시켰다. 또한, 2019년 본 기관에서는 남성장애인의 요리기능능력 향상을 위한 단순 조리활동 단기 요리프로그램을 시범 운영하고 있다. 7월 기준 10회 요리프로그램 진행 결과 남성장애인분들이 요리프로그램에 대한 관심이 많았으며, 이에 계획했던 인원보다 2배 정도 많은 인원으로 프로그램을 진행하고 있다. 인원 초과로 예산 집행에 어려움이 있어 더 다양한 프로그램 진행하는 데 어려움이 있었다. 하지만 남성장애인이 요리프로그램에 대한 참여도도 높아 요리기능능력이 월등히 향상되었고, 일부 남성장애인은 요리프로그램을 통해서 배운 요리를 각 가정에서 직접 조리하는 등 자립에 대한 의지도 볼 수 있었다.

5. 목표 및 평가

1) 산출목표

세부 사업명	산출목표	모니터링 방법
개강식	10명×1회=10명	- 계획 및 결과 보고서
건강한 자립 교육	10명×4회=40명	- 계획 및 결과 보고서 - 프로그램 종료 후, 일지 - 교육관련 1:1 구조화된 자체 설문지 조사
○○밥상	10명×18회=180명	- 계획 및 결과 보고서 - 프로그램 종료 후, 프로그램 일지 - 자체 체크리스트를 통한 조리활동 체크
건강탐방	10명×4회=40명	- 계획 및 결과 보고서 - 프로그램 종료 후, 1:1 자체 설문지 조사 - 활동 사진 자료
나눔밥상	10명×4회=40명	- 계획 및 결과 보고서 - 프로그램 종료 후, 1:1 자체 설문지 조사 - 활동 사진 자료
간담회	10명×2회=20명	- 계획 및 결과 보고서 - 간담회 종료 후, 강사, 참여자 의견 수렴 - 회의록 작성
수료식	10명×1회=10명	- 계획 및 결과 보고서 - 프로그램 종료에 따른 1:1 만족도 조사

2) 성과목표 및 평가방법

성과목표	평가도구 및 방법	측정시기
홀로 사는 남성장애인 올바른 식생활 도모	• 성과지표: 식습관 및 식생활 10% 향상 • 평가도구: 한국건강관리협회 식생활 체크리스트 • 평가방법: 홀로 사는 남성장애인 사전·사후 설문조사	회기별 프로그램 종료 후 사전(3월) 사후(11월)
로컬푸드 요리 활동을 통한 음식 조리기술 습득	• 평가주체: 사업 담당자, 요리 전문강사 • 성과지표: 음식 조리기술 향상 • 평가도구: 자체 음식 조리기술 체크리스트, 프로그램 일지 • 평가방법: 홀로 사는 남성장애인 사전·사후 설문조사; 대상자 별 음식조리 활동 관찰 및 요리완성도	사전(3월) 사후(11월) 회기별 프로그램 종료 후
홀로 사는 남성장애인 자아존중감 향상	• 성과지표: 성취감 및 자존감 향상 목표 5% 향상 • 평가도구: 사회복지척도집 자기효능감 척도 • 평가방법: 홀로 사는 남성장애인 사전·사후 설문조사	사전(3월) 사후(11월)

6. 사업종료 후 지향점

1) 사업 수행으로 인한 기대 효과

장애와 올바르지 못한 식생활로 질병과 건강에 어려움을 겪었던 남성장애인을 건강한 로컬푸드 요리 프로그램 참여를 통해 스스로 건강한 식생활을 영위해 나갈 수 있을 것으로 보인다.
집단 구성원 간의 친밀감 형성, 사회적 참여 기회제공으로 자발적 활동을 유도하여 홀로 사는 남성장애인의 건강한 자립능력 향상을 도모할 수 있을 것으로 기대되며, 이와 더불어 장애 인식 개선 또한 도모될 것으로 보인다.

2) 사업 결과의 활용 계획

사업 참여자의 지속적으로 건강한 식생활 유지를 위한 정기적 건강관리를 진행하고자 한다. 또한, 요리프로그램 사업 결과와 남성장애인 대상으로 한 욕구조사를 통해 남성장애인의 자립 사업을 확대하고자 한다. 참여자 요리 자조모임을 구성하여 로컬푸드 요리프로그램에서 습득한 조리기술을 활용해 본 복지관 재가 장애인 대상으로 한 밑반찬국서비스, 지역사회복지 단체에서 저소득 대상으로 진행하고 있는 부식지원 사업에 참여하여 지역사회 공헌 및 장애 인식을 제고시키고자 한다.

〈참고자료 – 2021 사회복지공동모금회 성과확산형 사업계획서〉

〈성과확산형〉 3개년 사업계획서

1. 사업명 : 사회복지종사자의 안전과 인권을 위한 보호체계 구축사업
"안전 : 함께 지켜야 할 권리"

2. 사업 내용 및 추진 전략

1) 사업 참여 대상 및 인원

구분	1차년도	2차년도	3차년도
핵심 참여자	사회복지종사자 310명 - 교육참여자 280명 - 심리지원 30명	사회복지종사자 370명 - 교육참여자 300명 - 심리지원 60명 - 노무, 법률, 의료비 지원 10명	사회복지종사자 600명 - 교육참여자 500명 - 심리지원 90명 - 노무, 법률, 의료비 지원 10명
주변 참여자	위험에 노출되어 있는 사회복지종사자 2,000명	위험에 노출되어 있는 사회복지종사자 2,000명	위험에 노출되어 있는 사회복지종사자 2,000명

2) 연차별 사업내용

1차년도	
특징	위기상황별 매뉴얼 현황 조사와 연구, 심리지원 사업을 통한 사업필요성 공론화 및 문제에 대한 인식강화
핵심 내용	- 자문단 구성 및 사회복지종사자 위기상황에 대한 실태조사(FGI 포함) 실시 - 위기 상황별 매뉴얼 현황 조사 및 개선 방안 마련 - 위기 대상자 발굴 및 심리 · 정서지원 사업 시행 - 위기 상황별 대응 매뉴얼 & 워크북 제작 및 보급 실시 - 위기대응센터 홈페이지 구축 - 위기대응센터(가칭) 설립 추진을 위한 자료 조사
2차년도	
특징	사회복지종사자 안전 및 인권 지원을 위한 지역사회 네트워크 구축 및 권리 옹호를 위한 법적 조례 제정 공론화, 인식개선 및 민감성 향상 및 시스템구축 안정화
핵심 내용	- ○○북도 지역 내 사회복지종사자 안전 및 인권지원 네트워크 구축(노무, 법률, 상담, 의료) - ○○북도 사회복지기관(시설) 위기대응구축지원 - 영역별 교육을 통한 민감성 향상 - 인식개선 공모전 - 워크북 활용교육 전문강사 양성 및 기관으로 찾아가는 워크북 활용 교육 - 다양한 상담지원 시스템을 통한 스트레스 회복지원(온라인, 스트레스검사, 마음챙김프로그램)
3차년도	
특징	협회 내 위기대응센터 및 권익윤리위원회(갈등조정기구) 활동 추진, ○○북도 사회서비스원 내 인권 전담부서 및 인력 충원 추진, 사회복지 종사자 안전과 인권을 위한 법률적 근거 마련, 제도화 추진

<table>
<tr><td>핵심
내용</td><td>- 협회 내 온라인 위기대응센터 및 권익윤리위원회(갈등조정기구) 활동 추진
- ○○북도 11개 시군지회를 통한 기관별 위기대응구축지원금 지원
- 온라인 위기대응센터를 통한 노무, 법률, 상담, 의료비 지원
- 직급별, 영역별 인식개선 교육
- 성공사례 확산을 위한 간담회 개최
- 사회복지종사자 인권과 권리 옹호 법적 제도를 위한 공청회 추진
- 실태조사 연구를 통한 이슈화
- ○○북도 사회서비스원 내 인권전담부서 및 인력 충원을 위한 지역사회 네트워크 추진</td></tr>
</table>

3) 기관 연계협력 전략

<table>
<tr><th>기관명</th><th>세부
사업명</th><th>계획</th><th>결과</th></tr>
<tr><td>위기대응센터</td><td rowspan="13">위기대응
센터</td><td>- 위기대응센터 홈페이지 및 모바일 개발
- 어려움 호소 창구 게시판 개설
- 권익윤리위원회 회의 및 활동</td><td>- 협회 위기대응센터 추진
- 온라인 접수
- 권익윤리위원회 회의
- 회원 지원 활동</td></tr>
<tr><td>○○북도 인권센터</td><td>- 어려움 호소 창구를 통한 사회복지사 권익 상담 및 민원 접수 및 조사</td><td>- 협회 권익윤리위원회와 협업으로 상담 및 방문</td></tr>
<tr><td>○○부부가족상담연구소</td><td rowspan="7">- 개인 상담(대면, 비대면)
- 지역사회 상담서비스 연계
- 집단프로그램 진행
- 심리정서 관련 교육
- 지역사회 네트워크 구축</td><td rowspan="7">- 개인 상담(대면, 비대면) 확충
- ○○북도 내 상담 인프라 체계 구축
- 집단프로그램 진행
- 심리정서 관련 교육 실행</td></tr>
<tr><td>○○나무○○상담센터</td></tr>
<tr><td>○○와○○아동상담센터</td></tr>
<tr><td>○○심리연구소</td></tr>
<tr><td>○○심리연구소</td></tr>
<tr><td>○○심리연구소</td></tr>
<tr><td>허○○상담센터</td></tr>
<tr><td>○등○○법인</td><td>- 노무자문 및 네트워크 구축</td><td>- 노무자문</td></tr>
<tr><td>변호사○○법률사무소</td><td>- 법률자문 및 네트워크 구축</td><td>- 법률자문</td></tr>
<tr><td>○○○○건강센터</td><td rowspan="2">- 의료지원 및 네트워크 구축</td><td rowspan="2">- 의료지원</td></tr>
<tr><td>근로자○○센터○주분소</td></tr>
<tr><td>11개 시군지회</td><td rowspan="2">인식개선</td><td rowspan="2">- 각 지회 및 직능회원 홍보 협조
- 매뉴얼 및 홍보자료 배포
- 참가자 모집 및 위기 대상자 발굴
- 관련 단체 관공서 협조
- 관련 지역 사회복지정보 및 자료 협조 요청</td><td rowspan="2">- 위기대응체계구축비지원
- 회원 홍보 협조
- 매뉴얼 및 홍보자료 배포
- 참가자 모집 안내 및 위기 대상자 발굴</td></tr>
<tr><td>사회복지직능단체</td></tr>
<tr><td>지방협회 및
한국사회복지사협회</td><td>제도화</td><td>- 전국적 확산 및 정책 제도, 인식개선을 위한 연대와 협력</td><td>- 지역별 조례 제정 공유 및 담당자 간담회
- 사회복지사 인권센터 설립 추진을 위한 공청회</td></tr>
<tr><td>○○북도 및 ○○북도의회</td><td>제도화</td><td>- ○○북도 사회서비스원 내 인권전담부서 및 인력충원 확충</td><td>- 간담회 및 회의를 통한 논의</td></tr>
</table>

3. 예산 편성

(단위 : 천원)

구분	1차년도			2차년도			3차년도		
목	세목	신청금액	자부담	세목	신청금액	자부담	세목	신청금액	자부담
총 계		100,000		총 계	100,000		총 계	100,000	
인건비	인건비	28,080		인건비	33.400		인건비	33,006	
	소계	28,080		소계	33.400		소계	33,006	
사업비	위기대응 매뉴얼	27,550		시스템구축	40,402		위기대응 센터	24,800	
	위기대응 교육	13,170		인식개선	18,800		인식개선	27,393	
	심리지원	26,350		제도화	6,500		제도화	13,000	
	홍보	3,050							
	소계	70,120		소계	65,700		소계	65,193	
관리운영비	관리운영비	1,800		관리운영비	900		관리운영비	1,800	
	소계	1,800		소계	900		소계	1,800	

4. 문제의식(사업 필요성)

1) 사업 계획 배경

사회복지서비스 특성상 대면서비스가 대다수를 차지하는 현장에서 이용인들로부터의 다양한 폭력에 그대로 노출되어 있는 사회복지종사자들의 모습을 너무나도 흔하게 발견할 수 있다.

예로, 영구임대단지아파트 내 위치한 종합사회복지관은 매일 알코올에 의존하거나 감정조절 경계선에 있는 수급자들이 수시로 드나들며, 하나의 이익을 얻고자 사회복지종사자들을 위협하는 모습들을 흔하게 볼 수 있으며, 언론에 많이 보도되어 이슈화된 공공사회복지사의 자살과 이용인에 의한 사회복지사 폭행 등 수많은 위험과 위기에 노출되어 있다.

하지만 언론에 보도되는 수많은 기사들과 일반 국민들의 인식은 사회복지종사자들은 이용인보다 힘이 더 우세한 인권침해 가해자이며, 사회복지종사자의 인권보다는 약자인 이용인을 위해서 무조건 희생해야 한다고 전반적으로 생각한다.

다양한 사회복지현장의 이용인들은 경제적으로 어려움이 있거나, 심리 · 정서적으로 불안이 높으며 사회적으로 보호받아야 하는 약자들이 맞다. 하지만 이런 이용인들은 약자라는 신분을 이용해 국가 보조금을 받는 기관에 민원을 넣어 사회복지종사자를 괴롭히거나, 수시로 전화를 하여 언어폭력을 일삼거나, 상담을 요청하며 스토킹 등 정서적 폭력 등을 쉽게 일삼고 있다. 또한, 최근 ㅇㅇ북도 사회복지기관에서 직장 내 괴롭힘, 갑질 등의 인권 침해 관련 일들이 계속 발생하고 있다. 이러한 상황에 도 내의 사회복지사들은 ㅇㅇ북도 ㅇㅇ복지사협회가 어려움을 들어주고 위로해줄 수 있는 소통의 역할을 해주기를 바라는 욕구가 매우 높은 상태이다. 이에 협회 권익윤리위원회를 구성하여 온라인 위기대응센터를 활성화하여, 어려움 호소 창구 게시판을 통해 접수를 받고, 상시 회의를 열어, 회원들을 신속하게 찾아가고 발 빠르게 문제를 해결하기 위해 갈등조정기구의 역할을 도모하고 한다. 또한, ㅇㅇ북도 인권센터와 협업하여 사회복지사들의 권익향상을 위해 연계 및 지원할 예정이다.

대인서비스를 주로 하고 있는 소방공무원과 간호사 등의 경우에는 이용인으로부터 직무외상을 경험했을 때 합법적인 휴가와 심리 · 정서 · 의료 등의 제도로 지원하고 있다.

사회복지종사자도 감정노동자이며 수많은 위험과 위기에 노출되어 있지만, 법적 · 제도적으로 지원해 주는 시스템이 없어 대인서비스를 하는 감정노동자 간에도 이런 차별이 이루어지고 있다.

○○시의 경우 ○○시감정노동종사자권리보호센터를 통해 감정노동종사자를 지원하고 있으며, ○○광역시의 경우 본 사업을 통해 사회복지종사자 인권보호 조례가 별도로 제정되어, 인권보호위원회 설치까지 진행되고 있다.

사회복지종사자들의 안전 문제는 ○○북도뿐 아니라 전국의 사회복지종사자들의 인권과 직결되며, 지역별 권익향상과 법적 제도화를 위한 목소리를 높이고 있다. ○○북도는 지역주민의 인권을 위해 도 자체에 인권센터가 이미 설립되어 있어, 2021년 설립예정인 사회서비스원 내 인권전담 부서 및 인력 충원을 위해서라도 이 사업이 큰 의미가 있다. 또한, ○○북도 사회복지사들의 권익 향상을 위해 목소리를 높이는 ○○북도 ○○복지사협회가 이 사업을 통해 하나의 시스템 구축을 형성할 수 있다고 본다.

2) 기존 유사사업과의 차별성

기존 사회복지종사자를 위한 안전 · 인권 관련 사업에서는 주로 미시적 접근방법을 통한 종사자 안전 교육, 프로그램, 심리 · 정서지원 사업이 주를 이루었다.

본 사업의 경우 1차년도는 미시적 접근방법으로 시작하여, 2차년도는 지역사회 네트워크 구축과 인식개선에 중점을 두었다면, 3차년도는 거시적 접근방법인 법적 제도화에 포커스를 두고 있다.

이 사업을 통해 사회복지종사자들이 다양한 위험과 위기에 노출되었을 때 법적 · 제도적으로 지원받을 수 있는 시스템이 구축되려면 먼저 조례 개정부터 논의되어야 한다.

2차년도부터 ○○북도와 함께 사회복지종사자들의 안전과 인권에 대한 조례를 조금 더 세부적으로 개정할 것을 요구하고 있으며, 사회복지종사자들의 실태조사를 통한 현 상황을 보고하여 인권을 위한 시스템 구축과 법적 제도화가 시급함을 계속 이슈화시키고 있다.

단순히 사회복지종사자 안전교육과 프로그램으로 끝나는 것이 아니라, 이 사업의 최종 목표인 ○○북도 사회서비스원 내 인권전담부서 및 인력충원이 되어 체계적으로 지원될 수 있는 시스템이 법적으로 될 수 있도록 거시적인 접근방법으로 본 사업을 진행하고 있다.

3) 신청기관의 강점

○○북도 ○○복지사협회는 전국 17개 지방협회와 도내 14개 시군을 아우르는 11개 지회를 통해 사회복지종사자의 권익과 처우개선을 위한 다양한 활동을 하고 있으며, 각 협회와 지회의 사업은 실시간으로 공유되며 필요에 따라 강력한 연대로 성과를 만들어 가고 있다.

2013년 사회복지 종사자의 안전한 근무환경과 신변안전 보호, 인권 및 권리 옹호의 내용이 담긴 '○○북도 사회복지사 등의 처우 및 지휘 향상을 위한 조례' 제정을 주도하였고, 2018년도부터 종사자 안전을 위한 안내보드를 제작하여 인식개선 캠페인과 11개 지회와 함께 ○○지역 사회복지사 처우 및 안전관리 실태조사를 진행했다.

또한, ○○시 인권센터와 함께 사회복지 종사자 인권 포럼, 인권 교육, 토론회, 공공 사회복지사와의 연대를 통한 안전과 인권에 대한 행정연구회도 꾸준히 진행하고 있다.

사회복지공동모금회의 지원을 통해 2015년도부터 2018년도까지 심리정서지원 '휴(休), 한숨 돌리Go'를 진행했으며, 2017년 심리 · 정서 지원 '당신의 마음은 안녕하신가요?' 사업을 통해 ○○북도 사회복지사들의 감정노동과 심리적 스트레스 회복 지원을 위해 힐링 프로그램을 진행한 경험이 있다.

2020년 기준으로 매년 ○○북도 내 4,000여명의 사회복지사들이 배출되며, 법정 보수교육을 통해 도내 사회복지사를 대변하는 기관이다.

사회복지종사자들의 권익 향상과 인권 옹호에 대해 목소리를 높이고 연대하며 이슈화시키는 데 지역사회 내에서 힘 있게 추진할 수 있는 기관이다.

5. 목표 및 평가

- 성과평가

성과목표	평가 도구 및 방법	측정 시기
이차적 외상 스트레스(STS) 회복지원	• 평가도구 : 상담, 집단프로그램-외상 후 성장척도 • 평가방법 : 서비스 대상 자기보고식 사전-사후 설문조사	• 사전(개입 시점) • 사후(종결 시점)
안전한 근무환경 구축을 통한 위기상황 대처능력 강화 및 업무 외상으로 인한 소진 예방	• 평가도구 : 실태조사 • 평가방법 : 연구보고서, 연구자 이력서, 명단	• 사후(종결 시점)
	• 평가도구 : 교육-폭력대처역량척도 • 평가방법 : 서비스 대상 자기보고식 사전-사후 설문조사, 제공 유무, 횟수 산출, 계획서, 결과보고서	• 사전(개입 시점) · • 사후(종결 시점)
	• 평가도구 : 위기대응구축비 지원-종사자 안전체계구축 정도 • 평가방법 : 제공 유무, 횟수 산출, 계획서, 결과보고서	• 사후(종결 시점)
	• 평가도구 : 권익윤리위원회 구성 및 회의 • 평가방법 : 제공 유무, 횟수 산출, 계획서, 결과보고서	• 사후(종결 시점)
	• 평가도구 : 간담회 및 보고회-사업내용 보급 및 확산을 위한 노력 정도 측정 • 평가방법 : 계획서, 결과보고서, 참여자 대상 만족도 조사	• 사후(종결 시점)
	• 평가도구 : 지역사회 네트워크 구축 MOU체결 • 평가방법 : 체결 유무, 계획서, 결과보고서	• 사후(종결 시점)
	• 평가도구 : 공청회 실시 혹은 참여여부 • 평가방법 : 계획서, 결과보고서, 참여입증 증빙서류	• 사후(종결 시점)

6. 사업종료 후 지향점

1) 사업 수행으로 인한 기대 효과

(1) 지역사회 네트워크 형성

사회복지현장에 안전과 인권문제가 발생했을 때, 종사자들이 즉각적으로 온라인센터(홈페이지, 모바일)를 통해 사회복지사 권익상담, 노무, 법률, 심리상담, 의료비 지원을 통해 지역사회 내 자원을 활용할 수 있는 시스템이 구축되었으면 한다. 또한, 더 많은 자원들을 연계하여 지역사회 내 현장에서 근무하는 다양한 위험과 위기를 각 영역 전문가들을 통해 도움을 받고, 이를 또 현장의 동료들에게 알려 주고, 다양한 위험과 위기를 지역사회 네트워크를 통해 해결할 수 있는 시스템 구축을 기대한다.

(2) 기관과 종사자의 인식개선 및 안전 친화적인 근무환경 조성

여전히 사회복지현장에서는 이용인에 의한 다양한 위험과 위기가 발생하지만, 이제는 기관 차원과 기관장, 중간관리자들의 개입이 들어간 대응이 형성되어야 한다고 본다. 이를 위해서는 지속적인 교육, 직급별 간담

회, 캠페인 등을 통해 민감성을 향상시키고 인식이 개선될 수 있도록 각 기관에 맞는 매뉴얼 제작, 워크숍, 직원 교육 등을 지원하여 누구나 발생할 수 있지만 이를 예방하고 그 이후 잘 대응할 수 있는 방안들을 각 기관별 설립할 수 있는 근무 환경으로 조성해야 한다. 또한, 협회 권익윤리위원회를 통한 즉각적인 갈등을 조정하는 창구를 마련하고, 안전 친화적인 근무환경을 위해 ㅇㅇ북도 인권센터와 협업할 예정이다.

2) 사업 결과의 활용 계획

본 사업을 통해 3년 동안 ㅇㅇ북도 내 사회복지종사자의 안전과 인권에 대한 실태조사를 진행했다. 이 결과를 ㅇㅇ북도, ㅇㅇ북도의회, ㅇㅇ사회ㅇㅇ사협회, 보건복지부 등에 공유하고 거기에 맞는 지원 시스템 및 법적 제도화를 근거하고자 한다.

ㅇㅇ북도의 경우 2021년 설립 예정인 사회서비스원 내 인권전담부서 설치 및 인력 충원을 ㅇㅇ북도와 상의하여, 도 차원의 인권센터와는 다른 성격의 ㅇㅇ북도 사회복지종사자들을 지원하는 전담부서와 인력을 통해 지원하는 시스템을 구축하고자 한다.

ㅇㅇ광역시의 경우 본 사업을 통해 사회복지종사자 인권보호 조례가 별도로 제정되었고, 인권보호위원회 설치 및 인력충원까지 진행되고 있으며, 서울특별시의 경우 서울시 감정노동종사자권리보호센터를 통해 감정노동 종사자를 지원하고 있다.

사회복지종사자들이 이용인에 의한 다양한 폭력과 위험에 노출되었을 때 합법적인 휴가, 심리상담 연계, 의료비 지원 등이 법률적으로 이루어지도록 지역사회와 전국의 사회복지종사자들의 연대가 필요한 시점이다.

3) 사업 지속 유지 전략

사회복지공동모금회를 통해 전국적으로 이 사업이 시행되고 있으며, 3개년을 통해 안정적이고 지속적인 성공모델을 만들어 가기 위한 각 연도별 전략은 다음과 같다.

(1) 1차년도 운영 전략

- 전문자문단 구성 및 민간현장 실태조사 실시(FGI 포함)로 사회복지 종사자와 기관의 참여 도모 및 ㅇㅇ북도 민간 사회복지현장 실태 결과보고 및 매뉴얼 및 워크북을 통한 가이드라인 제시
- 사회복지종사자의 위험과 안전, 인권, 심리 지원에 대한 필요성 공론화 및 인식강화 : 사회복지 관련 언론사 기사, 인터뷰 등으로 필요성에 대한 공론화 및 인식강화
- 위기대응 매뉴얼 & 워크북(강사용, 사회복지종사자용) 제작 및 배포
- 위기대응 워크북 활용교육 강사 양성 과정 및 인력 배출
- 컨퍼런스를 통한 토론회
- 심리 · 정서 지원사업의 다양화(개인, 기관, 스트레스 검사, 마음챙김 프로그램)
- 위기대응센터 온라인 & 모바일 홈페이지 제작
- 위기대응센터(가칭) 설립 추진을 위한 자료 조사(유사사례 및 관련 법령 수집 : 사회복지사업법, 사회복지사 등의 처우와 지위 향상을 위한 법률 및 조례 개정 준비 및 상설 추진체계 구상)

(2) 2차년도 운영 전략

- 사회복지종사자의 안전과 인권보호를 위한 지역사회 네트워크 구축 : 노무, 법률, 의료, 상담 등 영역별 9개 기관 지원 MOU 체결
- ㅇㅇ북도사회복지기관(시설) 위기대응구축 지원비(기관 내 자체 매뉴얼 제작, 워크숍, 예방교육, 위기대응 예방 물품구입 등) 지원
- 위기대응센터 온라인 & 모바일 홈페이지 활성화 : 노무, 법률, 상담, 의료비 온라인 지원신청
- 사회복지종사자와 기관 인식개선 확대
 : 강연, 워크북 활용교육, 인식개선 공모전, 라디오 캠페인, 직급별 마음챙김 프로그램 등
- 실태조사(FGI 포함) 결과 이슈화를 위한 기자회견

- 위기 노출 사례 빈도 높은 기관 간담회를 통한 성공사례 확보
- ○○북도와 ○○북도의회를 통한 조례 개정 및 ○○북도 사회서비스원 내 인권전담부서 및 인력충원 논의

(3) 3차년도 운영 전략

- 온라인 위기대응센터 개소(홈페이지, 모바일 개발)
- 어려움 호소 창구를 통한 접수 및 권익윤리위원회 회의 및 회원 지원활동 개시
- 온라인 위기대응센터를 통한 사회복지사 권익상담, 노무, 법률, 심리상담, 의료비 지원

- 사업의 성과 보고
  : 성과 자료 제작 및 발간, 토론회 및 사례발표 실시, 정책 제언 및 제도화 추진
- ○○북도 사회복지종사자 안전 및 인권 보호 네트워크 활성화
- ○○북도 사회복지종사자 정신건강, 안전, 인권 관련 실태조사 진행 및 결과를 통한 이슈화
- 사회복지기관 위기대응구축 지원을 통한 기관에 맞는 매뉴얼 제작 및 직원 교육 활성화
- 기관장 및 중간관리자 이상 참여와 인식개선을 위한 기관으로 찾아가는 워크북 활용 교육
- 양성된 위기대응 워크북 전문강사 역량강화 교육
- 직급별 교육 및 자조모임을 통한 인식개선 활동 전개
- 사회복지종사자의 안전과 인권 옹호를 위한 ○○북도 조례에 근거하여 제도화 추진
- 2021년 설립 예정인 ○○북도 사회서비스원 내 인권전담부서 및 인력충원 추진

CHAPTER 09

사례관리의 이해

1. 사례관리의 개요
2. 사례관리의 주요 방법
3. 사례관리의 과정

사례관리의 이해

CHAPTER 09

사례관리는 사회복지실천현장에서 최근 활발하게 활용되는 실천 모델 중의 하나이다. 사례관리는 복합적 욕구를 가진 사람들의 기능과 안녕을 최적화하기 위해 고안된 공식적 · 비공식적 지지와 활동의 네트워크를 조직하고 조정하며 유지하는 것이다(Moxley, 1989). NASW에 의하면 사회복지 사례관리는 전문적 사회복지사가 클라이언트와 그 가족의 욕구를 사정하여 특정 클라이언트의 복합적 욕구를 충족시키기 위해 복합적 서비스 패키지를 알선, 조정, 모니터, 평가, 옹호함으로써 서비스를 지속적으로 제공하는 방법이다. 즉, 사례관리는 사회복지사가 복합적 문제를 가진 특정 클라이언트를 위해서 여러 기관, 조직 혹은 시설이 제공하는 서비스를 조정하는 것을 의미한다.

현장실습에 참여하는 실습생들은 거의 대부분 지역사회복지기관에서 현장을 경험하기 때문에 사회복지사들의 업무가 대부분 사례관리에 초점이 맞추어져 있음을 알게 되고, 실습과제 중의 상당 부분은 사례관리와 관련이 있을 정도이다. 또한 기관에 따라서는 실습기간 중이나 그 이후에라도 실습생들에게 사례관리의 기회를 제공하는 경우가 많다. 이 장에서는 사례관리의 성격과 주요 활동내용 그리고 구체적인 사례관리 과정에 대해서 살펴보고자 한다.

01 | 사례관리의 개요

1) 사례관리의 성격

사례관리는 첫째, 장애나 만성적이고 심하게 손상되어 사회적 기능상의 문제를 가짐으로써 복합적이고 다양한 욕구를 가진 지역사회 내 클라이언트를 대상으로 한다. 둘째, 이들이 총체적 · 포괄적 · 효과적 · 효율적 · 지속적 · 적시적인 공식 · 비공식 서비스를 받을 수 있도록 공식 · 비공식 자원 및 서비스 체계들의 상호작용 체계(협력 체계)를 구축하고, 셋째, 클라이언트의 자원 활용 능력 강화를 통해 그들의 사회적 기능을 향상시키고 욕구를 최대한 충족시킨다. 넷째, 서비스 전달 과정, 결과에 대한 점검과 클라이언트의 욕구 변화에 대한 재사정, 클라이언트 욕구에 적합한 계속적인 자원망 간의 상호작용체계를 변화시킴으로써 클라이언트의 지역사회 내에서의 독립적인 생활을 강화시켜 가는 서비스이다(도광조, 2005).

이러한 사례관리의 개념과 성격은 기존의 중개자의 역할과 매우 흡사하다. 중개자의 역할은 클라이언트에게 하나 혹은 그 이상의 서비스를 연계해주는 것이다. 반면 사례관리자는 중개자의 역할을 훨씬 넘어서 클라이언트의 다양한 욕구가 효율적이고 효과적인 방식으로 충족되도록 돕는 폭넓은 과업을 가진다. 또한 사례관리는 기존의 전통적 사회복지실천방법과도 구별된다. 사례관리는 기존의 사회복지실천방법을 포함하지만 좀 더 확장된 실천방법이라고 볼 수 있다. 기존의 사회복지실천이 개인과 그 가족을 중심으로 상담과 치료에 의존해왔지만 사례관리는 모든 클라이언트 체계를 개입 범위로 하고, 상담과 치료는 물론 환경적 개입과 서비스 연계 등을 포함한다. 개인의 사회적 기능 회복을 넘어서 클라이언트에 대한 적극적이고 전향적인 지역사회 보호를 강조하기 때문에 다양한 기관과 사회환경에서 서비스를 제공받게 된다.

요약하자면, 사례관리는 복합적 욕구를 가지고 있으나 자력으로 이들 서비스를 이용하는 데 어려움을 가진 클라이언트를 대상으로 집중적인 서비스를 제공한다. 이를 위해 사례관리자는 서비스를 조정하고 모니터하며 평가하는 책임을 지닌다. 따라서 사회복지 영역에서의 사례관리는 삶의 전 영역에 걸쳐 장기적이고 복합적인 욕구를 가지고 있는 모든 사람을 대상으로 공식적 · 비공식적 자원을 활용함으로써 그들이 당면하고 있는 욕구를 보다 효과적이고 효율적으로 해결하기 위한 통합적 사회복지실천방법이라고 정의할 수 있다(이대수, 2017).

우리나라에서 사례관리는 1990년대에 사회복지의 방향이 지역사회복지 중심으로 전환되어 재가복지서비스가 확장되면서 사례관리는 재가복지서비스 제공을 위한 핵심적인 방법으로 자리 잡게 되었다. 이에 따라 지역복지의 대표 기관인 사회복지관의 경우에도 재가복지서비스 대상자(예: 장애인이나 노인)에게 사례관리를 적용하는 노력이 활발하게 이루어져 왔으며 대표적인 개입방법으로 정착되었다. 사례관리는 또한 정신보건영역에서도 그 중요성이 인식되어 1995년 제정된 「정신보건법」에서 사례관리가 필수 사업으로 인식되어왔다.

현재는 민간영역에서의 사례관리에 대한 중요성이 점차 공공영역으로 확대되어 가는 추세를 보이고 있다. 정부에서는 2009년 복지서비스 제공의 효율화와 수요자 중심의 통합적 서비스 제공이라는 목표로 사회복지서비스의 공공과 민간영역을 통합적 서비스 제공이라는 목표로 사회복지서비스의 공공과 민간영역을 통합 관리 · 제공하는 희망복지지원단을 전국 기초자치단체내 구성함으로써 통합사례관리를 수행토록 하였으며, 2016년부터는 기존의 읍면동 사무소를 복지전달체계로 개편하는 읍면동 복지허브화를 추진하여 전국의 700개 읍 · 면 · 동사무소를 시작으로 2018년까지 전국으로 확대 운영(보건복지부, 2016)하려는 시도를 하는 등 사례관리의 중요성이 공공의 영역까지 확장되고 있다.

2) 사례관리의 의의

사례관리는 복합적 욕구를 가진 클라이언트를 위한 사회복지실천전략으로서의 위치를 확고히 하고 있다. 특히 사례관리는 클라이언트의 권리를 강조하는 사회복지실천과 일치하는 접근법이라는 점에서 사회복지전문직에서 그 중요성이 매우 크다. 앞서 제시한 바와 같이 사례관리는 사회복지실천방법과 마찬가지로 사람들의 문제해결과 대처기술을 증진시키고, 자원을 획득하며, 조직이 클라이언트의 욕구에 반응하도록 하고, 클라이언트와 그들의 환경 간 상호작용을 촉진시키는 것을 도울 목적을 가지고 있다. 용어가 주는 함의와는 대조적으로 클라이언트가 관리되는 것이 아니라 서비스가 관리되는 것이다(이원숙, 2008). 사회복지실천에서 사례관리의 중요성이 증대되는 요인을 요약하면 다음과 같다.

① 클라이언트를 가장 구속이 적은 환경에서 보호하도록 강조되고 있다.
② 가능하면 시설 밖에서 살게 하려는 목적이다.
③ 노인들이 가능하면 자신의 집에서 오래 살 수 있게 하려는 목표를 가진다.
④ 클라이언트에게 의료나 다른 형태의 보호를 제공하는 비용을 감소 혹은 절감하고자 하는 노력이다.
⑤ 흔히 이용 가능한 자원에 대한 인식이 부족한 클라이언트의 권리에 보다 많은 관심을 가진다.
⑥ 일부 클라이언트는 제한된 능력(예: 정신적 손상) 때문에 일상적 의뢰가

도움이 되지 않는다는 인식이 있다.

⑦ 환경이 클라이언트의 문제에 어떻게 기여하는가에 대해 보다 많은 초점이 주어진다.

⑧ 의료 모델에 대한 초점이 약화된다(의료 모델은 클라이언트의 문제를 '질병'으로 보고, 이에 따라 클라이언트는 '치료되어야' 하는 것으로 간주하는 경향이 있음).

⑨ 휴먼 서비스 프로그램이 확장되었고 서비스의 복잡성과 파편화가 증대된다.

3) 사례관리의 목적

사례관리는 클라이언트의 다양하고 복합적인 욕구를 보다 효과적으로 충족시키고 사회적 기능과 독립성을 극대화하는 데 그 목적을 둔다(서홍란 · 이경아, 2007).

(1) 보호의 연속성

사례관리는 장기적으로 보호를 요하는 만성적인 장애와 의존성을 지닌 클라이언트(만성정신질환자, 요보호노인, 자폐성 장애인 등)를 대상으로 하기 때문에 그들에게 보호와 서비스를 연속적으로 제공하는 것이 필요하다. 클라이언트의 복합적이며 장기적인 보호 욕구를 충족시키기 위해 사례관리자는 서비스 제공을 위하여 활용되는 시간을 최소화하면서 포괄적이고 연속적인 서비스를 제공하기 위함이다.

(2) 비용 효과성

정신보건과 자폐성장애 분야에서 인도주의와 비용 효과성에 목적을 동시에 둔 탈시설화(deinstitutionalization) 운동에서 유래된 것이다. 한정된 자원으로 서비스 전달의 효과를 최대화하면서 대인 서비스의 전달 비용을 절감하기 위하여 서비스에 대한 조정과 점검을 통하여 서비스의 중복을 방지하기 위함이다.

(3) 접근성과 책임성 증진

사회적 기능이 손상된 클라이언트의 대부분은 다양하고 복합적인 욕구를 가지고 있음에도 불구하고 서비스에 대한 정보와 인식 부족으로 적절한 서비스를 제공받지 못할 때가 많다. 또한 서비스를 받기 위한 행정적인 절차를 이해하지 못하여 서비스 접근이 어렵고 이러한 과정에서 좌절하게 된다. 사례관리자는 아웃리치(outreach), 정보와 의뢰 등과 같은 보다 적극적 방법을 통하여 서비스에 대한 클라이언트의 접근성을 증진시키며, 지정된 한 명의 사례관리책임자(key worker)에게 서비스 체계에 대한 전반적인 책임을 지게 함으로써 책임성을 증진시킬 수 있다.

(4) 클라이언트에 대한 일차 집단의 보호 능력 향상

가족을 포함한 일차 집단과 클라이언트와의 연결 및 상호 작용을 촉진함으로써 클라이언트에 대한 일차 집단의 보호 기능을 최대한 발휘할 수 있도록 한다. 사례관리자는 일차 집단이 클라이언트의 욕구 충족을 위한 연속적인 보호를 보장하는 데 적극적으로 참여하고, 즉각적이고 적절한 서비스를 제공하며, 사회적 지지와 안정감을 제공할 수 있도록 일차 집단을 개입 과정에 포함시킨다.

(5) 클라이언트의 사회적 기능 향상

사례관리 대상자는 사회적 기능에 심각한 문제를 지니고 있는 사람으로서 자원과 기회의 부족, 동기 및 능력 부족, 정보의 부재, 자신감 결여, 좌절감 등으로 인하여 자신의 욕구를 스스로 충족시키는 데 어려움을 갖고 있다. 사례관리자는 대인 서비스와 사회적 자원들을 클라이언트가 접근 가능하게 도움으로써 이들의 사회적 기능과 기술을 증진시킨다.

02 | 사례관리의 주요 방법

사례관리는 사례관리자가 클라이언트 본인과의 활동과 지역사회의 다른 기관과의 활동이라는 두 가지 측면에서 개입하게 된다(이원숙, 2008).

1) 클라이언트와 사례관리 활동

(1) 아웃리치

아웃리치는 우선 일반 대중과 다른 서비스 제공자에게 이용 가능한 프로그램에 대해 교육함으로써 프로그램과 서비스의 가시성을 높일 수 있다. 지역사회의 핵심 인물들(지역 유지, 목사, 방문간호사, 교사, 변호사 및 의사 등)과의 접촉은 때로 아웃리치에서 주요한 역할을 한다. 이는 클라이언트가 도움을 필요로 할 때 사회복지사를 직접 찾아오는 것이 아니라 교량역할을 할 수 있는 지위의 지역사회 구성원이나 타 전문가들을 먼저 접촉하는 경우도 많기 때문이다. 다음으로 사례관리자는 아웃리치를 통해 사례를 조기에 발굴함으로써 클라이언트의 문제가 심각해지는 것을 예방할 수 있다.

(2) 클라이언트를 자원에 연계하기

사례관리자는 지역사회에 존재하는 다양한 자원에 대한 정보를 가지고 있다. 이들은 자원의 원천, 이용 가능성, 급여, 수혜 자격요건, 신청 절차 그리고 다른 주요 정보와 관련하여 기술적 도움을 제공한다. 관련된 정보를 제공함으로써 사례관리자는 클라이언트가 복잡한 서비스망에서 적합한 자원을 획득할 수 있도록 도와준다. 이 방법을 효과적으로 사용하기 위해서 사례관리자는 첫째, 자원과 친숙해서 가능하면 직접적 정보를 가지고 있어야 한다. 둘째, 클라이언트에게 닥쳐올 가능성이 있는 위기를 예견해서 긴급 상황에 대비한다. 셋째, 자원이 없으면 새로운 자원을 조성한다. 넷째, 여러 제공자의 서비스를 조정하는 능력을 길러야 한다. 다섯째, 클라이언트의 상황 변화에 따라 자원 연계를 수정할 수 있어야 한다.

(3) 옹호

옹호는 사회복지 전달체계가 '클라이언트의 미충족 욕구에 보다 잘 반응하도록' 영향력을 발휘하는 것이다. 옹호활동에 있어서 클라이언트를 직접 옹호해 주는 대신 클라이언트가 스스로 옹호할 수 있도록 지지해 준다면 클라이언트를 임파워먼트하는 효과가 있다.

2) 타 지역 사회 기관과의 활동

사례관리자는 클라이언트를 위해 서비스를 조정하고, 클라이언트에게 반응적인 사회복지 전달 네트워크를 구축하기 위해서 전달체계에 속한 다른 기관들과 함께 일을 한다.

(1) 서비스 조정하기

서비스 조정하기는 '서비스 제공자와 사회적 망 구성원(사례관리자가 클라이언트의 욕구에 반응하기 위해 조직한 비공식적 지지망을 의미함)들이 조화롭고 양립할 수 있는 방식으로 서비스가 실행될 수 있도록' 하는 데 목적이 있다. 서비스 조정에 있어서 사례관리자는 목적이 일치되는지, 전달된 서비스가 합의된 계획에 부합되는지, 그리고 서비스 제공자들이 커뮤니케이션할 기회가 있는지를 확인하기 위해서 서비스 제공을 점검한다. 서비스 조정을 저해하는 요인에는 영역 다툼, 서비스 제공자들 간의 경쟁, 우선순위와 개입 전략에 관한 이견 그리고 계획에 대한 공통된 비전의 결여 등이 있다.

(2) 다른 기관 전문가와 관련 맺기

사례관리자는 보다 원활한 연계를 위하여 클라이언트와 잠재적 자원체계 간의 관계를 향상시켜야 한다. 자원체계의 담당자들도 인간이라는 점에서 사회복지사가 이들에게 어떻게 접근하는가가 성공 여부에 영향을 미친다.

(3) 반응적인 서비스 네트워크 구축

사례관리자는 반응적인 사회복지서비스 네트워크를 구축하는 핵심 위치에 있다. 사례관리자는 매일 매일의 실천을 통해서 서비스 전달의 효과와 장애에 대해 자세히 알고 있으며, 이에 따라 어떤 변화가 필요한지를 누구보다도 정확히 인지하고 있기 때문이다. 이를 위해서 사례관리자는 서비스 제공자의 조직이나 네트워크에 변화를 유도하거나 지역사회 자원 네트워크의 능력을 구축하거나 강화시키는 데 참여하기도 하고, 새로운 자원과 프로그램에 영향을 미칠 수 있는 길을 발견함으로써 서비스 전달체계가 보다 반응적이 되도록 기여할 수 있다.

03 | 사례관리의 과정

사례관리는 클라이언트의 목표에 따라서 클라이언트가 필요로 하고 원하는 서비스를 제공받을 수 있도록 원조해 주는 방향으로 진행되며, 이러한 과정을 통해 클라이언트에게 지속적인 서비스 제공과 관련된 목표를 달성하는 것뿐만 아니라 서비스 접근성, 서비스 제공의 책임성 그리고 효율성과 같은 사례관리의 목적도 달성할 수 있게 된다.

학자에 따라서 사례관리의 과정을 구분하는 방식에 다소 차이가 있으나 공통적인 부분을 제시하자면 선별, 사정, 보호 계획, 실행, 서비스 모니터링,

주기적인 재사정, 평가 및 종결이 그것이다. 이러한 사례관리의 과정은 학자에 따라 분류하는 방식이 다소 차이가 있지만 기본적으로 사회복지실천의 과정과 크게 다르지 않다. 사례관리의 한 가지 특징은 모니터링과 주기적인 재사정을 강조한다는 점이다. 사례관리의 과정을 사례 발견, 사정, 계획, 개입, 모니터링과 재사정, 평가와 종결 등으로 나누어 살펴본다.

1) 사례 발견

사례관리자는 기관의 접근성을 높이고, 클라이언트가 기관에 의뢰할 때 가능하면 빨리 면담하여 클라이언트의 접근성을 높일 필요가 있다. 또한 아웃리치 노력(흔히 찾아가는 사회복지서비스라고 할 수 있는)은 사례관리 서비스를 필요로 하는 사람들(예: 정상 장애인, 허약 노인 등)을 찾아내고 이들의 문제에 조기개입함으로써 문제가 악화되는 것을 예방하는 데 기여할 것이다.

2) 사정

사정은 클라이언트와 그 상황을 체계적으로 고찰하는 것을 의미한다. 사정의 특징으로는 다음과 같이 일곱 가지를 제시할 수 있다(Moxley, 1989). 첫째, 사정은 욕구에 기반을 둔다. 둘째, 사정은 총체적이고 포괄적이다. 셋째, 사정은 다학문적이다. 넷째, 사정은 참여적이다. 다섯째, 사정은 과정이다. 여섯째, 사정은 체계적이다 일곱째, 사정은 산물이다. 사례관리자는 포괄적인 사정 활동에 관여한다. 사정의 주요 영역은 다음과 같다.

(1) 클라이언트의 자기보호 능력

사정에서는 클라이언트의 욕구 중에서 어떤 욕구가 외부 도움이 전혀 없이 혹은 거의 없이 충족될 수 있는지 결정해야 한다. 또한 클라이언트가 활용할 수 있는 서비스나 자원에는 어떤 것이 있는지 결정해야 한다.

(2) 비공식적 지지망의 보호 제공 능력 사정

가족과 친구가 클라이언트의 욕구를 얼마나 충족시킬 수 있는가? 이들 욕구에는 음식이나 주거와 같은 기본적 욕구도 있을 것이며, 사회적 지지나 정서적 지지 같은 추상적인 것도 포함될 수 있다. 사례관리자는 가족 및 확대가족구성원 그리고 이들과 클라이언트의 관계에 대해 알아볼 수 있으며, 기타 클라이언트의 비공식적 자원이 되어 줄 수 있는 다른 사람들(예: 친구, 동료, 이웃, 교인 등)이나 그들이 클라이언트에게 어떤 도움을 줄 수 있는지, 그리고 이들과 공식적 자원체계와의 상호작용이 어떠한지에 대해 알아본다.

(3) 공식적 지지 체계의 자원 사정

공식적 자원 체계가 클라이언트의 욕구를 충족시키는 능력은 어떠한가? 목슬리(Moxley)는 공식적 지지체계를 사정하는 기준으로 이용 가능성, 충분성, 적절성, 수용성 및 접근 가능성을 제시한다(Moxley, 1980). 서비스의 이용 가능성(availability)은 단순히 서비스가 존재하는지를 의미한다. 자원체계의 충분성(adequacy)은 서비스가 클라이언트의 욕구를 충족시킬 만큼 충분한지를 의미하며, 적절성(appropriateness)은 기존의 서비스가 클라이언트에게 부합되는 방식으로 욕구를 충족시키는가를 의미한다. 수용성(acceptability)은 서비스가 클라이언트의 선호도를 만족시키는지를 의미하며, 접근 가능성(accessibility)은 클라이언트가 얼마나 쉽게 서비스를 획득할 수 있는가 하는 차원이다.

3) 계획

사례관리에 있어서 계획은 필요한 서비스를 발견하고 확보하는 과정이다.

사례관리자는 서비스 제공자들이 제공하는 서비스와 사회적 망 구성원들이 제공하는 사회적 지지활동을 통합시킬 수 있는 포괄적 서비스 계획을 수립하는데 관여한다. 사례관리자가 서비스 계획 시에 고려해야 할 차원은 다음과 같다.

① 클라이언트의 욕구의 우선순위가 정해져야 한다.
② 서비스의 목적과 목표가 수립되어야 한다.
③ 관여시켜야 할 자원체계를 규명한다.
④ 어떤 서비스가 전달될 것이며 어떤 목적이 성취될 것인지를 토대로 시간 틀이 규명되어야 한다.
⑤ 사례계획의 성취를 평가하는데 사용될 성과 척도(outcome measures)가 설정되어야 한다.
⑥ 개인과 집단에게 구체적 과업을 할당해서 누가 무엇에 책임이 있는지를 분명히 한다.

4) 개입

(1) 직접적 개입

직접적 개입은 사례관리자가 클라이언트의 서비스 접근 및 활용 기술과 능력을 향상시키기 위해 노력하는 것이다. 직접적 서비스에는 위기 개입, 클라이언트가 어려운 결정을 내리는 것을 지지하기, 그리고 위기 상황에 대한 정서적 반응을 극복하도록 돕기, 교사의 역할을 수행하기, 전문적 지식이나 정보 제공하기, 의사결정 도와주기, 동기 부여하기 등이 있을 수 있다.

(2) 간접적 개입

사례관리자가 제공하는 간접적 서비스는 클라이언트에게 필요한 자원체계를 연계하는 것, 다양한 체계에 클라이언트를 옹호하는 것 등이 있을 수 있다(Kirst-Ashman & Hull, 2009).

5) 모니터링 및 재사정

모니터링은 제공된 서비스가 적절한지 그리고 이들 서비스가 클라이언트의 욕구를 충족시키고 있는지를 확인하는 것이다. 또한 장기적인 보호를 제공해야 하는 경우 지속적인 재사정이 필수적으로 요구된다. 클라이언트의 상태, 기능, 진전, 장애 그리고 결과를 일정한 시간 간격을 두고 주기적으로 재사정해야 한다.

6) 평가 및 종결

사회복지실천 과정에서 평가는 매우 중요하다. 사례관리에 있어서의 평가는 클라이언트의 변화 상태와 제공되는 서비스 및 서비스의 효과성 등을 종합적으로 판단하는 과정이다. 이에 따라 클라이언트가 목표를 달성하였을 때, 클라이언트가 목표를 향해 스스로 움직일 수 있는 만족스러운 모습을 보여줄 때, 클라이언트가 사회복지기관, 지역사회 지원체계 혹은 의뢰된 자원 제공자와 성공적으로 일하고 있을 때 종결을 고려하게 된다. 사례관리에서 성공적 종결은 클라이언트의 모든 문제가 해결되었음을 의미하기보다는 클라이언트가 자신의 개인적 자원과 지역사회 자원을 결합하여 목표를 향한 올바른 길목에 있는가를 의미하는 것이다(이원숙, 2008), 한편 종결 이후에도 사례관리자는 사후관리의 차원에서 클라이언트의 생활 상태를 지속적으로 살피게 된다.

〈첨부 : 사례관리 양식〉

사례관리 시트지, ADL, IADL 척도

동작 유형		상태
ADL 척도	1) 세수 · 양치질하기	■전혀 불편 없음 □약간 불편 □매우 불편
	2) 목욕하기	■전혀 불편 없음 □약간 불편 □매우 불편
	3) 식사하기	■전혀 불편 없음 □약간 불편 □매우 불편
	4) 옷 갈아입기	■전혀 불편 없음 □약간 불편 □매우 불편
	5) 눕거나 앉았다 일어나기	□전혀 불편 없음 ■약간 불편 □매우 불편
	6) 옥내 이동	■전혀 불편 없음 □약간 불편 □매우 불편
	7) 화장실 이용하기	■전혀 불편 없음 □약간 불편 □매우 불편
	8) 용모손질	■전혀 불편 없음 □약간 불편 □매우 불편
	9) 식사 준비	■전혀 불편 없음 □약간 불편 □매우 불편
	10) 장보기	□전혀 불편 없음 ■약간 불편 □매우 불편
IADL 척도	11) 전화 사용	■전혀 불편 없음 □약간 불편 □매우 불편
	12) 청소/설거지/세탁	□전혀 불편 없음 ■약간 불편 □매우 불편
	13) 금전관리	■전혀 불편 없음 □약간 불편 □매우 불편
	14) 교통수단 이용	■전혀 불편 없음 □약간 불편 □매우 불편
	15) 무거운 짐 들기	□전혀 불편 없음 ■약간 불편 □매우 불편
전체 합계		□전혀 불편 없음 11개 □약간 불편 4개 □매우 불편 __개

인테이크 기록지

◎ 접수번호 : ◎ 접수일시 : 20 년 월 일

1. 가족 및 구성원

<table>
<tr><td>대상자명</td><td>박 ○ ○</td><td>성 별</td><td>남 / 여</td><td>주민번호</td><td colspan="3">270921-2000000</td></tr>
<tr><td>주 소</td><td colspan="3">00시 00구 00동</td><td>전화번호</td><td colspan="3">02)123-4567</td></tr>
<tr><td>나 이</td><td>81</td><td>전 직 업</td><td>무직</td><td>종 교</td><td>천주교</td><td>학 력</td><td>무학</td></tr>
<tr><td rowspan="3">대상자
분 류</td><td colspan="7">☐ 독거노인(○) ☐ 노인세대( ) ☐ 조손가정 ☐ 장애인( ) ☐ 가족구성원수 (1)</td></tr>
<tr><td colspan="7">☐ 일반수급(○) ☐ 저소득( ) ☐ 일반( ) ☐ 기타( )</td></tr>
<tr><td>의료보장</td><td colspan="6">의료보호1종(○), 2종( ), 의료보험( )</td></tr>
<tr><td rowspan="4">가정환경
경제능력
건강상태</td><td colspan="7">☐ 자택 ( ) ☐ 전세 (○) ☐ 월세 ( ) ☐ 무료 ( )
☐ 기타 (전세금 50만원)</td></tr>
<tr><td colspan="7">☐ 월 수입액 : 평균 300,000 원 ☐ 가족원 중 주요 수입원 : 본인</td></tr>
<tr><td colspan="7">☐ 정부지원 : 월 300,000 원 ☐ 복지단체지원금 : 월 원 ☐ 기타 : 원</td></tr>
<tr><td colspan="7">☐ 건강상태 : 유방암 수술받음</td></tr>
</table>

<table>
<tr><td rowspan="6">가족
사항</td><td>관계</td><td>성명</td><td>생년월일</td><td>직업</td><td>종교</td><td>동거여부</td><td>비고</td></tr>
<tr><td>장남</td><td></td><td>1959년</td><td>택시운전</td><td></td><td>×</td><td></td></tr>
<tr><td>며느리</td><td></td><td>1964년</td><td></td><td></td><td>×</td><td></td></tr>
<tr><td>차남</td><td></td><td>1964년</td><td></td><td></td><td>×</td><td></td></tr>
<tr><td></td><td></td><td></td><td></td><td></td><td></td><td></td></tr>
<tr><td></td><td></td><td></td><td></td><td></td><td></td><td></td></tr>
</table>

2. 스크리닝 판정 및 사유

판정결과	( )잠재적 대상, (○)의뢰 대상, ( )정보제공 대상, ( )서비스 거부, ( )종결
판정사유	현재 독거 어르신으로써 경제적이나 심리정서적인 도움이 필요한 상황이며, 여타 제반적인 서비스가 필요하지만, 종합적인 사회복지서비스를 제공할 만한 자원이 주변에 없으며, 지인들 또한 없어 거의 모든 일상을 홀로 해결하며 지내는 형편이다. 말벗서비스와 나들이 등의 정서지원 서비스, 그리고 단순한 현금 및 현물지원 등의 일반적인 사회복지서비스가 필요하다고 사료된다.

3. 가계도/생태도

가 계 도	생 태 도

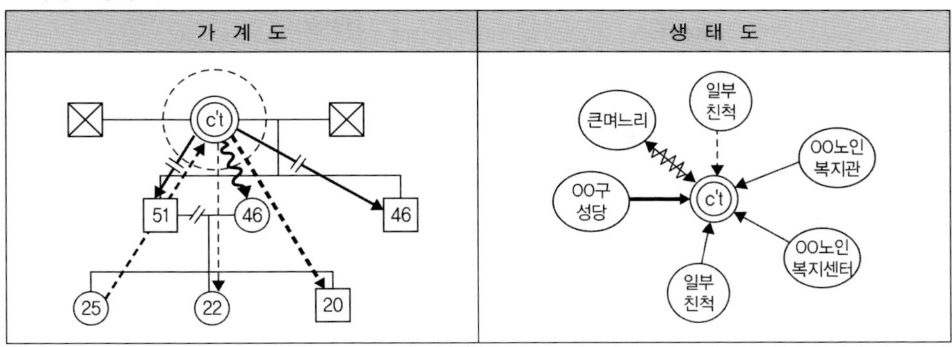

4. 개인력/가족력

1) 개인력

클라이언트는 ㅇㅇ시 ㅇㅇ면에서 딸만 셋을 둔 집의 둘째 딸로 태어났으며, 일곱 살 때 모(母)가 사망하고 10세에 부(父)마저 사망하자 ㅇㅇ시 ㅇㅇ동의 경찰간부 집에서 19세(1944년)에 결혼할 때까지 가정부로 지냈다. 클라이언트는 19세에 25세의 유氏와 결혼하였으나 남편이 6년 만에 한국전쟁으로 사망하였다. 클라이언트는 30세(1955년)에 ㅇㅇ군 ㅇㅇ면 ㅇㅇ리에서 농사일을 하는 42세의 김氏와 재혼하여 2남의 자녀를 두었으나 경제적으로 빈곤하여 자녀들이 초등학교를 겨우 마치고 모두 가출하였다. 클라이언트는 48세(1973년)에 재혼한 남편이 사망한 후 가난에 시달리다가 10년을 넘게 남의 집 가정부로 지냈다. 그 후 택시 운전하던 큰아들 가족과 살다가 며느리와 관계가 원만하지 않아 ㅇㅇ사에 다니던 미혼인 작은 아들과 76세까지 지내왔다. 2006년 유방암 수술을 ㅇㅇ종합사회복지관의 도움으로 수술하였으며, 수술 결과는 좋았다고 한다. 큰아들은 5년 전 사업을 하다가 실패하였으며, 그로 인해 이혼한 뒤 지금까지 전혀 소식을 모르고 있다. 둘째아들도 3년 전 ㅇㅇ사에서 퇴직한 뒤 사업을 하다가 실패하여 연락이 두절된 상황이다.

2) 가족력

▷ c't의 첫 남편 : c't는 25세의 첫 남편과 결혼을 함. 그러나 결혼 6년 만에 한국전쟁으로 인해 남편이 사망함.
▷ c't의 둘째 남편 : 42세의 농사일을 하는 두 번째 남편과 결혼을 하여 2남의 자녀를 둠. 48세에 사망함.
▷ c't의 큰아들 : 직업은 택시운전사임. 클라이언트는 큰아들 집에서 거주하다가 며느리와의 갈등이 심화되면서 작은아들과 76세까지 생활을 함. 5년 전 사업에 실패하여 부인과 이혼 후 현재까지 연락이 없음.
▷ c't의 작은아들 : 3년 전 ㅇㅇ사에서 퇴직한 뒤 사업을 하다가 실패하여 연락이 두절됨.
▷ c't의 며느리 : 클라이언트와 갈등관계를 지속하다가 현재는 연락이 되지 않음.
▷ c't의 자손들 : 클라이언트와는 거의 왕래가 없으며, 소원한 관계이다.

5. 가족 및 사회적 관계

가족과는 연락이 두절된 상황으로 손자들과는 매우 소원한 관계를 가지고 있으며, 거주지 주변의 지인들과는 원만한 관계를 유지하며, 생활하고 있다.
ㅇㅇ종합사회복지관의 서비스를 제공받으시며 지내시다 ㅇㅇ종합사회복지관의 폐쇄로 인하여 사회복지서비스의 중단 이후 ㅇㅇ노인복지관과 ㅇㅇ노인복지센터의 사회복지서비스의 대상자가 됨.

6. 사회적 상황

경제상황	(수입/생활비/저축/부채 등) 수급자가 된 지 얼마 되지 않아 그 전까지 일부친척의 보조금과 노령연금으로 겨우 생활을 유지하며 생활을 영위함.
건강상황	(장애/병력/진단 및 치료여부 등) 유방암 수술의 과거력을 가지고 있으며, 수술은 잘 되었다고 함. 특별한 거동의 불편은 없으나, 거동 시 고관절부위가 불편하다고 하며, 관절염 약을 복용 중임.
주거상황	(주거형태/방/화장실/난방종류/채광/환기 등) 주택구조는 방1칸과 달아낸 부엌으로 되어 있으며, 전세금 50만원으로 5년째 살고 있다. 비가 조금만 내려도 벽이 젖게 되고 천장과 벽에 곰팡이가 있는 상황이며, 아파트 건설 예정지임으로 새로운 거주지가 필요함.
사회심리적 상황	(생활상태/사회적관계망/심리 · 정서적인 상태 등) 사회관계망이 지역의 경로당에 밀집되어 있으나, 아파트 건설의 이유로 지인들이 떠나가고 있어 심리적으로 외로움을 느끼고 있으며, 정을 그리워하고 있다. 노인 돌보미 어르신들과 자원봉사자들을 통하여 말벗서비스의 제공 및 정서적인 지지 서비스가 필요할 것으로 사료된다.

7. 일상생활수행능력(ADL, IADL)

- 일상생활 수행능력에는 문제가 없는 것으로 사료된다.

8. 대상자 욕구

클라이언트는 홀로 생활을 하며 현재 적적한 삶의 대부분을 경로당에서 지내고 있다. 클라이언트는 적은 비용이라도 소일거리가 있다면 참여하여 생활비를 벌고자 하는 욕구가 있으며, 거주지역의 재개발로 거주지 상실의 불안감을 가지고 있으며, 새로운 거주지를 조속한 시일에 찾고자 하는 욕구가 있다.
클라이언트의 건강상의 과거력(유방암)은 있으나, 현재 특별한 문제는 없으며, 관절염으로 인하여 거동을 조금 불편해 한다.

9. 자원활용 상황

공식적 자원	비공식적 자원
- 정부지원금	- ㅇㅇ동 천주교 성당 - ㅇㅇ노인복지관 노인일자리사업 노-노 케어 연계 - ㅇㅇ노인복지센터 - ㅇㅇ교회

10. 클라이언트 태도와 반응 및 사회복지사 의견

- c't는 사회복지서비스의 수혜기간이 짧아서 서비스의 종류에 능통치 못하고, 누군가 찾아와 주는 것에 감사하며, w'er를 맞아주며, 우선적으로 정서지원 서비스와 주거개선사업 필요하다 판단된다.

11. 서비스 계획

문제 및 욕구	서비스 계획
- 자녀 및 지인들과 떨어짐으로써의 고독감 해소 욕구 - 거주지 상실의 걱정과 경제적 여건으로 인한 거주지 확보의 욕구 - 정부보조금으로 힘겹게 생활하고 있어, 소일거리 확보를 통한 수입 창출의 욕구.	- 노-노 케어 노인돌보미 사업과의 연계를 통한 정서지원 서비스 제공. - 재 거주지 확보를 통해서 이웃과 소통할 수 있는 합당한 거주지 소개. - 현재 수급자로 등록되어 있어, 일자리사업과 연계가 불가능하며, 관절염으로 인하여 활동이 많은 소일거리 확보도 불가능한 상황이어서, 결연사업 및 현물(현금)지원 및 수급 여부와 상관치 않는 일자리 확보.

대상자 관리카드

작성일자 : 20　년　월　일

대상세대	■ 노인 □ 장애인 □ 조손자 □ 모자 □ 부자세대 □ 기타		
성 명	박 ○○(남, 여)	생년월일	1945. 09. 21
		주민등록번호	450921-2000000
주 소	○○시 ○○구 ○동 2가 123	전 화 번 호	063) 123-4567
학 력	무학	종 교	천주교
		비상연락처	063) 123-4567
결혼상태	□ 미혼 □ 기혼 □ 별거(　년) □ 이혼(　년) ■ 사별(34 년) □ 기타 (　　)		

가족 및 동거사항	성명	관계	주민등록번호	결혼	동거여부	직 업	연락처	기 타
	큰아들	자녀	-	기혼	×	택시운전	-	연락두절
	작은아들	자녀	-	기혼	×	-	-	연락두절

구 분	■ 일반수급자 □ 조건부수급자 □ 저소득 □ 일반 □ 기타
주거상황	□ 자가 □ 전세 □ 월세 □ 영구임대 ■ 기 타(무료 주택)

경제 상태	월 소 득	평균 300,000 원	직 업	□ 유 ■ 무
	소 득 원	□ 연금 ■ 수급(일반, 조건부) □ 저축 □ 자녀보호 □ 기타		
건강 상태	건강정도	□ 양호 □ 보통 ■ 허약	만 성 질 환	■ 무 □ 유
	질 병 명	유방암(모자보건센터 진단)	유 병 기 간	개월
대상자 특기사항	독거어르신으로 자녀들과 연락은 두절된 상황이나, 이혼한 큰며느리가 불규칙적으로 방문하는 상황이며, 고관절을 비롯한 관절염이 의심되는 상황이다.			
주 요 문 제	수급액 외의 일정한 소득이 없어 경제적인 문제와 홀로 외로움을 느끼고 있어 정서적인 문제가 걱정됨.			

필요한 서비스	가사		간병		정서		의료		이동		결연		교육		기타	
	세탁		병간호		말벗		물리치료		외출동행		결연후원	■	사회교육		영정사진	
	부엌일		병수발		정서지지	■	한방진료		행정업무		긴급현물		학습지도		가족사진	
	집안청소		병원이동	■	안부전화		진료	■	금융업무		의형제				보장구	
	식사배달		투약관리		책읽기		의약품				의부모	■			이 · 미용	
	주택수리	■													목욕	
	반찬지원															

담당자 의견	서비스 대상판정	□ 단순형 ■ 일반형 □ 집중형
	정서적 문제와 경제적인 문제, 그리고 거주지 개선의 문제를 우선으로 개입하며, 가족관계의 회복을 2차적으로 개입한다.	

작성자　　　　(인)

서비스 계획

대 상 자 명 : 박 ○○
일 시 : 20 년 월 일
담당사회복지사 :

담 당	과 장	부 장	국 장	관 장

c't의 문제 및 욕구	결과목표	서비스 목표	서비스 실행방법
정서지원 서비스	정서적 지지자를 제공한다.	노인일자리사업과 연계하여 정서지원을 실시한다.	노인일자리사업 노-노 케어 돌보미를 주 3회 파견하여 말벗서비스를 제공한다.
거주지 개선 필요	새로운 주거지를 소개하여 거주지를 확보한다.	c't의 경제적 요건에 맞는 거주지를 파악하여 제공한다.	본 복지관 후원자 연계 및 동일지역 내 부동산 중개사무소를 통한 거주지 확보.
경제적 문제 해결	경제활동 수단을 확보하여 제공한다.	○○실버봉사단과 연계하여 월 30,000원 이상 소득을 제공한다.	○○실버봉사단 활동을 주 2회 활동토록 한다.

서비스 동의서

대 상 자 명 : 박 ○○
일 시 : 20 년 월 일
담당사회복지사 :

담 당	과 장	부 장	국 장	관 장

1. 서비스 종류

서비스명	내 용	비고	서비스명	내 용	비고
거동불편 도우미사업	노인일자리사업 거동불편도우미 파견		명절선물지원	명절 선물지원으로 자존감 향상을 도모	
생필품전달	재가어르신 지원		의약품지원	긴급약품 지원으로 가벼운 부상 시 대처상황 강화	
정서지지	봉사자 파견을 통한 정서지지				
외식지원사업	월 1회 외식기회 제공				
나들이	연 2회 나들이 기회 제공				

2. 서비스 조정 및 중단

서비스 조정	• 서비스 이용자에게 적절하지 않거나 서비스 제공 목적에 어긋날 때 • 서비스 이용자의 부적절한 서비스 요구가 있을 경우
서비스 중단	• 서비스 이용자가 서비스를 중단의 의사가 있을 경우 • 다른 지역으로 이주를 하였을 경우 • 3개월 이상 연락이 끊겼을 경우 • 타 기관과 서비스가 중복되었을 경우

3. 서비스 이용자의 의무

서비스 이용자는 신상의 어려움이나 경제적인 변동이 있을 경우 복지관에 알려야 하며, 어려움을 해결하기 위해 같이 노력하여야 한다.

서비스 제공일 : 20 년 월 일 ~ 년 월 일

본 동의서는 ○○노인복지관에서 제공되는 서비스에 대하여 본 기관과 박○○ 님이 상호 협의한 내용이며, 매년 1월 재작성을 원칙으로 한다. 또한 서비스 제공에 있어 문제 및 어려움이 있을 경우 서비스 이용자와 복지관과의 상호 협의를 통하여 조정이 가능하다.
(단, 생활에 큰 변화가 없을 시 다시 작성하지 않을 수 있다)

20 년 월 일
서비스이용자 : 박 ○○ (인) 담당 사회복지사 : (인)

서비스 점검표

대 상 자 명 : 박 ○○
일 시 : 20 년 월 일
담당사회복지사 :

담 당	과 장	부 장	국 장	관 장

계획 목표	서비스 실행 내용	서비스 이행 및 목표 성취 정도	사회복지사 의견
노인일자리사업과 연계하여 정서지원을 실시한다.	노인일자리사업 노-노 케어 돌보미를 주 3회 파견하여 말벗서비스를 제공한다.	1 2 3 4	노인일자리사업과 연계가 잘 되었으며, 노인돌보미를 통하여 정서지원 및 산보 등 건강증진활동도 함께 함.
c't의 경제적 요건에 맞는 거주지를 파악하여 제공한다.	본 복지관 후원자 연계 및 동일지역 내 부동산 중개사무소를 통한 거주지 확보.	1 2 3 4	부동산 중개사무소를 통하여 무료 주택을 제공해 드림.
○○실버봉사단과 연계하여 월 30,000원 이상 소득을 제공한다.	○○실버봉사단 활동을 주 2회 활동토록 한다.	1 2 3 4	관절염으로 거동이 더욱 불편해져 경제활동 참여가 힘듦.
		1 2 3 4	
		1 2 3 4	

욕구변화	거주지 확보를 통해서 가장 큰 불안감은 없어졌으나, 관절염이 심해져 거동이 많이 불편해짐으로 이동관련 서비스가 필요해짐.	
환경변화	새로운 거주지 주변으로 지인들이 많아짐으로 자존감이 많이 향상되었으며, 노인돌보미 참가자들에 대한 의존감이 향상됨.	
사회복지사 의견	정서지원 및 이동지원서비스가 필요하지만, 현재 서비스 제공 중인 노인돌보미사업과 연계 유지하므로 추가 서비스제공의 필요성은 없으나, 외식지원 및 나들이사업에 참여 여부를 확인하여 건강 및 자존감 향상 및 유지를 도모한다.	□ 재사정 ■ 유 지

재사정 기록지

재사정년월일 : 20　　년　　월　　일
담당 사회복지사 :　　　　　　　　(인)

담 당	과 장	부 장	국 장	관 장

클라이언트 개인사항

<table>
<tr><td>관리번호</td><td>2021-11</td><td>성 명</td><td>박 ○○</td><td>종 교</td><td>천주교</td><td>주민등록번호</td><td colspan="2">270921-2000000</td></tr>
<tr><td rowspan="3">대상자 분 류</td><td colspan="8">독거노인(○), 조손가정(　), 장애인(　) 가족구성형태(　　　　)</td></tr>
<tr><td colspan="8">일반수급(○), 저소득(　), 일반(　)</td></tr>
<tr><td>의료보장</td><td colspan="7">의료보호1종(○)ㆍ2종(　), 의료보험(　)</td></tr>
<tr><td>주 소</td><td colspan="5">00동 2가 123번지</td><td>전화번호</td><td colspan="2">123-4567</td></tr>
<tr><td rowspan="3">가 족 사 항</td><td>관 계</td><td>성 명</td><td>생년월일</td><td>직 업</td><td>종 교</td><td>동거여부</td><td colspan="2">비고</td></tr>
<tr><td>장남</td><td></td><td>-</td><td>택시운전</td><td>-</td><td>×</td><td colspan="2"></td></tr>
<tr><td>차남</td><td></td><td>-</td><td>-</td><td>-</td><td>×</td><td colspan="2"></td></tr>
<tr><td>재사정 유 형</td><td colspan="3">(　) 새로운 욕구가 발생
(○) 긴급한 상황이 발생
(　) 기　타</td><td>재사정 요 인</td><td colspan="4">(○) 클라이언트에 의한 요인
(　) 기관과 사회복지사에 의한 요인
(　) 자원과 환경에 의한 요인</td></tr>
<tr><td>Client 변화욕구</td><td colspan="8">3월 21일 거주지 마당에서 넘어져 고관절 골절이 된 상황으로 발견되어 ○○동 병원 응급실로 이송되어 정밀 진단과정을 통하여 암세포 재발을 확인할 수 있었으며, 특정 부위가 아닌 암세포가 전신으로 퍼져서 추가 치료 및 수술로 회복이 불가능한 상황으로 병원에서 남은 생존기간을 최고 3개월로 측정함으로 사망 시까지의 고통 절감을 원하는 상황이 됨.</td></tr>
<tr><td>서비스 제공 및 문 제</td><td colspan="8">c't와 상담을 통해 관절염이 있다는 말에 정확한 진단을 하지 않고, 관절염으로 믿음으로 인한 의학적 판단 미흡이 중요한 원인이 되었으며, ○○요양병원으로 입원한 후 병원 측에서도 의료적 치료보다는 투병으로 인한 고통 절감을 목표로 약물 치료에 들어감.
c't는 암 재발임을 모르고 있으나, 본인 스스로 얼마 살지 못할 것이라는 생각을 가지고, 생전에 자녀들을 봤으면 하는 바람을 가지고 있음.</td></tr>
<tr><td>w'er의 의 견</td><td colspan="8">의료적 서비스의 치료 가능성이 없는 상황으로 향후 c't의 욕구와 장재 서비스 등을 준비함이 우선되어야 할 것으로 사료됨.</td></tr>
<tr><td>재사정 결 과</td><td colspan="8">(　) 종 결　(○) 서비스 재계획　(　) 의 뢰　(　) 현 상태 유지</td></tr>
<tr><td>향후 계획</td><td colspan="8">연락 두절된 자녀들에게 c't의 상황을 알리고, 부양가능토록 상황 알림.
빈곤한 경제적인 상황과 자녀들과의 연락 두절된 상황을 근거로 119 장례지원서비스 제공을 준비함.</td></tr>
</table>

사례관리 평가서

담 당	과 장	부 장	국 장	관 장

관리번호	20 -07-12-01	성 명	장 ○○	주민번호	270921-2000000
주 소	○○시○○동 123번지			등록일	2010.06.20
평가내용	서비스 내용	계획의적합성	결과목적달성	효과성	만족도
	노인일자리사업과 연계하여 정서지원을 실시한다.	c't의 특성과 적합한 서비스 제공자를 발굴함.	노인돌보미를 파견하여 정서지원 서비스를 제공함	노인일자리사업 연계를 통하여 지속적인 서비스 제공.	높음
	c't의 경제적 요건에 맞는 거주지를 파악하여 제공한다.	경제적 상황에 맞는 새로운 거주지를 확보함.	새로운 거주지를 확보하여 이사함.	전 거주지보다 좋은 환경과 무료주택을 제공.	높음.
	○○실버봉사단과 연계하여 월 30,000원 이상 소득을 제공한다.	c't의 건강상태 악화로 인하여 서비스 제공 미흡.	목적 달성 미흡		
	자녀들의 행방을 파악하여 c't와 만남을 주선한다.	c't의 욕구에 적합함	c't의 자녀들의 행방을 찾아 연락을 취함.	○○요양병원을 통하여 자녀들의 행방 파악되어 c't와 만남.	높음
평가결과 및 이유	(○) 종 결 ( ) 재사정 ( ) 의 뢰 ( ) 현 상태 유지 c't의 사망으로 인하여 사례관리를 종결하게 되었으며, 자녀들이 ○○장례식장으로 장례식을 준비함으로써 119 장례지원서비스를 제공하지는 않음.				
평 가 일	20 년 월 일	담당사회복지사			

사례관리 종결 보고서

담 당	과 장	부 장	국 장	관 장

관리번호	20 -07-15-2	성 명	박 ○○	주민번호	270921-2000000
주 소	○○동 123번지			연 락 처	123-4567
등 록 일	20 년 월 일		종 결 일	20 년 월 일	
종 결 유 형 및 사 유	유 형		사 유		
	(○) 클라이언트에 의한 종결		사망(○), 시설입소( ), 이주( ), 목표달성( ), 상황호전( ), 타 기관 이용( ), 거절이나 포기( ), 약속불이행( ), 기타( )		
	( ) 사회복지사에 의한 종결		사직 · 타업무희망( ), 본인과 부적합( ) 클라이언트의 소극적 참여( )		
	( ) 기타 이유에 의한 종결		기관의 업무 조정( ), 기관의 사례기한 제한( ), 기관 · 법인의 교체( ), 원칙변경( ) 기관의 자원·능력의 한계( )		
서 비 스 제공현황	- 노-노 케어 노인 돌보미 서비스 제공 - 현물서비스 제공 - "영양더하기 사랑" 외식지원사업 대상자 선정 - 재가어르신 나들이 사업 대상				
클라이언트 변화사항	초 기 상 황		종 결 상 황		
	- 독거노인으로 유방암수술 이 후 건강 회복 단계였음. - 자녀들과 연락이 안 되는 상황으로 이혼한 며느리가 가끔 방문함. - 지인들이 많으나, 건강상의 이유로 외출이 힘듦. - 재건축으로 인하여 거주지 변경이 필요함.		- 거주지 확보하여 이사함. - 고관절 골절로 인하여 병원 입원 상황에서 암세포 발견, 정드림요양병원 입원 치료 중 사망함. - ○○장례식장에서 장례식 진행.		
사 회 복지사 의 견	- 장례식장에 1회 참여가 필요하다고 사료됨.				
종결 결정일	20 년 월 일		담당사회복지사		

의 뢰 서

노인보호전문기관　담당자 : ○○○

성 명	정 ○○	성별	여	주민번호	270505-2000000
주 소	○○시 ○○구 ○○동 로			연락처	02)271-9336
의료보장	1종	장애등급	지체 1급		
보 호 자	송 ○○	대상자와의 관계	장자		
의뢰사유	보호자와 동거중인 c't는 장애와 높은 연령, 그리고 백내장으로 인한 시력상실에 가까운 병적 증상을 가지고 있지만, 보호자 및 며느리에게 전혀 보호를 받지 못하고 있는 실정이며, 보호자는 알코올중독으로 인하여 항상 술기운에 취해 살고 있으며, 술기운에 취했을 시 폭력적으로 변하여 건강의 위험사유가 충분하다 판단되며, 며느리는 아침에 출근하여 밤 10시가 넘어 귀가하고, c't 및 보호자에게 전혀 신경을 쓰지 않고 있는 상황으로 노인보호전문기관의 전문적인 사정과 접근이 필요하다는 판단에 c't를 의뢰합니다.				
클라이언트 상 태	지체장애 1급으로 하반신을 거의 사용하지 못하고 있으며, 거주지 특성상 거의 기어가다시피 하여 화장실을 이용하고 있으며, 현재 도시락 지원을 통하여 식사를 해결하며, 또한 도시락을 남겨 아들 식사로 제공하기에 하루 한 끼의 식사도 제대로 해결하지 못하고 있는 상황이다. 현재 우측 늑골 골절이 된 지 10여일이 지났지만, 병원 진료를 받지 못하여, 늑골이 비정상적으로 유착되어 있어, 치료적 접근이 힘든 상황으로 폭행이 의심되는 상황이다.				

상기인을 귀 기관에 의뢰하오니 적극 협조 부탁드립니다.

20　　년　　월　　일

○○노인복지관
담당자 :
연락처 : 02) 271-1234

첨부서류 1. 요보호대상자 카드
2. 서비스 계획서
3. 서비스 제공 내역서

사례관리 과정기록지

20　　년　　월　　일

상담자		상담 유형	방문 / 내방 / 전화
피상담자		상담 장소	
상담목적			
상담내용			
상담 후 의견			
슈퍼바이저 의견			
기 타			

PART 03

사회복지실습시설, 기관실습의 이해

CHAPTER 10

아동복지시설에서의 실습

1. 아동복지시설의 개념
2. 아동복지시설의 유형
3. 아동복지시설의 현황
4. 지역아동센터
5. 아동복지시설 사회복지현장실습 계획서

아동복지시설에서의 실습

CHAPTER 10

01 | 아동복지시설의 개념

1) 아동복지시설의 개념

아동복지시설은 「아동복지법」에 따라 국가 또는 지방자치단체가 설치하거나, 국가나 또는 지방자치단체 외의 자가 관할 시장 · 군수 · 구청장에게 신고하고 설치한 시설을 말한다.

2) 아동복지시설의 역사

아동복지시설은 6 · 25전쟁으로 인한 요보호 아동을 집단 수용하기 위해 1950년대부터 본격적으로 시작되었다. 1961년 정부는 급격히 증가하는 요보호 아동의 수용과 보호를 위해 「아동복리법」을 제정하여 법적 근거를 마련하게 되었고 1960년대 후반부터는 외국 자본의 감소로 통 · 폐합을 통한 시설을 줄이는 조정 정책을 시행했고, 그로 인해 국외입양으로 인해 시설의 수가 급격히 축소되었다.

최근 아동복지시설은 수용, 구호의 역할을 벗어나 시설보호 아동뿐 아니라 지역사회 아동을 대상으로 아동복지 종합 서비스를 제공하는 역할로 그 영역을 확대하려고 시도하고 있다. 2016년에 개정된 「아동복지법」에 의하면 아동복지시설은 아동양육시설, 아동일시보호시설, 아동보호치료시설, 공동생활가정, 자립지원시설, 아동상담소, 아동전용시설, 지역아동센터로 구분되었다(노혜련 외, 2015).

3) 사업목적

일시적 보호가 필요한 아동에게 안정적인 보호, 양육, 치료, 교육, 자립지원 등의 전문적인 아동복지서비스를 지원하고, 나아가 지역사회 아동과 그 가족을 대상으로 하는 포괄적 서비스를 제공함으로써 아동의 삶의 질을 향상시키고자 하는 목적을 가지고 있다.

02 | 아동복지시설의 유형

「아동복지법」 제52조에 따르면 아동복지시설은 8가지 범주로 구분된다. 즉, 아동양육시설, 아동일시보호시설, 아동보호치료시설, 공동생활가정, 자립지원시설, 아동상담소, 아동전용시설, 지역아동센터로 구분된다.

이러한 아동복지시설은 크게 생활시설(아동양육시설, 아동일시보호시설, 아동보호치료시설, 자립지원시설, 공동생활가정)과 이용시설(아동상담소, 아동전용시설, 지역아동센터)로 구분될 수 있다. 대표적인 이용시설은 지역아동센터로 학교주

변과 마을단위로 쉽게 찾아볼 수 있다.

세부적인 아동복지시설의 사업과 내용을 나열해 보고자 한다.

(1) 아동양육시설

보호대상을 입소시켜 보호, 양육 및 취업훈련, 자립지원 서비스 등을 제공하는 것을 목적으로 하는 시설이다.

(2) 아동일시보호시설

보호아동을 일시보호하고 아동에 대한 향후의 양육대책 수립 및 보호조치를 행하는 것을 목적으로 하는 시설이다.

(3) 아동보호치료시설

불량행위를 하거나 불량행위를 할 우려가 있는 아동으로서 보호자가 없거나 친권자나 후견인이 입소를 신청한 아동 또는 가정법원, 지방법원소년부지원에서 보호위탁된 19세 미만인 사람을 입소시켜 치료와 선도를 통하여 건전한 사회인으로 육성하는 것을 목적으로 하는 시설이다. 또한 정서적, 행동적 장애로 인하여 어려움을 겪고 있는 아동 또는 학대로 인하여 부모로부터 일시 격리되어 치료받을 필요가 있는 아동을 보호 · 치료하는 시설이다.

(4) 공동생활가정

보호대상아동에게 가정과 같은 주거여건과 보호, 양육, 자립지원 서비스를 제공하는 것을 목적으로 하는 시설이다.

(5) 자립지원시설

아동복지시설에서 퇴소한 사람에게 취업준비기간 또는 취업 후 일정 기간 동안 보호함으로써 자립을 지원하는 것을 목적으로 하는 시설이다.

(6) 아동상담소

아동과 그 가족의 문제에 관한 상담, 치료, 예방 및 연구 등을 목적으로 하는 시설이다.

(7) 아동전용시설

어린이공원, 어린이놀이터, 아동회관, 체육 · 연극 · 영화 · 과학실험, 전시시설, 아동휴게숙박시설, 야영장 등 아동에게 건전한 놀이 · 오락, 그 밖의 각종 편의를 제공하여 심신의 건강유지와 복지증진에 필요한 서비스를 제공하는 것을 목적으로 하는 시설이다.

(8) 지역아동센터

지역사회 아동의 보호, 교육, 건전한 놀이와 오락의 제공, 보호자와 지역사회의 연계 등 아동의 건전육성을 위하여 종합적인 아동복지서비스를 제공하는 시설이다.

03 | 아동복지시설의 현황

아동복지시설 중 생활시설은 2019년 12월 현재 총 281개소이며, 11,665명의 아동이 생활하고 있다. 2015년에는 총 746개소, 16,147명의 아동이 생활한 것으로 볼 때 급격하게 시설수와 인원수가 줄어들고 있음을 알 수 있다.

표 10-1 아동복지시설 보호아동 현황(2019.12.31) (단위: 개소, 명)

구분	계(현원)		양육시설		보호치료 시설		자립지원 시설		일시보호 시설		종합시설		아동상담소	전용시설	개인양육 시설	
	시설	인원	시설	인원	시설	인원	시설	인원	시설	인원	시설	인원			시설	인원
계	281	11,665	240	10,585	12	469	13	218	13	275	3	118	10	7	13	74
서울	49	2341	35	1959	3	140	3	71	5	53	3	118	1	0	0	0
부산	21	931	18	882	1	24	1	22	1	3	0	0	0	0	0	0
대구	23	697	18	588	2	54	2	40	1	15	0	0	0	0	0	0
인천	10	532	9	487					1	45			5	1		
광주	12	507	10	454	0	0	1	12	1	41	0	0	0	1	0	0
대전	14	469	12	360	1	99	1	10	0	0	0	0	0	0	0	0
울산	1	117	1	117												
세종	1	25	1	25												
경기	28	1176	25	1049	1	40			2	87			3	1	4	34
강원	11	318	8	269	0	0	1	18	2	31	0	0	0	0	2	6
충북	13	518	11	477	1	29	1	12						3	1	0
충남	14	590	13	577			1	13								
전북	16	643	14	587	1	45	1	11	0	0	0	0	0	0	0	0
전남	23	1012	21	988	1	15	1	9	0	0	0	0	0	0	2	19
경북	15	708	15	708											3	13
경남	25	833	24	810	1	23								1	1	2
제주	5	248	5	248	0	0	0	0	0	0	0	0	1	0	0	0

출처 : 보건복지부(2020).

04 | 지역아동센터

지역아동센터는 「아동복지법」 제52조 제1항 제8호에 근거하여 맞벌이 가정 등의 지역 내 18세 미만 학령의 돌봄이 필요한 지역사회 아동의 보호·교육, 건전한 놀이와 오락의 제공, 보호자와 지역사회 연계 등 아동의 건전 육성을 위하여 종합적인 아동복지서비스를 제공하는 아동복지시설로써, 소관부처는 보건복지부이며, 개인, 법인 등 민간과 지방자치단체에서 운영하고 있다. 2019년 12월 말 기준으로 신고운영 중인 지역아동센터는 총 4,217소, 이용아동수는 108,971명으로 조사되었다.

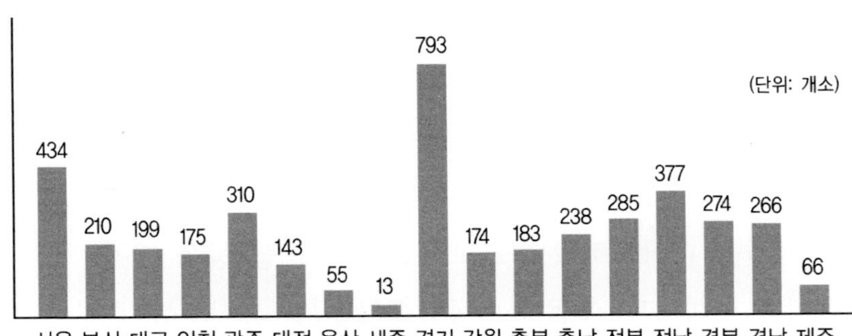

그림 10-1 시도별 지역아동센터수(2020)

출처 : 지역아동센터 중앙지원단(2020).

1) 지역아동센터의 기능

- 아동청소년의 심리정서적 안정 및 건강한 신체발달 기능 강화
- 일상생활, 학교생활의 유지 및 적응력 강화 기능
- 빈곤 위기가정 아동청소년 가정의 기능 보완
- 가족지원 기능강화
- 지역사회 내 아동청소년 문제에 대한 사전 예방적 기능

• 지역사회 자원 확보, 발굴 및 지지망 강화(보건복지부, 2016)

2) 지역아동센터 프로그램

(1) 기본프로그램

• 보호 : 빈곤, 방임 아동보호, 일상생활지도, 급식제공, 위생지도 등
• 교육 : 학교생활준비, 숙제지도, 기초학습 부진아동 특별지도, 예체능교육, 독서지도 등
• 문화 : 문화체험, 견학, 캠프, 공동체 활동, 놀이활동 지원, 특기적성 등
• 정서 : 아동의 심리, 상담, 정서적 지지, 부모, 가족상담, 정서적 안정 및 건강한 신체발달 기능 강화 등(아동정서지원)
• 지역사회 연계 : 지역사회 내 인적 · 물적 자원연계 등

(2) 특화프로그램

• 주말 공휴일 프로그램 : 주말과 공휴일에 학교와 가정에서 돌봄이 필요한 아동들을 대상으로 문화프로그램, 체험학습 등을 제공
• 가족기능 강화 프로그램 : 아동양육기술 및 의사소통 증진, 부모집단 프로그램 및 자조모임, 가족성장교실, 좋은 부모교실, 지역주민 결연 및 멘토링 활동 등 가족기능 강화 프로그램을 제공(보건복지부, 2016)

05 | 아동복지시설 사회복지현장실습 계획서

1) 아동양육시설 실습계획 예시

2019년 하계 사회복지현장실습 계획

- 사업명 : 2019년 하계 사회복지실습
- 목적 : 사회복지현장실습의 기회를 제공하여 교육현장에서 이론적으로 배웠던 내용에 대해 현장에 적용해봄으로써 클라이언트를 대면하고, 문제해결과정에 개입하며, 행정업무 등을 통해 아동복지 분야의 사회복지사 역량을 증진한다.
- 목표 : 2019년 여름학기 사회복지 실습을 통해서 예비 사회복지사들의 현장경험을 증대함으로써 개인의 전문성을 향상시킬 수 있는 기회를 제공하고, 이를 바탕으로 역량 있는 사회복지사로의 성장을 지원한다.

목표	산출목표	성과목표
1. 현장경험을 증대하기 위해 이론교육과 기관방문을 실시한다.	1-1. 이론교육 5회 실시 1-2. 기관방문 2회 실시	이론 습득 및 경험 체득
2. 예비 사회복지사로서 프로그램 작성능력을 향상한다.	2-1. 프로그램 발표회 1회	프로그램 기획 및 계획서 작성 능력 향상
3. 예비 사회복지사로서 개인의 역량을 점검한다.	3-1. 자신의 강점 발견 시간 1회 3-2. 중간평가서 작성 1회 3-3. 종결평가서 작성 1회	개인의 전문성 점검 및 향상

4. 내용

1) 일시 : 2019년 6월 24일(월) ~ 7월 12일(금) (총 120시간)
   ※ 사전 오리엔테이션 : 2019년 6월 21일

2) 대상 : 여름방학 실습 신청자 5명

실습분야	실습내용	실습지도자
개별사회사업	1. 아동상담 이론 2. 아동상담 실제	안○○국장, 김○○사회복지사
집단사회사업	1. 집단활동 프로그램 2. 장애아동 통합프로그램	조○○사회복지사
지역사회사업	1. 후원자 발굴 및 관리 2. 자원봉사자 개발 및 관리 3. 지역네트워크 사업	안○○국장
프로그램 계획 실제	1. 프로그램 기획 2. 프로그램 계획서 작성 3. 프로그램 계획서 발표회	임○○과장
기관문서 작성	1. 기관문서에 대한 이해 2. 기관문서 작성 교육 3. 기관문서 작성 연습	김○○사회복지사

기관 견학	1. 타 아동양육시설 견학 2개기관	임○○과장

3) 장소 : A 아동양육시설, 기타 외부 프로그램 장소 등

4) 일정

구분	일자	세부내용	담당
실습OT	6.21(금)	- 실습생교류의 시간	안○○국장
실습 초기	6.24(월)	- 실습서약서 작성 - 실습기관 직원들과 인사 - 실습기관 이해 및 라운딩 - 법인 및 기관 홍보동영상 시청 - 아동복지시설에 대한 교육 - 실습일지 작성법 교육 및 작성	안○○국장
	6.25(화)	- 아동연령별 양육 및 지도방법 교육 - 아동개별 상담 교육 및 역할극	김○○사회복지사
	6.26(수)	- 아동집단활동프로그램 계획 교육 - 아동집단활동프로그램 계획서 작성	김○○사회복지사
	6.27(목)	- B아동 양육시설 견학 - C아동 양육시설 견학 - 기관방문보고서 작성	임○○과장
	6.28(금)	- 아동집단프로그램 계획서 작성 수정 - 기관문서에 대한 이해	김○○사회복지사
	7.1(월)	- 자원봉사 및 후원자 프로그램 이해 - 지역네트워크 사업 교육	임○○과장
중간평가	7.2(화)	- 중간평가 실시 - 아동집단활동프로그램 계획서 발표회	안○○국장
숙사체험	7.3(수)	- 아동 숙사 체험(1박2일)	김○○사회복지사
숙사체험	7.4(목)	- 아동 숙사 체험 - 아동 숙사 체험 소감문 작성 및 발표	김○○사회복지사
	7.5(금)	- 소식지 발간 교육 - 소식지 작성 및 편집하기 교육	임○○과장
	7.8(월)	- 아동 사례관리 교육 - 아동 사례관리 실제에 대한 학습	임○○과장
	7.9(화)	- 전체회의 참관 - 기관 문서작성 연습	안○○국장
	7.10(수)	- 아동양육시설 회계 교육 및 실습 - 평가회 준비	임○○과장
	7.11(목)	- 아동복지시설 평가에 대한 이해 - 프로포절 제출 및 후원 모집 교육	임○○과장
평가 및 종결	7.12(금)	- 종결평가회 실시 - 실습일지 및 보고서 작성 점검 - 문서정리 - 기관 직원 및 아동들에 대한 인사	안○○국장

출처 : A아동양육시설 실습계획서를 수정 · 보완하였음

2) 지역아동센터 실습계획 예시

실습지도 계획서

1. 실습목적
지역아동센터의 개념 및 아동에 대한 이해를 돕고, 현장에서의 실무 경험을 통해 사회복지사로서 갖춰야 할 자질 향상의 기회를 제공한다.

2. 실습목표 :
   - 지역아동센터의 기능 및 역할에 대해 알아본다.
   - 지역아동센터의 5대 프로그램과 주요 서비스에 대한 이해 및 지도 기회를 제공한다.
   - 5대 영역 프로그램 및 서비스 실천 과정의 경험을 통해 업무수행능력을 향상시킨다.

3. 실습분야 : 아동복지

4. 실습기간 : 2019년 03월 11일 ~ 2019년 03월 29일 (총 120시간)

5. 총 실습시간 : 09:00 ~ 18:00(일 8시간 총 15일 120시간)

6. 실습대상 : 사회복지학과 졸업예정자

7. 교육계획

<table>
<tr><th>구분</th><th>내용</th><th>담당</th><th>비고</th></tr>
<tr><td rowspan="2">오리엔테이션</td><td>- 오리엔테이션
지역아동센터 및 지역적 특성 소개, 실습지침 안내
(실습생의 자세와 역할, 실습일정, 실습과제 등)</td><td rowspan="2">이○○</td><td rowspan="2"></td></tr>
<tr><td>- 종사자와 미팅</td></tr>
<tr><td>행정업무</td><td>- 행정업무
- 사회복지정보시스템소개
- 지역아동센터 행정 서류 소개
- 보고서 및 일지 작성</td><td>이○○</td><td></td></tr>
<tr><td>집단지도</td><td>- 5대 영역 프로그램(계획, 실행, 평가)
- 프로포절 작성
- 아동관찰</td><td rowspan="2">이○○</td><td rowspan="2">1회 이상
프로그램
실행</td></tr>
<tr><td>개별지도</td><td>- 실습과제 슈퍼비전 제시</td></tr>
<tr><td>지역복지 및
정책개발</td><td>- 타 기관방문
- 지역자원조사
- 후원 및 홍보</td><td>이○○</td><td></td></tr>
</table>

8. 실습지도방법
- 개별실습지도 계획 : 매일 아침 실습 일지 보고 시간을 통한 개별 지도
- 집단실습지도 계획 : 주 2회 지역아동센터 이해, 프로포절 작성법, 아동 사례관리 및 관찰일지 쓰기 등을 중심으로 교육 및 과제물 점검
- 기타 계획

9. 실습일정

회차	시 간	실습내용	담 당	과제물
1	am 09:00 ~ pm 18:00	오리엔테이션 - 지역아동센터 기관 소개 - 실습일정 안내 - 지역아동센터 프로그램 참관	이○○	지역아동센터 조사서
2	am 09:00 ~ pm 18:00	- 지역아동센터 역할 및 운영규정 - 아동의 특성 및 아동 권리 - 아동 파악 및 라포 형성	이○○	실습일지
3	am 09:00 ~ pm 18:00	- 지역아동센터 운영 및 행정1 - 학습 및 프로그램 지원 - 아동관찰	이○○	실습일지
4	am 09:00 ~ pm 18:00	- 지역아동센터 운영 및 행정2 - 학습 및 프로그램 지원 - 아동관찰	이○○	실습일지
5	am 09:00 ~ pm 18:00	- 종사자와 질의 및 응답 - 학습 및 프로그램 지원 - 아동관찰	이○○	실습일지, 관찰일지
6	am 09:00 ~ pm 18:00	- 5대 사업 프로그램 이해 1 - 아동 상담 교육 - 학습 및 프로그램 지원	이○○	실습일지
7	am 09:00 ~ pm 18:00	- 5대 사업 프로그램 이해 2 - 학습 및 프로그램 지원	이○○	실습일지
8	am 09:00 ~ pm 18:00	- 중간평가서 - 학습 및 프로그램 지원	이○○	실습일지, 중간평가서
9	am 09:00 ~ pm 18:00	- 5대 프로그램 기획 - 학습 및 프로그램지원	이○○	실습일지
10	am 09:00 ~ pm 18:00	- 5대 프로그램 실행 및 평가 - 학습 및 프로그램지원	이○○	실습일지, 프로그램 계획서, 아동상담일지
11	am 09:00 ~ pm 18:00	- 프로포절의 이해 - 학습 및 프로그램지원	이○○	실습일지, 프로그램 일지 및 평가서
12	am 09:00 ~ pm 18:00	- 프로포절 작성 - 학습 및 프로그램지원	이○○	실습일지

13	am 09:00 ~ pm 18:00	- 아동 사례관리 - 지역사회연계 - 학습 및 프로그램지원	이○○	실습일지, 프로포절
14	am 09:00 ~ pm 18:00	- 후원자 개발 및 관리 - 학습 및 프로그램지원	이○○	실습일지
15	am 09:00 ~ pm 18:00	- 지역사회 홍보 및 캠페인 - 실습 마무리 및 평가	이○○	실습종결보고서

※ 실습계획은 센터의 상황에 따라 일정이 일부 변경될 수 있습니다.

10. 실습생의 책임과 과제
- 근태와 관련된 사항은 실습지도자에게 미리 보고하여, 허락받도록 한다.
- 근무시간을 준수하며, 직원과 동일한 자세로 근무시간에 임한다.
- 기관 및 기관을 이용하는 아동의 특성에 대해 이해하고, 아동의 인격을 존중한다.
- 실습기간 동안 알게 된 아동의 사적인 정보에 대한 비밀을 유지하며, 교육목적으로 이용 시 가명을 이용한다.

출처 : C지역아동센터 실습계획서를 수정 · 보완하였음

CHAPTER 11

노인복지시설에서의 실습

1. 노인복지관 정의
2. 노인복지관 사업 유형
3. 노인이용시설 사회복지현장실습 계획서

노인복지시설에서의 실습

CHAPTER 11

'노인여가복지시설'은 평균수명의 연장, 퇴직, 자녀의 독립 등으로 인하여 노년기에는 사회적 역할이나 책임에서 벗어나서 자유롭게 활용할 수 있는 여가시간이 증가함에 따라 노인들에게 여가활동서비스를 제공하는 시설이다. 비교적 건강한 노인을 대상으로 노후생활을 보람 있게 보낼 수 있도록 노인들이 친목도모 및 취미활동 등 여가활동을 할 수 있도록 서비스를 제공하는 이용시설이며, 노인복지관, 경로당, 노인교실, 노인휴양소 등이 노인여가복지시설에 해당된다.

이번 장에서는 노인여가복지시설의 대표인 노인복지관의 현장실습 프로그램 구성과 세부계획을 집중적으로 다뤄보고자 한다.

01 | 노인복지관 정의

노인복지관이란 노인의 교양, 취미생활 및 사회참여활동 등에 대한 각종 정보와 서비스를 제공하고, 건강증진 및 질병예방과 소득보장, 재가복지 그 밖에 노인의 복지증진에 필요한 종합적인 노인복지서비스를 제공하는 시설이다(「노인복지법」 제36조 제1항 제1호).

즉, 노인복지관은 노인을 위한 여가복지시설로서 다양한 취미생활 등을 즐길 수 있을 뿐만 아니라, 건강진단, 재가복지 등을 추가적으로 실시하여 지역사회 내에서 노인의 일상 전반에 대한 삶의 질을 향상시키는 데 있어서 지역사회의 주요 자원으로 활용되고 있다.

1) 노인복지관의 발달 과정

노인복지관은 1981년 「노인복지법」이 제정되고, 1982년 노인복지법 시행령 및 시행규칙에서 노인복지회관의 운영근거가 마련되었다. 이후 1989년 노인복지법 1차 개정 시 노인여가시설의 개념이 도입되었고, 노인복지관은 노인여가복지시설로 분류되었다.

노인복지관이 오늘날과 같은 운영 기준을 갖게 된 것은 2004년 노인복지관 운영지침이 마련되고, 노인복지관의 기능이 처음으로 규정됨에 따른 것이다. 이후 2007년 「노인복지법」 개정 과정에서는 '노인복지회관'이 '노인복지관'으로 명칭이 변경되었다.

이러한 발달 과정을 거친 노인복지관은 2013년 예방, 보호, 통합이라는 3대 기능을 중심으로 운영방향을 재정립한 이후로 최근 2019년 이후에는 초고령화 사회에 대한 노인복지의 새로운 요구에 따라 운영방향을 추가하려는 등의 재정립 요구가 대두되고 있다.

02 | 노인복지관 사업 유형

노인복지관의 복지사업을 큰 틀로 나누면 재가복지, 여가복지 등으로 크게 볼 수 있다. 이를 더 세부적으로 나열하면 평생교육 및 취미여가지원사업, 상담 및 정보제공사업, 사회참여지원사업, 건강생활지원사업, 위기 및 독거노인자립지원사업, 주거지원사업, 노인권익증진사업, 정서 및 사회생활 지원사업 등이 있다.

표 11-1 노인복지관 세부 프로그램

대상	사업		세부프로그램
노인	1. 평생교육지원		한글교실, 외국어교실, 교양교실, 정보화교육, 역사교육, 예비노인은퇴 준비 프로그램 등
	2. 취미여가지원		음악(노래교실, 민요 · 풍물교실, 댄스교실 등), 미술(서예, 수공예, 풍선아트), 원예, 다도교실, 연극, 레크리에이션, 운동, 바둑장기, 당구 · 탁구 등
	3. 고용지원		노인일자리사업, 고령자취업알선, 취업자 사후관리, 공동작업장, 은퇴 준비교육 등
	4. 건강생활지원	기능회복지원	물리치료, 양 · 한방진료, 작업치료, 운동재활, ADL훈련 등
		건강증진지원	건강교육, 건강상담, 건강교실(건강체조, 기체조, 요가 등), 독거노인지원사업(기존재가사업), 이 · 미용, 노인건강운동 등
		급식지원	경로식당(중식서비스), 밑반찬 · 도시락배달, 푸드뱅크 등
		요양서비스	치매 · 중풍환자 프로그램, 주간 · 야간 · 단기보호, 그룹홈, 장제서비스 등
	5. 정서생활지원		접수상담, 노인문제상담, 복지정보 및 상담, 전문상담(경제, 법률, 성 등), 심리상담, 종교행사, 죽음준비교육, 노인자살예방사업 등
	6. 사회참여지원		노인자원봉사 활성화사업, 지역봉사활동, 교통안전봉사, 동아리 · 클럽 활동지원, 교통편의서비스 등
	7. 경로당혁신프로그램		경로당활성화사업, 경로당임원리더십강화사업, 경로당주거환경개선사업 등
	8. 주거지원		주택수리사업, 주거환경개선사업(도배 등) 등
	9. 소득지원		후원금 연결, 은퇴 후 경제생활 적응, 경제교육 등
	10. 취약노인지원		남자독거노인 신체건강 지원, 사별 노인 치유, 사회관계 증진 프로그램 등 자립지원 사업, 취약노인 핫라인 연계 구축사업
가족	11. 가족기능지원		가족봉사원파견, 방문간호, 노인돌봄서비스사업 등
	12. 가족통합지원		가족상담, 가족관계프로그램, 가족캠프, 세대통합프로그램 등
지역사회	13. 지역자원개발		자원봉사자 발굴 · 관리, 후원자 개발, 외부 재정지원기관 사업수탁
	14. 지역복지연계		지역복지기관 연계, 지역협력사업(경로행사, 나들이 등) 등
	15. 노인권익증진사업		정책건의, 노인인권옹호, 노인인식개선사업, 편의시설 설치, 노인소비자 피해예방교육 등
노인복지관조직	16. 운영관리		인사관리, 재정관리, 시설관리 등
	17. 사업관리		프로그램개발, 실행, 점검, 평가, 보완 등
	18. 연구개발		사업기획, 조사연구, 실습지도, 출판, 홍보, 자문(운영)위원회 등

출처 : 경기복지재단(2013).

03 | 노인이용시설 사회복지현장실습 계획서

1) 노인복지관 실습계획 예시(2019, 대면 실습 중심)

2019년도 사회복지 실습지도 사업계획서

1. 사업명
"준비된 사회복지 전문인력 양성을 위한 실습지도"

2. 실습지도의 목적 및 목표

가. 목적
사회복지실습에 참여하는 학생들에게 학교에서 배운 이론과 기술을 사회복지현장에 적용해 보는 임상경험 기회 제공과, 전문성 발달을 위한 현장교육을 통하여 사회복지실천 능력을 갖추고 지역사회복지 문제에 대해 접근하고 해결할 수 있는 능력을 배양시킨다.

나. 목표
1) 사회복지의 전문적 발달을 위한 교육을 통해 사회사업가로서의 전문성을 기른다.
가) 실습오리엔테이션을 통해 실습일정에 대한 이해 및 전문가로서 갖추어야 할 태도 습득한다.
나) 기관 정체성 및 비전을 통해 고유의 정체성(사회복지적 마인드)을 이해한다.
다) 사회복지사업의 가치와 윤리(윤리적, 실천가적 자세)를 통해 사회복지사로서의 자신을 인식한다.
라) 중간, 종합평가를 통해 실습목표를 점검하고 자신을 평가한다.(2회)

2) 지역사회 실천 및 정책적 측면의 교육을 통해 사회복지현장의 실무능력을 강화한다.
가) 지역사회 욕구조사를 통하여 지역민들의 욕구를 파악하고 인식한다.
나) 노인복지 정책적 측면의 교육을 통하여 현안문제에 대해 이해한다.

3) 행정적 측면의 지식과 기술교육을 통해 실무적응능력을 강화한다.
가) 법인의 역사비전, 산하기관 시설 · 사업 소개를 통해 법인의 구조파악 및 행정체계를 이해한다.
나) 노인복지관의 역할 · 기능 · 재정 · 행정 · 사업에 대한 이해를 통해 조직의 의사소통체계를 파악한다.
다) 사회복지 행정 · 실무를 통하여 실무능력을 배양한다.
- 사회복지기관의 홍보전략 이해 및 홍보물 제작 활동을 통해 기획력을 습득한다.
- 프로포절 및 집단프로그램 계획을 통해 전문능력을 습득한다.
- 지역사회 자원개발 · 자원봉사 관리 교육을 통해 전문능력을 습득한다.

4) 대인관계기술을 통한 전문사회사업가로서의 관계기술능력을 향상한다.
가) 실습생 및 실습지도자간의 상호작용능력 향상

나) 멘토 및 멘티와의 개별 면담을 통해 원만한 관계 형성 유도
다) 법인 통합실습생들과 통합교육 및 평가회 및 친교시간을 통해 동기로서의 동질감 형성

5) 클라이언트체계 개입기술 체험을 통하여 전문사회사업가로서의 실천기술능력을 강화한다.
가) 분야별(사회교육, 일자리, 경로당사업, 주간보호) 실습을 통해 사업운영의 실제와 전문사회사업가로서의 능력을 익히고 경험한다.
나) 재가복지 사례관리를 통하여 클라이언트체계의 개입기술능력을 습득한다.
다) 대 · 소집단 프로그램의 계획 · 진행 · 평가 과정을 통해 실천기술능력을 향상한다.

3. 실습개요
가. 실 습 기 간 : 2019년 6월 24일(월)~7월 19일(금), (4주, 20일 160시간)
나. 실 습 장 소 : 1) 통합실습 – 00복지관 6.26(수)~6.28(금)
2) 기관실습 – 00노인복지관 6.24(월)~7.19(금)
다. 실 습 인 원 : 총 9명
라. 실습 지도비 : 총 1,350,000원(참여 학생 자부담 : 1,350,000원(9명×150,000원)
마. 실 습 담 당 : 김00 복지과장, 김00 사회복지사
바. 준 비 물 : 실습생 공간, 교재, 자료
사. 오리엔테이션 : 2019. 6. 21(금) 14:00 / 00노인복지관 3층 000실
아. 메인 교육실 : 3층 000실
자. 실습생휴게실 및 연구실 : 1층 자원봉사자실

4. 사업의 구조 및 내용
가. 사업 총괄 진행도(체계도)

내용 구분	목표	과업		수행 시기	과제물
1. 전문적 발달을 위한 교육 내용	- 전문적 성장에 대한 책임감 갖기 - 실습을 통한 자아 인식 - 실습생의 자세와 역할 이해 - 인간의 다양성 존중 - 효과성 평가	법인 통합 실습	- 실습생 선서식	1주	
			- 선배에게 듣는다	1주	
			- 분임토의 및 역할극	1주	
		기관 실습	- 실습생의 자세와 역할, 기관 OT/실습계약서작성(김00 과장, 김00 사회복지사)	1주	- 실습계약서 - 이력서 - 자기소개서
			- 기관소개 및 복지관조직의 이해(김00 사무국장)		
			- 멘토링 프로그램 소개 및 멘토 · 멘티 소개(임00 사회복지사)		
			- CEO 만남(하00 관장)		
		기관 평가회	- 실습 중간평가(김00 과장, 김00 사회복지사)	2주	- 중간평가서
			- 실습 최종평가(김00 과장, 김00 사회복지사)	4주	- 최종평가서

2. 지역사회 및 정책적 측면의 교육 내용	- 기관에 영향을 미치는 사회복지정책에 대한 이해 - 지역사회에 관한 지식 및 실천 - 지역사회탐방/지역사회 욕구조사	기관실습	- 지역사회욕구조사(채00 부장)	1주~3주	- 지역사회 욕구조사서
			- 지역사회복지기관 탐방 (김00 과장, 김00 사회복지사)	1주	- 기관방문 분석보고서

사업총괄진행도

준비단계	**사업계획수립** • 연간사업계획서 작성 • 실행사업계획서 작성	**실습생 모집 및 오리엔테이션** • 실습수요 조사 • 실무자 준비회의 • 실습생 모집 • 면접	**지역사회기관 연계** • 00사회복지대학 협의회 • 사회복지법인사무소 • 00지역 동일 법인 시설
사업실행단계	**개별면담/계약** • 실습생 개별면담 • 실습계약서 작성	**사업별 교육** • 기본교육 • 사업별 교육 • 지역사회 • 직원멘토-멘티실습생 연결	**담당 실습업무 실시** • 사업별로 업무설계 및 배치 • case 배정 및 사례관리 진행
평가 및 관리단계	**중간평가** • 담당 실습업무 점검 • 중간평가서	**종결 및 평가** • 실습생 총평가회 • 실습지도 종합 평가	

나. 실습지도 내용

3. 행정적 측면의 지식과 기술	- 기관의 사명에 대한 이해 - 기관의 구조파악 및 행정체계에 대한 이해 - 기관의 기능/역할/재정/사업 이해 - 조직 내에서 기능하는 능력 익히기 - 기록유지와 기록 활동 - 집단프로그램 작성 방법 습득 및 실행	법인통합실습	- 법인소개 법인의 역사 · 비전 (법인이사장)	1주	
			- 법인 산하기관 소개	1주	
		기관실습	- 사회교육사업의 이해 (엄00 팀장)	1~4주	
			- 사업계획서 작성 및 프로포절 기획 (엄00 팀장)	1주~3주	-복지관사업 계획서 작성
			- 사회복지 회계실무(이0 과장)	1~4주	
			- 노인사회활동지원사업 (임00 사회복지사)	1~4주	

		기관실습	- 경로당활성화사업의 이해 (김00 사회복지사)	1~4주	
			- 노년기 특성에 맞는 운동처방프로그램(최00)	1~4주	
			- 사회복지현장 홍보의 이해 및 실천방법(김00 국장)	1~4주	
			- 노인전문 자원봉사의 실제(김00 과장)	2~4주	
4. 기본적인 대인관계 기술	- 동료 및 실습지도자와의 관계 기술 습득 - 대인관계적 의사소통 기술 습득	기관실습	- 농촌일촌돕기를 통한 단합대회 (실습생 기획)	2주	멘토/멘티 참여
			- 멘토 멘티와 개별 면담	1~4주	
			- 친교의 시간/멘토-멘티	2주	
			- 실습지도자 수시 개별면담 (김00 과장)	1~4주	실습일지 (매일)
5. 클라이언트 체계 개입을 위한 일반적 기술	- 인간행동과 다양성 지식의 적용 - 클라이언트와의 면접 기술 - 클라이언트 체계의 사정/개입계획/개입/평가 및 종결 기술 -의뢰와 사례관리기술	기관실습	- 사례관리의 이해 및 실제(김00 과장) - 사례방문 5회 - 케이스 컨퍼런스 - 사례관리 최종점검	2~4주	- 방문상담 일지(개별) - 사례관리 보고서
	- 집단에의 개입기술 - 대집단/소집단 프로그램의 계획, 실행, 평가 과정 경험 및 습득	기관실습	- 사회교육 프로그램 참관/피드백 (채00 부장, 엄00 사회복지사)	1~4주	
			- 기획/홍보/후원/특화 참여 및 참관 (김00 국장, 김00 실장, 하00 사회복지사)	1~4주	
			- 노인사회활동지원 참관/피드백 (채00 부장, 임00, 권00 사회복지사)	1~4주	
			- 재가복지사업 및 경로당 참관/피드백(김00 사회복지사)	1~4주	
			- 노인복지관연계사업 참여/피드백(김00사회복지사)	1~4주	
			- 노인복지관 회계 및 서무, 행정(이0 과장)	1~4주	
			- 자원봉사 참여/피드백(김00 과장)	1~4주	

출처 : D노인복지관 실습계획서를 수정 · 보완하였음

2) 노인복지관 실습일정표 예시(2020, 코로나19로 인해 대면과 비대면 복합실습)

나. 1주차

일자	시 간	실 습 내 용	비 고
2020.7.6.월	10:00	직원과 인사하기	전체
	11:00~12:00	기관장과의 시간	전체
	14:00~17:30	자기성장 발표1 "실습"	전체
	17:30~18:00	상품권 지급 지원을 위한 회의	전체
2020.7.7.화	09:30~12:00	상품권 지급 지원	잘하조
	10:30~12:00	네트워크 1 "자원"	예일조
	13:30~17:00	상품권 지급 지원	예일조
	13:30~17:00	네트워크 2 "복지"	잘하조
2020.7.8.수	0900~10:00	강의 준비 지원_0000센터로 출근	전체
	10:00~12:00	"불확실한 시대, 실천 실마리 살피기" 특강	전체
	14:00~14:30	집단슈퍼비전	전체
	14:30~18:00	특강 요약 정리 만들기_전지/유성매직_조별1장씩 요약정리	전체
2020.7.9.목	09:00~10:00	집단슈퍼비전 및 자원 발표	전체
	10:00~12:00	노인복지관사업 안내 및 노인의 이해	전체
	13:30~14:30	복지1팀 사업안내_평생교육	전체
	14:30~15:30	복지1팀 사업안내_자원봉사	전체
	15:30~16:30	복지1팀 사업안내_건강프로그램	전체
	16:30~17:30	복지1팀 사업안내_상담/노행컨 교육지원준비	전체
	17:30~18:00	"불확실한 시대, 실천 실마리 살피기" 발표	전체
2020.7.10.금	09:00~10:00	집단슈퍼비전_X	전체
	10:00~12:00	노00 사업 안내	전체
	13:00~13:30	노행컨 자원봉사교육 지원	잘하조
	13:30~14:30	분관 노인복지관 사업 안내_	예일조
	15:50~17:30	"불확실한 시대, 실천 실마리 살피기" 발표	전 체
	17:30~18:00	정리	전체

다. 2주차

일자	시 간	실 습 내 용	비 고
2020.7.13.월	09:30~11:00	자기성장 발표2 "코로나 19"	PPT
	11:00~12:00	프로그램 기획과 평가	전체
	13:30~14:30	복지2팀 사업_경로당, 도시락	전체
	14:30~17:30	프로그램 기획과 평가	전체
2020.7.14.화	09:00~12:00	복지요결 공부19(~20page)	전체
	13:30~15:00	마인드맵 정리(A4 활용)	전체
	15:30	지도교수 김00 교수 방문	해당 실습생
	15:00~17:00	노인일자리, 지역주민조직화	전체
2020.7.15.수	09:00~12:00	복지요결 공부2	전체
	13:30~15:00	마인드맵 정리	전체
	15:00~17:30	총무과 사업 안내 및 회계교육	전체
2020.7.16.목	09:00~12:00	복지요결 공부3	전체
	13:30~15:00	마인드맵 정리	전체
	14:00~15:00	지도교수 배00 교수 방문	해당 실습생
	15:00~17:00	사례관리	전체
2020.7.17.금	09:30~11:30	프로그램 기획과 평가	전체
	13:30~15:00	노행컨 자원봉사교육 지원	전체
	15:00~18:00	중간평가회	외부

라. 3주차

일자	시 간	실 습 내 용	비 고
2020.7.20.월	09:00~09:30	단체 스트레칭	전체
	10:00~12:00	프로그램 기획과 평가	
	10:00~12:00	도시락 배달 지원	2명 실습생
	13:40~15:00	주간보호사업안내	
	15:00~16:30	자기성장 발표3 "노인복지관"	PPT
	16:30~17:30	사회복지 이슈 "노인복지관의 방향성"	
2020.7.21.화	09:00~10:30	프로그램 기획과 평가	
	09:00~10:30	노인일자리 모니터링	
	09:40	지도교수 서ㅇㅇ 교수 방문	해당 실습생
	10:00~12:00	도시락 배달 지원	
	14:00~15:00	건강프로그램 현장실습	2조_예일조
	15:00~17:30	프로그램 기획과 평가	
2020.7.22.수	09:10~10:00	집단슈퍼비전	
	10:20~12:00	희망보드미 참관	전체
	09:10~10:30	노인일자리 모니터링	
	10:00~12:00	도시락 배달 지원	
	14:30~15:30	기ㅇ삼ㅇ원 온라인 기관방문(아동양육시설)	전체
	15:00~17:00	예비실습생을 위한 온라인 강의_인0협회_박00 사무처장	전체
2020.7.23.목	09:30~	집단슈퍼비전	
	09:30~11:30	반장간담회 지원_8명	
	10:00~12:00	도시락 배달 지원	
	13:00~15:00	노행컨 자원봉사 교육 지원	2조_예일조
	13:00~15:00	프로그램 기획과 평가	1조_잘하조
	15:00~17:00	노인복지관방향성 정리_서울연구원	전체
	17:00~18:00	클린데이1	
2020.7.24.금	09:10~17:00	전ㅇ교육지원센터 지원	전체
	10:00~12:00	사례관리_나, 다니엘블레이크	전체

마. 4주차

<table>
<tr><th>일자</th><th>시 간</th><th colspan="2">실 습 내 용</th><th>비 고</th></tr>
<tr><td rowspan="6">2020.7.27.월</td><td>09:10~10:00</td><td colspan="2">집단 슈퍼비전</td><td>전체</td></tr>
<tr><td>10:00~11:00</td><td colspan="2">노인복지관 방향성 발표</td><td></td></tr>
<tr><td>10:00~12:00</td><td colspan="2">도시락 배달사업 지원</td><td></td></tr>
<tr><td>11:00~12:00</td><td colspan="2">복지이슈_장애인 탈시설_월평빌라이야기 발표</td><td></td></tr>
<tr><td>13:30~15:00</td><td colspan="2">자기성장 발표4 “사회복지사의 역할”</td><td>PPT</td></tr>
<tr><td>15:00~17:00</td><td colspan="2">노인자원봉사활성화사업</td><td></td></tr>
<tr><td rowspan="4">2020.7.28.화</td><td>09:10~10:00</td><td colspan="2">집단 슈퍼비전</td><td></td></tr>
<tr><td>10:00~12:00</td><td colspan="2">노인맞춤형 돌봄서비스</td><td>전지</td></tr>
<tr><td>13:40~17:30</td><td>경로당 탐방_금평</td><td>프로그램 기획과 평가</td><td>예일조_해달별</td></tr>
<tr><td>13:40~17:30</td><td>프로그램 기획과 평가</td><td>경로당 탐방_제일</td><td>잘하조_리터</td></tr>
<tr><td rowspan="6">2020.7.29.수</td><td>09:10~10:00</td><td colspan="2">집단 슈퍼비전</td><td>전체</td></tr>
<tr><td>10:00~11:00</td><td colspan="2">노인맞춤형 돌봄서비스 발표</td><td>전체</td></tr>
<tr><td>11:00~12:00</td><td colspan="2">사례관리4</td><td></td></tr>
<tr><td>14:00~15:00</td><td colspan="2">프로그램 기획과 평가 발표</td><td>잘하조</td></tr>
<tr><td>15:00~16:00</td><td colspan="2">프로그램 기획과 평가 발표</td><td>예일조</td></tr>
<tr><td>17:00~18:00</td><td colspan="2">클린데이2</td><td>전체</td></tr>
<tr><td rowspan="3">2020.7.30.목</td><td>09:10~10:00</td><td colspan="2">집단 슈퍼비전</td><td>전체</td></tr>
<tr><td>10:00~12:00</td><td colspan="2">최종평가회 준비</td><td></td></tr>
<tr><td>13:30~18:00</td><td colspan="2">최종평가회 준비</td><td></td></tr>
<tr><td rowspan="5">2020.7.31.금</td><td>09:10~11:00</td><td colspan="2">최종평가회 준비</td><td>전체</td></tr>
<tr><td>11:00~12:00</td><td colspan="2">최종평가회</td><td></td></tr>
<tr><td>12:00~13:30</td><td colspan="2">점심식사</td><td></td></tr>
<tr><td>13:30~16:00</td><td colspan="2">평가회</td><td></td></tr>
<tr><td>16:00~18:00</td><td colspan="2">마무리</td><td></td></tr>
</table>

출처 : A노인복지관 실습계획서를 수정 · 보완하였음

CHAPTER 12

장애인복지시설에서의 실습

1. 장애인복지시설의 개념
2. 장애인복지시설의 유형
3. 장애인복지시설의 현황
4. 장애인복지관 사회복지현장실습 일정표

장애인복지시설에서의 실습

CHAPTER 12

01 | 장애인복지시설의 개념

1) 사업 목적

장애인의 성 · 연령 및 장애의 유형과 정도를 고려하여 보호 · 의료 · 생활지도 · 재활훈련과 자립생활지원 등의 서비스를 제공함으로써 장애인의 기능 회복과 사회성 향상을 도모하고자 함에 있다.

2) 장애인복지시설의 역사

장애인복지시설은 1950년대 허약아 갱생원(재활원), 지체부자유 갱생 시설 등으로 시작되었다. 이후 1981년 제정된 심신장애인복지법을 통해 장애 유형과 서비스에 따라 지체부자유 재활시설, 시각장애인 재활시설, 언어 · 청각장애자 재활시설, 정신박약자 재활시설, 근로시설, 점자도서관 등으로 분류되어 운영되었으며, 1982년 우리나라 첫 번째 장애인복지관인 서울장애인종합복지관이 설립되었다.

1989년에 전면개정된 「장애인복지법」에서는 지역사회에 통합된 생활에 초점을 두면서 장애인재활시설, 장애인요양시설, 장애인유료시설, 직업재활시설 등 다양한 시설이 생겨났으며, 1990년대 소규모 공동생활가정과 단기보호시설이 설치되기 시작하였다. 현재 장애인복지시설은 2011년 개정되어 장애인거주시설, 장애인지역사회재활시설, 장애인직업재활시설, 장애인의료재활시설, 기타 생산품판매시설로 구분할 수 있다.

02 | 장애인복지시설의 유형

「장애인복지법」 제58조에 따르면 장애인 복지시설은 5가지 범주로 구분된다. 즉, 장애인거주시설, 장애인지역사회재활시설, 장애인 직업재활시설, 장애인생산품판매시설, 장애인의료재활시설이다. 이러한 장애인복지시설은 크게 거주시설(생활시설)과 이용시설(장애인 지역사회 재활시설, 장애인 직업재활시설, 장애의료재활시설), 기타 대통령령으로 정한 시설(생산품 판매시설)로 구분될 수 있다. 대표적인 이용시설은 지역사회재활시설인 장애인복지관이다.

1) 장애인거주시설

장애인거주시설은 거주공간을 활용하여 일반가정에서 생활하기 어려운 장애인에게 일정 기간 동안 거주 · 요양 · 지원 등의 서비스를 제공하는 동시에 지역사회생활을 지원하는 시설이다.

2) 장애인지역사회재활시설

장애인지역사회재활시설은 장애인을 전문적으로 상담 · 치료 · 훈련하거나 장애인의 일상생활, 여가활동 및 사회참여활동 등을 지원하는 시설이다.

3) 장애인직업재활시설

장애인직업재활시설은 일반 작업환경에서는 일하기 어려운 장애인이 특별히 준비된 작업환경에서 직업훈련을 받거나 직업생활을 할 수 있도록 하는 시설이다.

4) 장애인의료재활시설

장애인의료재활시설은 장애인을 입원 또는 통원하게 하여 상담, 진단 · 판정, 치료 등 의료재활서비스를 제공하는 시설이다.

5) 생산품판매시설

생산품판매시설은 장애인 생산품의 판매활동 및 유통을 대행하고, 장애인 생산품이나 서비스 · 용역에 관한 상담, 홍보, 판로개척 및 정보제공 등 마케팅을 지원하는 시설이다.

표 12-1 장애인복지시설의 종류

거주시설	지역사회재활시설	직업재활시설	의료재활시설	생산품판매시설
1. 장애유형별 생활시설 2. 중증장애인요양시설 3. 장애영유아시설 4. 장애인단기거주시설 5. 장애인공동생활가정	1. 장애인복지관 2. 주간보호시설 3. 체육관 4. 심부름센터 5. 수화통역센터 6. 점자도서관 7. 점자도서 및 녹음서 출판시설	1. 보호작업장 2. 근로사업장	의료재활시설	생산품판매시설

03 | 장애인복지시설의 현황

1) 장애인 지역사회재활시설의 현황

2020년 보건복지부 장애인복지시설 일람표에 의하면, 2019년 12월 장애인 지역사회재활시설의 현황은 〈표 12-2〉와 같다.

표 12-2 장애인 지역사회재활시설 현황

합계	장애인 복지관	주간보호 시설	장애인 체육관	수어통역 센터	생활이동 지원센터	점자 도서관	수련시설	재활치료 시설
1,468	254	769	28	197	164	21	1	32

2) 장애인복지관

장애인복지관은 대표적인 장애인 이용시설로 장애인에 대한 각종 상담 및 사회심리 · 교육 · 직업 · 의료재활 등 장애인의 지역사회 생활에 필요한 종합적인 재활서비스를 제공하고 장애에 대한 사회적 인식개선사업을 수행하고 있다.

2019년 12월 현재 전국적으로 254개의 기관이 설치 · 운영되고 있으며, 종사인력은 사회복지사를 비롯하여 심리사, 언어치료사, 물리치료사, 의사, 작업치료사, 직업재활상담사, 특수교사 등 전문적인 교육을 받은 인력들로 총 7,776명이 근무하고 있다.

(1) 장애인복지관의 기능

장애인복지관은 장애인의 사회적응과 복귀를 위한 재활서비스센터로서의 기능, 장애예방과 대중계몽을 위한 사회교육센터로서의 기능, 지역사회 내의 전반적인 서비스 조정과 관련한 사례관리센터로서의 기능, 프로그램 개발을 위한 종합센터로서의 기능, 재활환경의 조성과 자원동원을 위한 지역사회조직과 자원동원센터 및 사회운동센터로서의 기능을 담당하고 있다.

(2) 장애인복지관 주요 사업내용

표 12-3 장애인복지관 주요 사업내용

사업영역	사업내용	세부 프로그램
상담 · 사례 관리	사례 발굴	- 사례대상자 발굴 및 상담 - 사례대상자 연계
	접수 및 사정	- 접수상담 - 각종 진단 및 사정
	개입계획	- 개별지원계획 수립 및 의뢰, 연계 - 사례관리 계획수립(단순, 일반, 집중)
	개입	- 긴급대상자 위기사례관리 - 집중관리대상자 사례관리 - 직접서비스 제공 - 자원연계 및 서비스 중개 - 모니터링 및 재사정 - 종결 및 사후관리
	지역회의 기타	- 지역사회 통합사례회의 - 지역사회 솔루션위원회 - 기타

<table>
<tr><td rowspan="4">기능강화
지원</td><td>운동, 지각 향상</td><td>- 운동발달(물리치료)
- 작업활동(작업치료)
- 다감각촉진활동(심리안정치료, 심리이완치료, 심리안정 반응촉진치료 등)
- 수중운동
- 감각통합활동</td></tr>
<tr><td>의사소통 향상</td><td>- 언어활동(언어치료)</td></tr>
<tr><td>학습능력 향상</td><td>- 특수교육</td></tr>
<tr><td>사업적응력 향상 기타</td><td>- 심리운동
- 특수체육
- 음악활동(음악치료)
- 미술활동(미술치료)
- 놀이활동(놀이치료)
- 기타</td></tr>
<tr><td rowspan="4">장애인
가족지원</td><td>상담 및 교육</td><td>- 가족지원 전문상담
- 정보제공
- 가족교육</td></tr>
<tr><td>가족기능 강화</td><td>- 가족휴식지원
- 가족조력교실
- 중도장애인가족지원
- 가족역량강화지원(부모역할, 부부관계지원, 비장애형제 지원, 부모모임지원 등)</td></tr>
<tr><td>양육지원</td><td>- 가족돌봄지원
- 케어서비스(주간 및 단기보호)
- 방과후 교실
- 방학 프로그램
- 야간 및 주말 프로그램
- 가족단위 문화 프로그램</td></tr>
<tr><td>여성장애인 복지증진 기타</td><td>- 여성장애인 상담실 및 쉼터 운영
- 여성장애인 임신 · 출산 · 양육 · 가사 보조활동지원
- 여성장애인 결혼 주선 등
- 기타</td></tr>
</table>

역량강화 및 권익옹호지원	역량강화 및 지역사회참여 활동지원	- 동료상담 - 자조모임 육성 - 동아리활동지원 - 주거서비스 - 이동지원서비스 - 보조기구 관리, 수리, 임대
	권익옹호	- 장애인차별금지법 준수 운동 - 권리침해 해소 - 인권옹호 - 법률적인 지원
	정보제공	- 장애인정보화교육 등 정보화지원 - 시각장애인 도서 제작 · 출판 · 보급 · 대여, ARS운영 - BBS운영
	수어 관련 기타	- 수어교실 - 수어통역 봉사원 양성 및 파견 - 수어자막 및 비디오 등 영상물 제작 · 보급 · 대여 등
직업지원	직업상담 및 평가	- 직업상담 - 직업평가 - 구인 및 구직상담
	전환교육	- 전환교육 - 중등 · 고등 직업준비 프로그램
	직업적응 및 역량개발훈련	- 직업적응훈련 - 직업훈련 - 취업알선(지원고용 등) - 현장훈련 - 취업 후 지도
	사업체 개발 및 관리, 기타	- 사업체 개발 - 사업체 관리 등 - 기타

지역사회 네트워크	지역사회장애인 복지서비스 개발 및 지원	- 지역유관기관 장애인복지서비스 자문 - 장애인서비스 개발 컨설팅
	지역의 사회통합환경 조성	- 장애인 및 장애인가족에 대한 인식개선 - 장애발생예방 캠페인 - 지역사회통합 환경 진단 및 계획수립
	주민조직지원	- 주민조직체 형성 및 교육 - 지역행사 및 정보 제공
	민관협력 네트워크 구축	- 지역사회복지협의체 활동 - 각종 지역위원회 활동 - 지역사회 장애인 중심기관 활동
	지역자원 개발 및 관리 기타	- 자원봉사자 발굴, 교육, 활동, 관리 - 후원자 개발 및 관리 - 기타
문화여가지원	문화 및 스포츠 지원	- 스포츠 프로그램 - 문화여가 프로그램 - 문화예술인 및 스포츠선수 육성 - 체육관 및 수영장 운영
	평생교육	- 평생교육 - 취미활동지원
	정보접근 지원 기타	- 정보화교육 - 기타
사회서비스 지원	장애인 활동지원	- 활동보조 - 방문간호 - 방문목욕
	장애아동 재활치료 기타	- 언어 · 청능치료 - 미술 · 음악치료 - 행동 · 놀이 · 심리운동치료 - 기타 재활서비스 - 장애조기발견 및 발달진단서비스

출처 : 보건복지부(2014). 장애인복지관사업안내.

04 | 장애인복지관 사회복지현장실습 일정표

1) 장애인복지관 실습일정표 예시(2018, 대면 실습 중심)

2018년 사회복지현장실습 일정표

❑ 사회복지현장실습 1주차

시 간	6.24(월)	6.25(화)	6.26(수)	6.27(목)	6.28(금)
09:00 ~ 10:00	08:30 아침조회 참석 과제점검 · 일과 공유 실습일정 안내 차량운행보조탑승	과제점검 및 일과 공유 차량운행보조 탑승	기관별 도착 (통합실습-00장애인복지관) 다 함께 노래 활동 교육준비 및 일정공유의 시간(09:00~10:10)		
10:00 ~ 12:00	사회복지사의 가치와 윤리 및 만남의 시간	사회복지기관의 이해 및 만남의 시간	실습생 선서 (10:10 ~ 10:50) 법인영상 (11:00~11:10)	강의 3 사회복지사에게 윤리강령이란 무엇인가? 휴식(11:00~11:10) 조별역할극 활동	선배에게 듣는다 김0라 사회복지사 소0렬 사회복지사 조별 나눔 활동 (11:00~11:40)
12:00 ~ 13:00	급식소 배식 및 점심식사		강의 1 법인의 역사와 비전 (11:10~12:10)	조별 역할극 활동	수료식 (11:50~)
			점심 식사(12:10~13:20)		
13:00 ~ 14:30	사례관리 교육	1차사례상담 (13:00~15:00)	강의 2 사회복지와 사회적 경제(13:20~14:10)	조별 역할극 활동	기관별 자율 활동
14:30 ~ 16:00	성격유형검사	사회복지회계실무 (15:00~16:00)	휴식시간 (15:20~15:30) 실습생 만남의 시간	휴식시간 (15:20~15:30) 조별 역할극 발표 및 피드백 (14:20~17:00)	
16:00 ~ 17:30	실습 OT(기관소개, 라운딩, 사업소개)(오천)	멘토&멘티 만남의 시간 (16:00~17:30)	역할극 조별회의 (16:20~17:00)		
17:30 ~ 18:00	일과 정리 및 슈퍼비전		기관별 귀가 (17:00~)		
과제물	- 실습일지 - 실습계약서 확인 - 명함 만들기	- 실습일지 - 상담일지 작성 및 제출	- 실습일지	- 실습일지 - 조별 역할극 시나리오 제출	- 실습일지 - 통합실습 참관일지 작성(27~29일)

❑ **사회복지현장실습 2주차**

시 간	7.1(월)	7.2(화)	7.3(수)	7.4(목)	7.5(금)
09:00 ~ 10:00	08:30 아침조회 참석 과제점검 및 일과 공유 차량운행 보조 탑승	과제 점검 및 일과 공유 / 차량운행 보조탑승			
10:00 ~ 12:00	직장인의 예절/ 문서 작성 이해/ 운영지원과 이해	프로그램 참관1 어르신 · 장애인 주간보호(장복) 장애인 취업지원 커피데이	지역사회활동가 특강	숲체험	숲체험
12:00 ~ 13:00	급식소 점심식사		수다의 날 캠페인 참석 점심식사	급식소 점심식사	
13:00 ~ 15:00	사례관리 2차 상담	단위사업계획서 및 평가서 작성	사례관리 3차 상담	숲체험	중간평가 (과장 · 사업팀장)
15:00 ~ 17:30	사례관리 2차 상담 복지관 사업의 이해 (사업 담당 팀장)	1차 복지영상 제작	유관기관방문 활동 (등0마0보0자0)		사회복지 비전 나누기
17:30 ~ 18:00	일과 정리 및 슈퍼비전				
과제물	-실습일지 - 기안문작성 및 피드백 - 기안문제출 - 숲체험 사업계획서 작성	- 실습일지 - 참관일지 - 숲체험 사업계획서 작성	- 실습일지 - 숲체험 사업계획서 확인	- 실습일지	- 실습일지 - 숲체험 평가서 및 결과보고서 작성

❑ 사회복지현장실습 3주차

<table>
<tr><th>시 간</th><th>7.8(월)</th><th>7.9(화)</th><th>7.10(수)</th><th>7.11(목)</th><th>7.12(금)</th></tr>
<tr><td>09:00
~
10:00</td><td>08:30
아침조회 참석
과제점검 및 일과 공유
차량운행 보조 탑승</td><td>장애인활동지원사 주간회의 및 인사 나눔 참석
(08:30~09:30)
차량운행 보조 탑승</td><td colspan="3">과제 점검 및 일과 공유/차량운행 보조탑승</td></tr>
<tr><td>10:00
~
12:00</td><td>사례관리
4차 상담</td><td>프로그램 참여 2
탁구 · 당구(공통)</td><td>프로그램 참여 4
(백세바람 · 배움나래)</td><td>장애청소년
전환기교육</td><td>농촌지역
주거환경개선</td></tr>
<tr><td>12:00
~
13:00</td><td colspan="5">급식소 배식 및 점심 식사</td></tr>
<tr><td>13:00
~
15:00</td><td>프로그램 참여 3
(보치아/직업재활)</td><td rowspan="2">주거환경개선
사업</td><td rowspan="2">사례관리
5차 상담</td><td>장애청소년
전환기교육
(10:00~14:00)</td><td rowspan="2">농촌지역
주거환경개선</td></tr>
<tr><td>15:00
~
17:30</td><td>2차
복지영상제작</td><td>케이스컨퍼런스
(사례관리팀)</td></tr>
<tr><td>17:30
~
18:00</td><td colspan="3">일과 정리 및 슈퍼비전</td><td>전체 직원모임
참석
(17:30~18:30)</td><td>일과 정리 및
슈퍼비전</td></tr>
<tr><td>과제물</td><td>- 실습일지
- 숲체험 평가서 및 결과보고서 제출
- 참관일지
- 상담일지</td><td>- 실습일지
- 캠페인사업계획서 작성
- 분야별 프로그램 작성</td><td>- 실습일지
- 상담일지
- 참관일지
- 이동복지관사업계획서 작성</td><td>- 실습일지
- 케이스 컨퍼런스 작성
- 참관일지</td><td>- 실습일지</td></tr>
</table>

❑ 사회복지현장실습 4주차

<table>
<tr><th>시 간</th><th>7.15(월)</th><th>7.16(화)</th><th>7.17(수)</th><th>7.18(목)</th><th>7.19(금)</th></tr>
<tr><td>09:00
~
10:00</td><td>08:30
아침조회 참석
과제점검 및 일과 공유
차량운행 보조탑승</td><td colspan="4">과제 점검 및 일과 공유 / 차량운행 보조탑승</td></tr>
<tr><td>10:00
~
12:00</td><td>캠페인 진행</td><td>프로그램참여
(장애인 일자리)</td><td>ㅇㅇ지역방문
ㅇㅇ드림사업</td><td>분야별
단위사업진행
(과장 · 팀장 · 사회복지사)</td><td>종합평가
(사회복지사)</td></tr>
<tr><td>12:00
~
13:00</td><td colspan="5">급식소 배식 및 점심식사</td></tr>
<tr><td>13:00
~
15:00</td><td>이동복지관</td><td>3차
복지영상제작</td><td rowspan="2">ㅇㅇ지역방문
ㅇㅇ드림사업</td><td>분야별 평가회의 및 평가서 작성
(과장 · 팀장 · 사회복지사)</td><td rowspan="2">문화체험 및 스포츠 활동
(사회복지사)</td></tr>
<tr><td>15:00
~
17:30</td><td>멘토 · 멘티
만남의 시간
(팀장 · 사회복지사)</td><td>단위사업
프로그램 준비</td><td>4차 복지영상제작</td></tr>
<tr><td>17:30
~
18:00</td><td colspan="5">일과 정리 및 슈퍼비전</td></tr>
<tr><td>과제물</td><td>- 실습일지
- 참관일지
- 캠페인사업 평가회</td><td>- 실습일지
- 캠페인사업 결과보고서 제출
- 이동복지관 사업 평가회</td><td>- 실습일지
- 분야별 프로그램 결과보고서
- 이동복지관 사업 결과 보고서 제출</td><td>- 실습일지
- 유관기관 방문 일지 작성</td><td>- 실습일지
- 복지영상 제출
- 종합평가서
- 케이스 컨퍼런스 제출</td></tr>
</table>

출처 : B장애인복지관 실습 일정표를 수정 · 보완하였음.

2) 장애인복지관 실습일정표 예시(2021, 코로나19로 인해 대면과 비대면 복합실습)

2021년 사회복지현장실습 일정표

❑ 사회복지현장실습 1주차

[실습기관과 우리 마을 만나기, 알아가기]

<table>
<tr><th>시 간</th><th>7.05(월)</th><th>7.06(화)</th><th>7.07(수)</th><th>7.08(목)</th><th>7.09(금)</th></tr>
<tr><td>09:00
~
10:00</td><td>08:30
아침직원조회참석,
과제점검 · 일과공유
실습일정 안내</td><td colspan="3">과제점검(*실습목적서, 복지관 알아오기, 명함) 및 일과 공유 / 비대면인사(사내방송)</td><td rowspan="2">08:00
일자리기본소득사업
노인일자리사업
업무 및 열체크 동행
장애인일자리사업
견학
보호작업장 체험</td></tr>
<tr><td>10:00
~
12:00</td><td>사회복지사의
가치와 윤리 및
만남의 시간</td><td>마을지향1사업
사례관리 재가사업
마을공동체(00수성
마을) 현장체험</td><td>역사회 내
개인정보보호의
중요성과 가치 및
만남의 시간</td><td>통합돌봄사업
어르신 및 장애인
주간보호센터 체험</td></tr>
<tr><td>12:00
~
13:00</td><td colspan="5">점심식사(장혜정)</td></tr>
<tr><td>13:00
~
14:30</td><td>○○복지관 미션과
가치 및 만남의 시간</td><td>마을지향2사업</td><td>사회통합사업
장애인식개선교육</td><td rowspan="3">지원사업
홍보 · 후원사업
자원봉사사업('90)

재무사업
재무회계규칙
이해('90)

건강도모사업('30)</td><td>지역공생팀사업</td></tr>
<tr><td>14:30
~
15:30</td><td>15:00
선배사회복지사가
말한다</td><td>단위사업 계획 및
평가서 작성의
이해</td><td>평생학습사업</td><td>실습생 발표 (1)
복지관 알아오기와
실제 나눔</td></tr>
<tr><td>15:30
~
16:30</td><td rowspan="2">16:00
실습목적서 교육 및
복지관 알아오기
점검</td><td rowspan="2">'예비
사회복지사인 나,
○○○ 알아가기'
- MBTI 검사</td><td rowspan="2">문서작성의 이해</td><td rowspan="2">15:30 또는 16:00
'예비 사회복지사
○○○를(을)
소개합니다'
준비 완료 및 게시</td></tr>
<tr><td>16:30
~
17:30</td><td>글쓰기의 이해</td></tr>
<tr><td>17:30
~
18:00</td><td colspan="5">분야별 당일 평가(글쓰기 및 사진 기록) / 실습생 명함제작 확인(박지욱)
일과 정리 및 슈퍼비전</td></tr>
<tr><td>과제물</td><td>- 실습일지
- 카페 글 업데이트
- 비대면인사 준비
- 실습계약서 확인
- 명함제출 및 점검
- 프로그램 참여일지</td><td>- 실습일지
- 카페 글 업데이트
- 비대면인사 준비
- 프로그램 참여일지</td><td>- 실습일지
- 카페 글 업데이트
- 비대면인사 준비
- 프로그램 참여일지</td><td>- 실습일지
- 카페 글 업데이트
- 비대면인사 준비
- 프로그램 참여일지</td><td>- 실습일지
- 기관홈페이지 글
업데이트(주제
지정)
- 프로그램 참여일지
- 비대면인사 준비</td></tr>
</table>

❑ 사회복지현장실습 2주차

[지역에서, 온라인에서~ 멘토 그리고 랜선 동료들과 함께하는 사회사업]

시 간	7.12(월)	7.13(화)	7.14(수)	7.15(목)	7.16(금)
09:00 ~ 10:00	08:30 아침조회 참석 과제점검 및 일과공유	과제(실습목적서 최종안, 유관기관 방문일지) 점검 및 일과 공유 / 비대면인사(사내방송)			
10:00 ~ 12:00	장애청소년 전환기교육	복지요결 ZOOM 강의 한○연(사회○○정보원)			
12:00 ~ 13:00	점심식사 / '예비 사회복지사 ○○○를(을) 소개합니다' (로비 등, 2인1조)				
13:00 ~ 14:00	주거환경개선	사례특강 ZOOM 강의 한0연(사회○○정보원)			
14:00 ~ 16:30		평생교육 (장애인 · 어르신) 현장학습 평생학습팀	지역기관의 이해 및 지역사회활동가 특강 (○○군 수어통역센터)	복지요결 · 사례특강 소감 나눔	실습생발표 (2) 실습 중간 평가 및 사회복지 비전 나누기
16:30 ~ 17:30	3주차 캠페인 관련 회의 및 준비 (계획서 작성, 물품구입, 행사물 제작 등)				3주차 캠페인 관련 최종 점검
17:30 ~ 18:00	분야별 당일 평가(글쓰기 및 사진 기록) 일과 정리 및 슈퍼비전				
과제물	- 실습일지 - 카페 글 업데이트 - 비대면인사 준비 - 프로그램 참여일지 - 유관기관 방문일지 작성 - 회의록 (캠페인)	- 실습일지 - 카페 글 업데이트 - 비대면인사 준비 - 유관기관 방문 일지 작성 - 프로그램 참여일지 - 회의록(캠페인) - 캠페인계획서 작성	- 실습일지 - 카페 글 업데이트 - 비대면인사 준비 - 프로그램 참여일지 - 회의록 (캠페인) - 캠페인계획서 작성	- 실습일지 - 카페 글 업데이트 - 비대면인사 준비 - 프로그램 참여일지 - 회의록(캠페인) - 캠페인계획서 작성	- 실습일지 - 비대면인사 준비 - 기관홈페이지 글 업데이트 (주제 지정) - 회의록(캠페인) - 캠페인계획서 작성

❑ 사회복지현장실습 3주차

[지역으로 쏙. 마을로 쏙, 주민으로 쏙 - 사업기초 쌓아가기]

<table>
<tr><th>시 간</th><th>7.19(월)</th><th>7.20(화)</th><th>7.21(수)</th><th>7.22(목)</th><th>7.23(금)</th></tr>
<tr><td>09:00
~
10:00</td><td>08:30
아침조회 참석
과제점검 및 일과공유</td><td colspan="4">과제점검(유관기관방문일지, 상담일지, 회의록, 단위사업계획서 및 실습평가서) 및 일과 공유</td></tr>
<tr><td>10:00
~
12:00</td><td>복지관으로 쏙~
마을로 쏙~
캠페인
3인 1조 진행</td><td>분야별 사업
(장애인 · 어르신)
오리엔테이션 및 기획</td><td>장애인안심마을 및 발달장애인안전지대, 시민옹호인사업소개와 AAC 메뉴판 제작의 기초</td><td>AAC 메뉴판 제작
(심화1)</td><td>AAC 메뉴판 제작(심화2)</td></tr>
<tr><td>12:00
~
13:00</td><td colspan="5">점심식사(장혜정) · 캠페인과 연계하여 급식소에 관련된 이벤트(급식소)</td></tr>
<tr><td>13:00
~
15:30</td><td>복지관으로 쏙~
마을로 쏙~
캠페인
3인 1조 진행</td><td>분야별 사업
(장애인 · 어르신)
인사하기
2인 1조 진행</td><td>분야별 사업
(장애인 · 어르신)
인사하기
2인 1조 진행</td><td>밑반찬사업 지원
마을지향1팀</td><td rowspan="2">분야별 사업
(장애인 · 어르신)
여쭙기
2인 1조 진행</td></tr>
<tr><td>15:30
~
16:30</td><td>캠페인 평가회의</td><td>팀별 회의</td><td>팀별 회의</td><td>(소감나눔)</td></tr>
<tr><td>16:30
~
17:30</td><td colspan="5">캠페인평가서 작성, 팀 회의록(AA C메뉴판 및 분야별 사업), 단위사업계획서 작성</td></tr>
<tr><td>17:30
~
18:00</td><td colspan="5">분야별 당일 평가(글쓰기 및 사진 기록)
일과 정리 및 슈퍼비전</td></tr>
<tr><td>과제물</td><td>- 실습일지
- 카페 글 업데이트
- 캠페인 평가서 및 결과보고서 작성</td><td>- 실습일지
- 카페 글 업데이트
- 캠페인 평가서 및 결과보고서 제출
- 분야별 상담일지
- 분야별 사업계획서 작성 준비</td><td>- 실습일지
- 카페 글 업데이트
- 분야별 상담일지
- 회의록(AAC)
- 분야별 사업계획서 작성 초안</td><td>- 실습일지
- 카페 글 업데이트
- 회의록(AAC)
- 지역사회활동 보고서(밑반찬, 자원봉사자)
- 분야별 사업계획서 작성 심화</td><td>- 실습일지
- 카페 글 업데이트
- 기관홈페이지 업데이트(주제자유)
- 회의록(AAC)
- 상담일지
- 분야별 사업계획서 작성 제출</td></tr>
</table>

❑ 사회복지현장실습 4주차

[지역으로 쏙. 마을로 쏙, 주민으로 쏙 - 사업실행 및 마무리]

시 간	7.26(월)	7.27(화)	7.28(수)	7.29(목)	7.30(금)
09:00 ~ 10:00	08:30 아침조회 참석 과제점검 및 일과 공유	과제 점검(단위사업 평가서 및 실습평가서) 및 일과 공유			
10:00 ~ 12:00	숲체험프로그램 참여	AAC 메뉴판 제작(최종)	분야별 사업 실행 (장애인) '사드락 소풍가자'/ 전체 실습생 지원	분야별 사업 실행 (어르신) '마을 버스킹'/ 전체 실습생 지원	실습생 발표(3) 최종 종합평가
12:00 ~ 13:00	점심식사(장혜정)				
13:00 ~ 14:30	분야별 사업 (장애인 · 노인) 부탁하기	분야별 사업 (장애인 · 노인) 부탁하기	분야별 사업 (장애인) 감사하기/ 전체 실습생 지원	분야별 사업 (어르신) 감사하기/ 전체 실습생 지원	실습생 발표(3) 최종 종합평가 - [합동수료식과 문화체험]
14:30 ~ 16:00					
16:00 ~ 17:30	분야별 단위사업 준비 및 평가, 최종평가서 작성과 발표 준비				
17:30 ~ 18:00	분야별 당일 평가(글쓰기 및 사진 기록) 일과 정리 및 슈퍼비전				
과제물	- 실습일지 - 카페 글 업데이트 - 참관일지 (숲체험)	- 실습일지 - 카페 글 업데이트 - 분야별 사업결과보고 및 평가서	- 실습일지 - 카페 글 업데이트 - 분야별 사업결과보고 및 평가서	- 실습일지 - 카페 글 업데이트 - 유관기관 방문 일지 작성 - 분야별 사업결과보고 및 평가서 제출	- 실습일지 - 카페 및 홈페이지 글 최종 게시(실습 소감) *주말까지 업데이트 - 종합평가서

출처 : B장애인복지관 실습 일정표를 수정 · 보완하였음

CHAPTER 13

사회복지관에서의 실습

1. 사회복지관의 정의
2. 사회복지관 사업 유형
3. 사회복지관 사회복지현장실습 일정표

사회복지관에서의 실습

CHAPTER 13

'사회복지관'이란 지역사회를 기반으로 일정한 시설과 전문인력을 갖추고 지역주민의 참여와 협력을 통하여 지역사회복지 문제를 예방하고 해결하기 위하여 종합적인 복지서비스를 제공하는 시설을 말한다. 즉, 지역사회의 인적·물적 자원을 동원하여 지역사회 문제를 해결하고 주민의 복지욕구를 충족시키기 위한 종합적인 사회복지사업을 수행하는 사회복지시설을 말한다. 사회복지사업현장에서는 '지역사회복지관'이나 '종합사회복지관'으로 불리기도 한다. 여기서 지역사회복지란 주민의 복지증진과 삶의 질 향상을 위하여 지역사회 차원에서 전개하는 사회복지를 말한다.

이번 장에서는 사회복지관의 정의와 발달 과정 그리고 기능과 역할에 대해 설명하고 마지막으로 현장실습 프로그램 구성과 세부계획을 집중적으로 다뤄보고자 한다.

01 | 사회복지관의 정의

지역사회를 기반으로 일정한 시설과 전문인력을 갖추고 지역주민의 참여와 협력을 통하여 지역사회복지문제를 예방하고 해결하기 위하여 종합적인 복지서비스를 제공하는 시설을 말한다(「사회사업법」 제2조의5).

여기서 지역사회복지란 주민의 복지증진과 삶의 질 향상을 위하여 지역사회차원에서 전개하는 사회복지를 말한다.

즉, 「사회복지사업법」의 개념 정의에서는 사회복지관을 '기관'이 아닌 '시설'로 규정하고 있다는 점에서 한계를 보이고 있으나, 사회복지관이 지역사회 문제의 해결과 주민들의 복지서비스 욕구를 충족시키는 중심기관을 명확히 선언하고 있다.

1) 사회복지관의 발달 과정

우리나라 사회복지관은 1983년의 「사회복지사업법」 개정에 따라 국고보조금사업으로 자리 잡게 된 후 노태우 정부 시기인 1989년에 이르러 「주택건설촉진법」(현 주택법) 등에 저소득층 영구임대아파트 건립 시 일정규모의 사회복지관을 부속으로 건립할 것을 의무화했던 것이 전국적인 활성화의 기반이 되었다. 1906년 원산 인보관운동에서 사회복지관사업이 태동하였고, 2019년 기준으로 전국 468개소가 설치 운영 중이다.

2) 사회복지관의 특징

(1) 지역사회의 대표적인 사회복지서비스 기관

① 사회복지관의 역사는 19세기 말의 세틀먼트 하우스까지 올라간다. 사

회복지관만큼 경험과 노하우가 축적된 지역사회복지서비스기관은 없다. 한국에서도 사회복지관은 바로 사회복지의 역사라고 해도 과언이 아니다.

② 2000년대 이후 다른 서비스 기관이 나타나기 전까지는 사회복지관이 지역사회를 대표하는 독보적인 서비스 기관으로 자리잡아왔다. 물론 사회복지관의 대표성은 단지 역사가 길다는 사실만으로 주어지는 것이 아니다. 사회복지관은 서비스의 포괄성 측면에서도 대표적인 지역사회복지실천기관이라고 부를 만하다.

③ 사회복지관이 제공하는 서비스는 사회서비스의 거의 모든 분야를 포괄하고 있고 그 대상도 지역사회 전체를 아우른다. 또한 다른 서비스 기관이 우후죽순처럼 들어선 오늘날에도 지역사회복지서비스의 거점 기관으로 여겨진다.

(2) 사회서비스 제공에서 민관 파트너십을 상징하는 기관

현대 복지국가에서 사회서비스 제공은 기본적으로 국가의 의무로 간주되고 있다. 서구의 경우 사회서비스 제공은 대부분 공공 부문이 담당한다. 최근에 부분적인 민영화가 진행되고 있으나 아직도 공공 부문의 역할은 중요하다.

반면에 한국은 사회서비스의 제공을 처음부터 민관 파트너십의 형태로 시작하였다. 즉 국가가 서비스 시설을 설립하고 그 운영은 민간 기관에 위탁하는 방식이다. 사회복지관은 바로 이 민관 파트너십을 상징하는 존재로 출발했고 아직도 그러하다(김종일, 2018).

3) 사회복지관의 3대 기능

2012년 8월 3일 개정된 「사회복지사업법」 시행규칙에 의하면 이전의 5대

사업(가족복지, 지역사회보호, 지역사회조직, 교육 · 문화, 자활)이 3대 기능으로 전환되었다.

표 13-1 사회복지관의 기능

기능	내용
사례관리	사례관리란 만성적이고 복합적인 문제를 가지고 있는 클라이언트의 사회적 기능과 복지 증진을 도모하기 위해 이들의 욕구와 문제를 파악하고 지역사회 자원을 조직, 연계, 유지함으로써 맞춤형 통합 서비스를 제공하는 실천방법이자 과정이다. • 사례관리 사업은 인테이크(초기개입)에서부터 ⇒ 사정(욕구조사, 자원조사) ⇒ 사례개입계획 ⇒ 사례개입(서비스연계, 직접 개입) ⇒ 서비스 점검 ⇒ 평가 ⇒ 종결/재사정의 과정을 갖는다.
직접 서비스 제공	사회복지관은 지역사회의 취약계층을 비롯하여 지역사회 주민들이 필요로 하는 각종의 사회복지서비스를 제공한다. 「사회복지사업법」에도 사회복지관이 저소득층, 장애인, 노인, 한부모 가족 등 취약 계층에게 필요한 서비스를 제공할 것을 규정하고 있다. 분야별 서비스의 내용은 대부분 상담, 교육, 훈련, 재가 서비스, 지원 서비스와 같은 것이다.
지역사회 조직화	지역사회를 단위로 해서 발생하는 사회적 모든 문제=지역사회에서 주민들의 공통적인 생활요소, 생활고 등의 문제를 지역사회 스스로가 조직적으로 해결하게끔 전문가인 지역사회사업가가 측면적으로 원조하는 기술과정이다. • 중심적인 기술적 요소는 조직적인 문제해결을 위해 그들의 요구와 제 자원의 효과적인 조정이나, 주민과 집단 간의 자주적인 협력 · 협동의 태세를 확립하는 것이다.

4) 사회복지관의 운영의 8원칙

한국사회복지관협회 홈페이지(2021)에 소개된 사회복지관 운영의 8원칙을 살펴보면 다음과 같다.

① **지역성의 원칙** : 지역사회의 특성과 지역주민의 문제와 욕구를 신속하게 파악 · 반영하여 지역사회의 문제를 해결하고, 이에 따른 서비스를 제공, 주민의 적극적인 참여를 유도해 주민의 역할과 책임을 조장하여야 한다.

② **전문성의 원칙** : 다양한 지역사회 문제에 대처하기 위해 일반적 프로그램과 특정한 문제를 해결할 수 있는 전문적 프로그램이 병행될 수 있도록 지식과 기술을 보유한 전문인력이 사업을 수행할 수 있도록 하

고, 인력에 대한 지속적인 재교육 등을 통해 전문성을 증진하도록 하여야 한다.

③ **책임성의 원칙** : 지역사회의 이용자 등에게 사업 수행에 따른 효과성, 효율성을 입증하고 책임을 다하려는 다각적 노력을 기울여야 한다.

④ **자율성의 원칙** : 다양한 복지서비스를 효율적으로 제공하기 위해 복지관의 능력과 전문성이 최대한 발휘될 수 있도록 자율적으로 운영하여야 한다.

⑤ **통합성의 원칙** : 사업을 수행하면서 지역 내 공공 및 민간 복지기관 간에 연계성과 통합성을 강화시켜 지역사회복지 체계를 효율적, 효과적으로 운영하도록 한다.

⑥ **자원 활용의 원칙** : 주민 욕구가 다양해짐에 따라 다양한 기능 인력과 재원이 필요하므로 지역사회 내의 복지자원을 최대한 동원 · 활용하여야 한다.

⑦ **중립성의 원칙** : 정치 활동, 영리 활동, 특정 종교 활동 등에 이용되지 않도록 중립성을 유지하는 일에 각별히 노력해야 한다.

⑧ **투명성의 원칙** : 자원을 효율적으로 이용하고 운영 과정의 투명성을 유지하여야 한다.

02 | 사회복지관 사업 유형

사회복지관의 사업을 큰 틀로 나누면 사례관리기능, 서비스제공기능, 지역조직화 기능으로 볼 수 있다. 이를 더 세부적으로 나열하면 사례 발굴, 사례 개입, 서비스 연계, 가족기능강화, 지역사회보호, 교육문화, 자활지원, 복지네트워크 구축, 주민조직화, 자원개발 및 관리로 나눌 수 있다.

또한 사회복지관의 역할과 기능은 모든 사회복지관들이 천편일률적인 사업을 시행하는 것이 아니라 사회복지관의 위치, 지역적 특성, 대상별 특성, 복지관의 규모, 담당인력 등에 의거하여 각 사회복지관이 전문성, 효율성, 책임성을 최대한 살릴 수 있는 능력의 범위 내에서 사업을 선택적으로 시행하고 있다.

표 13-2 사회복지관 세부 사업내용

사업명	내용	세부사업
사례관리 기능	현재의 파편화되고 분절화된 지역사회 복지서비스의 전달체계로 나아가기 위해 지역사회 내 민 · 관을 아우르는 서비스 네트워크 구축 및 다양한 지역주민의 복지욕구를 연결시켜 맞춤형 서비스의 제공	• 사례 발굴 지역 내 보호가 필요한 대상자 및 위기 개입대상자 발굴하여 개입계획 수립
		• 사례 개입 지역 내 보호가 필요한 대상자 및 위기 개입 대상자의 문제와 욕구에 대한 맞춤형 서비스가 제공될 수 있도록 사례개입
		• 서비스연계 사례개입에 필요한 지역 내 민간 및 공공의 가용자원과 서비스에 대한 정보 제공 및 연계, 의뢰
서비스 제공기능	클라이언트에게 직접적인 전문서비스가 제공되는 영역	• 가족기능 가족관계증진사업, 가족기능보완사업, 가정문제해결, 부양가족지원사업, 다문화, 북한이탈주민 등 지역 내 이용자 특성을 반영한 사업
		• 지역보호 급식서비스, 보건의료서비스, 경제적 지원, 일상생활지원, 정서서비스, 일시보호서비스, 재가복지봉사서비스,
		• 교육문화 아동 · 청소년 사회교육, 성인기능교실, 노인여가 · 문화, 문화복지
		• 자활지원 직업기능훈련, 취업알선, 직업능력개발, 그 밖의 특화사업
지역조직화 기능	지역 내 기관, 주민들과 네트워크 구축을 통한 조직화	• 복지네트워크 구축 지역사회연계사업, 지역욕구조사, 실습지도 등
		• 주민조직화 주민복지증진사업, 주민조직화사업, 주민교육 등
		• 자원개발 및 관리 자원봉사자 개발 · 관리, 후원자 개발 · 관리 등

출처 : 한국사회복지관협회 홈페이지(2021).

03 | 사회복지관 사회복지현장실습 일정표

1) 사회복지관 실습계획 예시(2019, 대면 실습 중심)

❑ 2019 여름 실습 일정

<table>
<tr><th>일정
시간</th><th>6.20(목)</th><th>6/24(월)</th><th>6/25(화)</th><th>6/26(수)</th><th>6/27(목)</th><th>6/28(금)</th></tr>
<tr><td>09:00~
10:00</td><td rowspan="4"></td><td>직원소개 및 인사
전체회의 참관</td><td>일정공유
일과준비</td><td colspan="3">○○으로 이동
(통합실습)</td></tr>
<tr><td>10:00~
11:00</td><td rowspan="2">기관소개 및
라운딩</td><td>책읽기
소감 나눔</td><td>개회식
각 기관 소개</td><td>사회복지사에게 윤리강령은 무엇인가</td><td>선배에게
듣는다</td></tr>
<tr><td>11:00~
12:00</td><td>지역일꾼
모임 참관</td><td>법인의 역사와 비전</td><td>조별 역할극
활동 준비</td><td>조별 나눔
수료식</td></tr>
<tr><td>12:00~
13:30</td><td colspan="5">점심 / 오후 일정 준비</td></tr>
<tr><td>13:30~
15:00</td><td rowspan="4">(14시-17시)
실습운영계획 및 실습일지 작성법 설명
(과제-책읽기, 편의증진법 검토)</td><td rowspan="2">마을 돌아보기
이동 약자가 불편한 곳 조사1
(지역조사 분석 보고서 포함)</td><td>사업의
이해1
자주00팀</td><td>사회복지와
사회적경제</td><td>조별 역할극
활동 준비</td><td rowspan="3">기관별
자율활동
(○○문화
산책)</td></tr>
<tr><td>15:00~
16:00</td><td rowspan="2">사업의
이해2
○○학교</td><td>실습생
만남의 시간</td><td>조별 역할극
발표</td></tr>
<tr><td>16:00~
17:30</td><td>복지관 및 주민만남 예절(16:30~)</td><td>역할극
조별회의</td><td>역할극
피드백</td></tr>
<tr><td>17:30~
18:00</td><td colspan="2">일정정리 / 슈퍼비전</td><td colspan="3">복지관으로 이동</td></tr>
<tr><td>과제</td><td>실습계약서</td><td colspan="5">실습일지(매일), 기관분석보고서, 지역사회분석보고서(7/5까지)</td></tr>
</table>

<table>
<tr><th>일정
시간</th><th>7/1(월)</th><th>7/2(화)</th><th>7/3(수)</th><th>7/4(목)</th><th>7/5(금)</th></tr>
<tr><td>09:00~
10:00</td><td>전체회의 참관</td><td colspan="4">일정공유 및 일과준비</td></tr>
<tr><td>10:00~
11:00</td><td rowspan="2">무료급식소개 및
참관</td><td rowspan="2">사업의 이해3
○○조직팀</td><td rowspan="2">사업의 이해4
○○사랑팀</td><td rowspan="2">문서작성법
(계획서 등)</td><td rowspan="2">집단슈퍼비전
(중간평가)</td></tr>
<tr><td>11:00~
12:00</td></tr>
<tr><td>12:00~
13:30</td><td colspan="5">점심 및 휴식 / 오후일정 준비</td></tr>
<tr><td>13:30~
15:30</td><td rowspan="2">분야 실습1
담당자 만남
세부 사업 이해</td><td>조직구조와
행정체계</td><td rowspan="2">분야 실습2
주민 만남
계획 논의 등</td><td rowspan="2">○○마루
조사사업
- 담당자 만남
- 설문 이해 등</td><td rowspan="2">분야 실습3
계획 1차 점검</td></tr>
<tr><td>15:30~
17:30</td><td>홍반장 활동1</td></tr>
<tr><td>17:30~
18:00</td><td colspan="5">일정정리 / 슈퍼비전</td></tr>
<tr><td>과제물</td><td colspan="5">실습일지(매일), 중간평가서(7/5 오전까지)</td></tr>
</table>

<table>
<tr><th>일정
시간</th><th>78(월)</th><th>7/9(화)</th><th>7/10(수)</th><th>7/11(목)</th><th>7/12(금)</th></tr>
<tr><td>09:00~
10:00</td><td>전체회의 참관</td><td colspan="4">일정공유 및 일과준비</td></tr>
<tr><td>10:00~
12:00</td><td>기관장과의 만남
법인소개
(~11:40)</td><td rowspan="2">○○마루
조사사업
-조사 진행
(두 조로 나눠
점심시간
활용)~14시</td><td>○○마루
조사사업
- 결과 정리</td><td>지역화폐 활동</td><td>지역화폐 활동</td></tr>
<tr><td>12:00~
13:30</td><td rowspan="2">○○마루
조사사업
-조사 진행
(11:40~14:30시
두 조로 나눠
점심시간 활용)</td><td colspan="3">점심 및 휴식 / 오후 일정 준비</td></tr>
<tr><td>13:30~
16:00</td><td>사회복지
이슈 발표</td><td>분야실습5</td><td rowspan="2">활동가와 함께
일하기</td><td rowspan="2">분야실습6</td></tr>
<tr><td>16:00~
17:30</td><td>분야실습4</td><td>홍반장 활동2</td><td>사업부 회의 및
활동가 회의</td></tr>
<tr><td>17:30~
18:00</td><td colspan="5">일정정리 / 슈퍼비전</td></tr>
<tr><td>과제물</td><td colspan="5">실습일지(매일), 분야실습 관련 과제(분야별 슈퍼바이저가 제시하는 과제와 기한에 맞게 제출)</td></tr>
</table>

<table>
<tr><th>일정
시간</th><th>7/15(월)</th><th>7/16(화)</th><th>7/17(수)</th><th>7/18(목)</th><th>7/19(금)</th></tr>
<tr><td>09:00~
10:00</td><td>전체회의 참관</td><td colspan="3">일정공유 및 일과준비</td><td>09:00~09:30
최종평가준비</td></tr>
<tr><td>10:00~
12:00</td><td>사례회의 참관</td><td>활동가와 함께 일하기</td><td>분야실습평가</td><td>최종평가 준비</td><td>09:30~12:30
최종평가회</td></tr>
<tr><td>12:00~
13:30</td><td colspan="4">점심 및 휴식/오후일정 준비</td><td>식사(송별회)</td></tr>
<tr><td>13:30~
17:30</td><td>분야 실습7
이동 약자가 불편한 곳 조사2 (지역조사 분석 보고서 포함)</td><td>분야실습</td><td>분야실습</td><td>최종평가 준비</td><td rowspan="2">실습
동료들과의
시간</td></tr>
<tr><td>17:30~
18:00</td><td colspan="4">일정정리 및 슈퍼비전</td></tr>
<tr><td>과제물</td><td colspan="5">- 실습일지(매일), 분야실습 관련 과제(분야별 슈퍼바이저가 제시하는 과제와 기한에 맞게 제출)
- 7/19까지 : 실습평가 설문지, 종합평가서</td></tr>
</table>

출처 : H사회복지관 실습일정을 수정·보완하였음

2) 사회복지관 실습일정표 예시(2021, 코로나19로 인해 대면과 비대면 복합실습)

❑ 2021년 실습일정

- 분야실습 : 주민○○활동(1팀), 함께○○ 이웃(2팀, 장애인 취미여가활동)
  기후위기프로젝트(3팀, ○○학교)

○ 1주

<table>
<tr><th rowspan="2">일정
시간</th><th>월</th><th>화</th><th>수</th><th>목</th><th>금</th></tr>
<tr><th>7/19</th><th>7/20</th><th>7/21</th><th>7/22</th><th>7/23</th></tr>
<tr><td>9:00~10:00</td><td>전 직원 주간회의 참석 / 직원소개 및 인사</td><td colspan="4">일정공유 / 복지요결 학습</td></tr>
<tr><td>10:00~11:00</td><td>기관장과의 만남</td><td rowspan="2">세부실행계획서 및 결과보고서 작성법</td><td rowspan="2">○○학교팀 소개</td><td rowspan="2">넉넉한○○팀 소개</td><td rowspan="2">분야실습 담당자 만남</td></tr>
<tr><td>11:00~12:30</td><td>기관소개, 라운딩</td></tr>
<tr><td>12:30~13:30</td><td colspan="5">점심시간</td></tr>
<tr><td>13:30~14:30</td><td>법인이해교육</td><td>복지관 및 주민만남 예절교육</td><td>사례관리 소개</td><td>기관방문1</td><td rowspan="4">분야실습</td></tr>
<tr><td>14:30~15:30</td><td>조직문화 및 의사소통 이해</td><td>조직구조와 행정체계</td><td>든든한○○ · 노인돌봄가족 지원사업 소개</td><td rowspan="3">기관방문2</td></tr>
<tr><td>15:30~16:30</td><td rowspan="2">마을 돌아보기 (관리사무소, 동네 돌아보기)</td><td rowspan="2">행정문서 작성법</td><td>장애인활동 보조 소개</td></tr>
<tr><td>16:30~17:30</td><td>청청팀 소개</td></tr>
<tr><td>17:30~18:00</td><td colspan="5">일정정리 / 슈퍼비전</td></tr>
</table>

○ 2주

<table>
<tr><th></th><th>7/26</th><th>7/27</th><th>7/28</th><th>7/29</th><th>7/30</th></tr>
<tr><td>9:00~10:00</td><td>전 직원 주간회의 참석</td><td colspan="4">일정공유 / 복지요결 학습</td></tr>
<tr><td>10:00~11:00</td><td rowspan="2">분야실습</td><td rowspan="2">분야실습</td><td rowspan="2">분야실습</td><td rowspan="5">중간평가 / 분야실습 슈퍼바이저와 함께하는 시간</td><td rowspan="2">분야실습</td></tr>
<tr><td>11:00~12:30</td></tr>
<tr><td>12:30~13:30</td><td colspan="3">점심시간</td><td>점심시간</td></tr>
<tr><td>13:30~14:30</td><td rowspan="4">분야실습</td><td>분야실습</td><td rowspan="4">분야실습</td><td rowspan="4">분야실습</td></tr>
<tr><td>14:30~15:30</td><td rowspan="2">홍반장활동 참여 (각 동 활동가)</td></tr>
<tr><td>15:30~16:30</td><td rowspan="2">분야실습</td></tr>
<tr><td>16:30~17:30</td><td>분야실습</td></tr>
<tr><td>17:30~18:00</td><td colspan="5">일정정리 / 슈퍼비전</td></tr>
</table>

○ 3주

<table>
<tr><th></th><th>8/2</th><th>8/3</th><th>8/4</th><th>8/5</th><th>8/6</th></tr>
<tr><td>9:00~10:00</td><td>전 직원
주간회의 참석</td><td colspan="4">일정공유 / 일과준비</td></tr>
<tr><td>10:00~11:00</td><td rowspan="2">분야실습</td><td rowspan="2">분야실습</td><td rowspan="2">분야실습</td><td rowspan="2">사회복지 이슈
발표</td><td rowspan="2">분야실습</td></tr>
<tr><td>11:00~12:30</td></tr>
<tr><td>12:30~13:30</td><td colspan="5">점심시간</td></tr>
<tr><td>13:30~14:30</td><td rowspan="4">분야실습</td><td rowspan="4">분야실습</td><td rowspan="4">분야실습</td><td rowspan="4">분야실습</td><td rowspan="4">분야실습</td></tr>
<tr><td>14:30~15:30</td></tr>
<tr><td>15:30~16:30</td></tr>
<tr><td>16:30~17:30</td></tr>
<tr><td>17:30~18:00</td><td colspan="5">일정정리 / 슈퍼비전</td></tr>
</table>

○ 4주

<table>
<tr><th></th><th>8/9</th><th>8/10</th><th>8/11</th><th>8/12</th><th>8/13</th></tr>
<tr><td>9:00~10:00</td><td>전 직원
주간회의 참석</td><td colspan="4">일정공유 / 일과준비</td></tr>
<tr><td>10:00~11:00</td><td rowspan="2">분야실습</td><td rowspan="2">분야실습</td><td rowspan="2">분야실습</td><td rowspan="2">최종평가회
준비</td><td rowspan="2">최종평가회
및 수료식</td></tr>
<tr><td>11:00~12:30</td></tr>
<tr><td>12:30~13:30</td><td colspan="4">점심시간</td><td>실습생 송별회</td></tr>
<tr><td>13:30~14:30</td><td rowspan="4">분야실습</td><td rowspan="4">분야실습</td><td rowspan="4">분야실습</td><td rowspan="4">최종평가회
준비</td><td rowspan="5">실습생과
함께하는 시간</td></tr>
<tr><td>14:30~15:30</td></tr>
<tr><td>15:30~16:30</td></tr>
<tr><td>16:30~17:30</td></tr>
<tr><td>17:30~18:00</td><td colspan="4">일정정리 / 슈퍼비전</td></tr>
</table>

출처 : H사회복지관 실습일정을 수정 · 보완하였음.

PART 04

사회복지현장 내의 고충

CHAPTER 14

사회복지현장 내 괴롭힘 및 성희롱에 대하여

1. 직장 내 괴롭힘 금지법
2. 성희롱 관련법
3. 사회복지현장 내 괴롭힘 및 성희롱 예방을 위하여

사회복지현장 내 괴롭힘 및 성희롱에 대하여

CHAPTER 14

사회복지에 관한 전문지식과 기술을 가지고 사회복지사업에 종사하는 사회복지사를 비롯한 복지업무에 종사하는 사람들에게 나타난 괴롭힘과 성희롱의 원인과 해결책은 바라보는 시각과 맥락에 따라 다양하다.

복지업무에 종사하는 사람은 사회복지를 필요로 하는 사람을 위하여 인권을 존중하고 차별 없이 최대로 봉사하여야 한다(「사회복지사업법」 제5조 인권존중 및 봉사의 원칙). 사회복지현장은 사회복지를 필요로 하는 시민의 인권존중과 비차별을 중요하게 여기고 보장하는 것이다. 사회복지사들을 비롯한 사회복지현장 종사자들의 노동권을 비롯한 인권이 존중되어야 한다.

사회복지현장 내 괴롭힘 및 성희롱에 관한 법적 검토는 사회복지현장에서 발생할 수 있는 지위나 관계에서의 우위를 이용해 다른 사회복지종사자에게 신체적 · 정신적 고통을 주는 것을 금지하는 관련 법률과 사회복지기관 및 시설에서 괴롭힘 발생 시 조치에 관한 법적 검토를 살펴본다.

01 | 직장 내 괴롭힘 금지법

1) 근로기준법

「근로기준법」에 명시된 제도로, 사용자나 근로자가 직장에서 지위나 관계에서의 우위를 이용해 다른 근로자에게 신체적·정신적 고통을 주는 것을 금지하는 법이다. 2019년 1월 15일에 기존 「근로기준법」에 제6장의2로 신설되어, 2019년 7월 16일부터 시행되기 시작했다.

제76조의2(직장 내 괴롭힘의 금지) 사용자 또는 근로자는 직장에서의 지위 또는 관계 등의 우위를 이용하여 업무상 적정범위를 넘어 다른 근로자에게 신체적·정신적 고통을 주거나 근무환경을 악화시키는 행위(이하 "직장 내 괴롭힘"이라 한다)를 하여서는 아니 된다.

제76조의3(직장 내 괴롭힘 발생 시 조치) ① 누구든지 직장 내 괴롭힘 발생 사실을 알게 된 경우 그 사실을 사용자에게 신고할 수 있다.

② 사용자는 제1항에 따른 신고를 접수하거나 직장 내 괴롭힘 발생 사실을 인지한 경우에는 지체 없이 당사자 등을 대상으로 그 사실 확인을 위한 조사를 실시하여야 한다.

③ 사용자는 제2항에 따른 조사기간 동안 직장 내 괴롭힘과 관련하여 피해를 입은 근로자 또는 피해를 입었다고 주장하는 근로자(이하 "피해근로자 등"이라 한다)를 보호하기 위하여 필요한 경우 해당 피해근로자 등에 대하여 근무장소의 변경, 유급휴가 명령 등 적절한 조치를 하여야 한다. 이 경우 사용자는 피해근로자 등의 의사에 반하는 조치를 하여서는 아니 된다.

④ 사용자는 제2항에 따른 조사 결과 직장 내 괴롭힘 발생 사실이 확인

된 때에는 피해근로자가 요청하면 근무장소의 변경, 배치전환, 유급휴가 명령 등 적절한 조치를 하여야 한다.

⑤ 사용자는 제2항에 따른 조사 결과 직장 내 괴롭힘 발생 사실이 확인된 때에는 지체 없이 행위자에 대하여 징계, 근무장소의 변경 등 필요한 조치를 하여야 한다. 이 경우 사용자는 징계 등의 조치를 하기 전에 그 조치에 대하여 피해근로자의 의견을 들어야 한다.

⑥ 사용자는 직장 내 괴롭힘 발생 사실을 신고한 근로자 및 피해근로자 등에게 해고나 그 밖의 불리한 처우를 하여서는 아니 된다.

'직장 내 괴롭힘'은 사용자나 근로자가 직장에서의 지위나 관계에서의 우위를 이용해 업무 외적인 범위에서 다른 근로자에게 신체적 · 정신적 고통을 주거나 근무환경을 악화시키는 행위이다(제76조의2). 직장 내 괴롭힘을 알게 된 누구든지 발생 사실을 사용자에서 신고 가능하며, 신고를 받거나 사실을 인지한 사용자는 지체 없이 조사할 의무가 있다(제76조의3 제1항).

이때 사용자는 괴롭힘 피해자의 의견에 따라 근무장소 변경, 유급휴가 명령 등의 조치를 취해야 하며, 괴롭힘 행위자에 대해서는 징계 등의 명령을 내려야 한다(제76조의3 제4, 5항). 또한 발생 사실을 신고하거나 피해를 주장했다는 이유로 괴롭힘 피해자나 신고자에게 해고 등의 불이익한 처우를 금지하고, 만약 이를 위반할 경우 사용자는 3년 이하의 징역 또는 3천만원 이하의 벌금을 물어야 한다(제76조의3 제6항).

2) 현행 직장 내 괴롭힘 금지법의 문제점

기존 직장 내 괴롭힘 금지법은 시행 시부터 여러 가지 문제점이 지적되었다. 첫 번째 문제점은 직장 내 괴롭힘 금지법의 적용 범위이다. 직장 내 괴롭힘 금지가 규정된 근로기준법에서는 상시 근로자수 5인 미만의 사업장에는 적용되지 않는다. 한국 전체 사업체 중 5인 미만 사업체의 비중이 61.6%인 점을 감안하면, 이미 절반 이상의 사업장의 노동자들은 직장 내 괴롭힘 금지법의 보호를 받지 못한다. 또한, 원청과 하청 간 관계에서 원청노동자가 하청소속 노동자에 대하여 근로기준법상 직장 내 괴롭힘 행위자로 인정되지 않기 때문에, 괴롭힘이 발생해도 직장 내 괴롭힘 행위로 인정되지 않는다. 특수고용 노동자의 경우에도 근로기준법상 근로자로 인정되지 않기 때문에 이들에 대한 괴롭힘 행위 또한 직장 내 괴롭힘 행위가 아니게 된다. 사회복지기관 및 시설의 경우에서도 근로기준법상 상시 근로자수 5인 미만의 사업장, 즉 소규모사회복지기관 시설에서는 직장 내 괴롭힘이 발생해도 직장 내 괴롭힘 행위로 인정되지 않아 법적 보호를 받지 못하게 되는 문제가 있다.

두 번째 문제점은 직장 내 괴롭힘 발생 시 조사 및 조치 등의 권한이 회사 즉 사회복지기관 및 시설에게 편중되어 있다는 것이다. 현행법에 따르면 직장 내 괴롭힘 발생 시 사회복지기관은 괴롭힘 사실을 조사하고 괴롭힘 사실 확인 시 행위자에 대한 징계 등의 조치를 하여야 하지만, 이를 소홀히 할 경우 처벌 조항이 없기 때문에 관련 조치를 취하는 데에 적극적이지 않다. 오히려 '직장 내 괴롭힘이 만연한 회사(사회복지기관 · 시설)' 이미지로 낙인찍히기 싫어서 피해 사회복지종사자에게 행위자와 적극적인 화해를 종용하기도 한다. 직장 내 괴롭힘 행위자에 대한 별도의 처벌 규정도 없는 상태에서 이러한 사회복지기관의 태도는 피해 사회복지종사자에 대한 2차 · 3차 가해로 나아가기도 한다.

세 번째 문제점은 사용자(사회복지기관장)가 직장 내 괴롭힘 가해자일 경우이다. 직장 내 괴롭힘 발생 시 조사 의무 및 행위자 처벌 등의 권한 주체가 사용자로 되어 있다. 근로기준법상 사용자가 직장 내 괴롭힘 행위자인 경우, 조사가 객관적으로 이루어지지 않을 가능성이 높으며, 이에 따라 행위자 징계에 있어서도 소극적일 수 있다. 소규모 사회복지기관 시설이거나 친인척을 고용한 사회복지사업장에서 발생한 괴롭힘의 경우 이러한 문제점이 더 크게 부각되었다.

위와 같은 문제점으로 인해 직장 내 괴롭힘과 관련하여 1차적으로 조치 의무를 하여야 하는 곳이 회사(사회복지기관 · 시설)이기 때문에 먼저 회사에 직장 내 괴롭힘 신고를 하여야 하고, 바로 노동청에 산고하여도 회사에 권고 정도만 있다.

3) 개정 직장 내 괴롭힘 금지법 내용

현행 직장 내 괴롭힘 금지법이 현장에서 제대로 적용되지 않자, 정부는 2021년 4월 13일 개정법률을 공포하였고, 올해 10월 14일부터는 개정된 직장 내 괴롭힘 관련 조항이 시행된다. 개정된 내용은 다음과 같다.

① **조사과정에서 사용자의 객관적 조사의무 명문화** : 기존에는 사용자가 직장 내 괴롭힘 행위의 신고를 접수하거나 인지하는 경우 '사실 확인을 위한 조사'를 실시하여야 했으나, 개정법에서는 '당사자 등을 대상으로 그 사실 확인을 위하여 객관적으로 조사를 실시하여야' 한다고 개정되었다(「근로기준법」 제76조 제2항).

② **사용자 및 사용자 친족이 직장 내 괴롭힘 행위자인 경우 과태료 부과** : 기존에는 사업주 등 사용자가 직장 내 괴롭힘 행위자라 하더라도 별다른 처벌조항이 없었으나, 개정법에 따르면 사용자 및 사용자의 친족 등이 직장 내 괴롭힘 행위자인 경우 1천만원 이하의 과태료 부과 대상이 되었다(「근로기준법」 제116조 제1항 신설).

③ **직장 내 괴롭힘 조사 관련자의 비밀유지 의무 명문화** : 기존에도 직장 내 괴롭힘 조사에 관여한 사람들의 비밀유지 의무가 명문화되어 있지는 않았으나, 피해자 등에 대한 N차 가해 및 개인정보 보호를 위하여 당연히 조사 관련자들의 비밀유지 의무가 있었다. 개정법에서는 이러한

비밀유지 의무를 명문화하여, 조사 관련자들에게 조사 과정에서 알게 된 비밀을 피해자의 의사에 반하여 누설할 수 없음을 규정하였다(「근로기준법」 제76조의3 제7항 신설).

④ **객관적 직장 내 괴롭힘 조사 의무, 피해자 보호 및 가해자 징계 조치, 비밀유지 의무 위반 시 과태료 부과** : 개정법에 따르면 사용자가 직장 내 괴롭힘 조사를 객관적으로 실시하지 않거나, 피해노동자에 대한 적절한 보호조치 및 행위자에 대한 적절한 징계 등의 조치를 하지 않는 경우, 그리고 비밀유지 의무를 위반하는 경우 500만원 이하의 과태료 부과 대상이 되었다(「근로기준법」 제116조 제2항).

4) 개정법 시행 이전 발생한 직장 내 괴롭힘의 경우

개정법의 부칙에서는 "이 법 시행 후 발생한 직장 내 괴롭힘의 경우부터 적용한다"로 규정하고 있다.

현행법의 문제점으로 가장 먼저 지적된 5인 미만 사업장 및 원 하청 관계 및 특고노동자에게 발생한 직장 내 괴롭힘 문제이다. 개정법에서도 소규모 사업장 및 하청 노동자, 특수고용 노동자들은 직장 내 괴롭힘 관련 조항의 적용에서 여전히 제외되고 있다. 국가인권위원회에서도 지난 3월 31일 성명에서 개정된 직장 내 괴롭힘 관련 조항에 환영의 뜻을 표하면서도 가해자 피해자 간 접촉이 빈번해 괴롭힘 문제가 더욱 심각한 소규모 사업장은 이번 법 개정에서도 적용범위에서 제외되었다는 점을 지적하기도 하였다.

직장 내 괴롭힘은 법에 규정되는 것을 넘어 조직문화 차원에서도 중요한 문제이다. 조직 내 구성원들이 직장 내 괴롭힘이 무엇인지 알고 왜 하면 안 되는지, 본인의 행동 중 반성해야 할 점이 무엇인지, 조직체계 중 직장 내 괴롭힘을 유발하는 지점을 발견하고 어떤 방향으로 바꿔나가야 할지 등이 조직 차원에서 공유되어야 하고 학습되어야 한다.

02 | 성희롱 관련법

성희롱에 대한 법적 정의 및 관련 규정은 1996년 「여성발전기본법」(현행 양성평등기본법)에서 처음 법제화되었다. 이 법은 성희롱의 개념을 명시하고 국가와 지방자치단체, 사업주 등에게 성희롱 예방 조치를 취할 의무를 부과했다. 이어서 2014년 이후 「국가인권위원회법」 및 「남녀고용평등과 일 · 가정 양립 지원에 관한 법률」(이하 '고용평등법'이라 한다)에 '성희롱'에 대한 내용이 규정되었다. 성희롱 관련법으로 「양성평등기본법」, 「국가인권위원회법」, 「고용평등법」 등에서 성희롱에 대한 정의 및 성희롱의 성립 요건을 살펴보자.

대한민국 현행법상 성희롱 개념을 대법원은 다음과 같이 요약했다. 성희롱이란 업무, 고용, 그 밖의 관계에서 국가기관 지방자치단체, 각급 학교, 공직유관단체 등 공공단체의 종사자, 직장의 사업주 상급자 또는 근로자가 ① 지위를 이용하거나 업무 등과 관련하여 정적 언동 또는 성적 요구 등으로 상대방에게 성적 굴욕감이나 혐오감을 느끼게 하는 행위, ② 상대방이 성적 언동 또는 요구 등에 따르지 아니한다는 이유로 불이익을 주거나 그에 따르는 것을 조건으로 이익 공여의 의사표시를 하는 행위를 하는 것을 말한다(대법원 2018.4.12. 선고 2017두74702 판결).

1) 양성평등기본법 제3조 제2호

"성희롱"이란 업무, 고용, 그 밖의 관계에서 국가기관 지방자치단체 또는 대통령령으로 정하는 공공단체의 종사자, 사용자 또는 근로자가 다음 각 목의 어느 하나에 해당하는 행위를 하는 경우를 말한다.

가. 지위를 이용하거나 업무 등과 관련하여 성적 언동 또는 성적 요구 등으로 상대방에게 성적 굴욕감이나 혐오감을 느끼게 하는 행위

나. 상대방이 성적 언동 또는 요구에 대한 불응을 이유로 불이익을 주거나 그에 따르는 것을 조건으로 이익 공여의 의사표시를 하는 행위

2) 국가인권위원회법 제2조 제3호

성희롱 행위란 업무, 고용, 그 밖의 관계에서 공공기관의 종사자, 사용자 또는 근로자가 그 직위를 이용하여 또는 업무 등과 관련하여 성적 언동 등으로 성적 굴욕감 또는 혐오감을 느끼게 하거나 성적 언동 또는 그 밖의 요구 등에 따르지 아니한다는 이유로 고용상의 불이익을 주는 것을 말한다.

3) 고용평등법 제2조 제2호

"직장 내 성희롱"이란 사업주 상급자 또는 근로자가 직장 내의 지위를 이용하거나 업무와 관련하여 다른 근로자에게 성적 언동 등으로 성적 굴욕감 또는 혐오감을 느끼게 하거나 성적 언동 또는 그 밖의 요구 등에 따르지 아니하였다는 이유로 고용에서 불이익을 주는 것을 말한다.

4) 성희롱의 성립 요건

'상대방이 불쾌하면 성희롱'이라는 인식이 널리 퍼져 있으나, 법원은 그렇게 보지 않는다. 어떤 행위가 성희롱으로 평가되면 불법행위가 되어 손해배상책임이 발생하므로 그 성립 여부는 당연히 객관적으로 판단되어야 한다.

대법원 2007.6.14. 선고 2005두6461 판결은 성희롱의 전제 요건인 '성적 언동 등'이란 남녀 간의 육체적 관계나 남성 또는 여성의 신체적 특징과 관련된 육체적, 언어적, 시각적 행위로서 사회공동체의 건전한 상식과 관행에 비추어 볼 때 객관적으로 상대방과 같은 처지에 있는 일반적이고도 평균적

인 사람으로 하여금 성적 굴욕감이나 혐오감을 느끼게 할 수 있는 행위를 의미하고 있다.

위와 같이 성희롱이 성립하기 위해서는 행위자에게 반드시 성적 동기나 의도가 있어야 하는 것은 아니지만, 당사자의 관계, 행위가 행해진 장소 및 상황, 행위에 대한 상대방의 명시적 또는 추정적인 반응의 내용, 행위의 내용 및 정도, 행위가 일회적 또는 단기간의 것인지 아니면 계속적인 것인지 여부 등의 구체적 사정을 참작하여 볼 때, 객관적으로 상대방과 같은 처지에 있는 일반적이고도 평균적인 사람으로 하여금 성적 굴욕감이나 혐오감을 느낄 수 있게 하는 행위가 있고, 그로 인하여 행위의 상대방이 성적 굴욕감이나 혐오감을 느꼈음이 인정되어야 한다. 따라서 객관적으로 상대방과 같은 처지에 있는 일반적이고도 평균적인 사람으로 하여금 성적 굴욕감이나 혐오감을 느끼게 하는 행위가 아닌 이상 상대방이 성적 굴욕감이나 혐오감을 느꼈다는 이유만으로 성희롱이 성립할 수는 없다.

다만, 대법원은 다음과 같이 부연한다. 법원이 성희롱 관련 소송의 심리를 할 때에는 그 사건이 발생한 맥락에서 성차별 문제를 이해하고 양성평등을 실현할 수 있도록 '성인지 감수성'을 잃지 않아야 한다(「양성평등기본법」 제5조 제1항 참조). 그리하여 우리 사회의 피해자 중심적인 문화와 인식, 구조 등으로 인하여 피해자가 성희롱 사실을 알리고 문제를 삼는 과정에서 오히려 부정적 반응이나 여론, 불이익한 처우 또는 그로 인한 정신적 피해 등에 노출되는 이른바 '2차 피해'를 입을 수 있다는 점을 유념해야 한다. 피해자는 이러한 2차 피해에 대한 불안감이나 두려움으로 인하여 피해를 당한 후에도 가해자와 종전의 관계를 계속 유지하는 경우도 있고, 피해 사실을 즉시 신고하지 못하다가 다른 피해자 등 제3자가 문제를 제기하거나 신고를 권유한 것을 계기로 비로소 신고를 하는 경우도 있으며, 피해 사실을 신고한 후에도 수사기관이나 법원에서 그에 관한 진술에 소극적인 태도를 보이는 경우도 적지 않다. 이와 같은 성희롱 피해자가 처하여 있는 특별한 사정을 충분히 고려하지 않은 채 피해자의 진술의 증명력을 가볍게 배척하는 것은 정의와 형평의 이념에 입각하여 논리와 경험의 법칙에 따른 증거판단이라고 볼 수 없다(대법원 2018.4.12. 선고 2017두74702 판결)고 판결한다.

5) 직장 내 성희롱의 예

「남녀고용평등과 일 · 가정 양립 지원에 관한 법률」 시행규칙 제2조, 별표 1을 직장 내 성희롱을 판단하기 위한 기준을 다음과 같이 예시하면서 아래와 같은 '비고'를 부연하고 있다.

❑ 성적인 언동의 예시

- 육체적 행위
  - 입맞춤, 포옹 또는 뒤에서 껴안는 등의 신체적 접촉행위
  - 가슴 · 엉덩이 등 특정 신체 부위를 만지는 행위
  - 안마나 애무를 강요하는 행위
- 언어적 행위
  - 음란한 농담을 하거나 음탕하고 상스러운 이야기를 하는 행위
  - 외모에 대한 성적인 비유나 평가를 하는 행위
  - 성적인 사실 관계를 묻거나 성적인 내용의 정보를 의도적으로 퍼트리는 행위
  - 성적인 관계를 강요하거나 회유하는 행위
  - 회식자리 등에서 무리하게 옆에 앉혀 술을 따르도록 강요하는 행위
- 시각적 행위
  - 음란한 사진 · 그림 · 낙서 · 출판물 등을 게시하거나 보여주는 행위 (컴퓨터 전송이나 스마트폰 등을 이용하는 경우를 포함한다)

- 성과 관련된 자신의 특정 신체 부위를 고의적으로 노출하거나 만지는 행위
- 그 밖에 사회통념상 성적 굴욕감 또는 혐오감을 느끼게 하는 것으로 인정되는 언어나 행동, SNS 단톡방 성희롱

• 고용에서 불이익을 주는 것의 예시
  - 채용탈락, 감봉, 승진탈락, 전직, 정직, 휴직, 해고 등과 같이 채용 또는 근로조건을 일방적으로 불리하게 하는 것

• 비고
  - 성희롱 여부를 판단하는 때에는 피해자의 주관적 사정을 고려하되, 사회통념상 합리적인 사람이 피해자의 입장이라면 문제가 되는 행동에 대하여 어떻게 판단하고 대응하였을 것인가를 함께 고려하여야 하며, 결과적으로 위협적 · 적대적인 고용환경을 형성하여 업무능률을 떨어뜨리게 되는지를 검토하여야 한다.

6) 법적 제재

일단 성희롱이라는 죄목은 없다. 현실적으로 성희롱은 모욕/명예훼손으로 처벌한다. 그리고 법률이 명시적으로 규정하고 있는 성희롱은 직장 내 성희롱과 아동청소년 대상 성희롱이다. 그렇지만 특정 이성의 외모를 품평하면서 음담패설을 하는 것이 적발될 경우 모욕/명예훼손으로 고소를 당할 수 있다.

다만 육체적으로 건드릴 시 성추행으로 처벌할 수 있으나, 성적 표출이 증거로 남아 있어야 한다. 그 외에도 사안에 따라 모욕/명예훼손 등으로 형사처벌을 받을 수도 있다.

대법원은 민사손해 배상과 형사처벌은 그 지도이념과 증명책임, 증명의 정도 등에서 서로 다른 원리가 적용되므로, 징계사유인 성희롱 관련 형사재판에서 성희롱 행위가 있었다는 점을 합리적 의심을 배제할 정도로 확신하

기 어렵다는 이유로 공소사실에 관하여 무죄가 선고되었다고 하여 그러한 사정만으로 행정소송에서 징계사유의 존재를 부정할 것은 아니라고 하였다(대법원 2018.4.12. 선고 2017두74702 판결).

7) 대응을 위한 내부기준

회사는 직장 내 성희롱 발생이 확인된 경우 성희롱의 정도, 지속성 등을 감안해 징계나 그 밖에 이에 준하는 조치를 하고, 피해자에게 해고나 불리한 조치를 하지 않아야 할 의무 등이 있다. 참고로, 가해자인 피고용자가 회사가 부여한 인사권 등의 권한을 이용해 업무수행과 시간적, 장소적으로 근접한 장소에서 성추행했다면 외형상 객관적으로 사무집행행위와 관련되므로 사용자인 회사에게도 책임이 있다면서 3천만원의 손해배상책임을 인정하는 등 회사의 무거운 책임을 인정한 사례도 있다(서울중앙지방법원 2017.3.15. 선고 2016가단5172087 판결).

03 | 사회복지현장 내 괴롭힘 및 성희롱 예방을 위하여

사회복지현장은 직장 내 성희롱과 관련해 예방 및 그에 대한 적절한 조치 등 대응을 위한 내부기준을 명확히 수립해 둘 필요가 있다. 위와 같은 내부기준 수립에 있어서는 앞서 본 개정 남녀고용평등법의 주요 내용과 사례를 기초로 하는 한편, 다음과 같은 사항을 참고할 수 있다.

먼저 피해자 보호가 가장 우선이라는 점을 유의할 필요가 있다. 성희롱 발생 시 신속하게 피해자를 면담해 사실관계 및 요구사항을 확인해야 한다. 피해자 의사에 반해 사건을 무마-은폐하지 말아야 하고, 중립적인 입장에서 신속하고 공정하게 사실관계를 확인해야 한다. 피해자, 참고인, 가해자 순서로 조사하되 필요시 가해자를 대기발령 내리고 조사결과에 따라 성희롱이 인정되는 경우에는 가해자에게 객관적으로 상당한 징계 등 조치를 취해야 한다. 피해자에게는 불이익 조치를 금지하고 결과를 통보하는 것이 적절하다. 조사 및 징계 과정에서 비밀유지 의무를 엄수하고(징계결과 공표에도 유의), 재발 방지를 위한 제도 개선을 해야 한다(관련 규정 보완, 성희롱 예방교육 강화 등). 특히, 신고, 상담, 조사, 사건 종결 등의 각 단계별 조치 내용, 조사자 유의 사항, 조사 및 징계절차 등을 담은 매뉴얼을 구비하고, 관련 절차, 인가 및 징계 등에 관한 내부 규정을 정비해 두는 한편, 예방, 조사 및 적절한 조치를 위한 내부 조직과 시스템을 정비하는 것이 중요하다.

사회복지기관 및 시설 직장 내 괴롭힘의 원인은 공공과 수직적 관계 속에서 1인 체제의 운영이라는 구조적 원인과 사회적 가치를 실천하는 사회복지사로서 지켜야 할 윤리적 기준과 태도를 위반한 개인의 일탈행위가 대부분을 차지하고 있다. 이런 문제를 해결하기 위해서는 지방자치단체의 적극적 행정이 필요하고, 사회복지법인의 자체 지도 · 감사 강화, 사회복지사협회의 권익윤리위원회 활동의 현장성 확보, 관리자인 사회복지사에 대한 보수교육의 필요성이 있다. 또한 지방자치단체의 적극적 행정에 주목할 필요성이 있다. 「사회복지사업법」 제40조[11] 제1항 제4호는 "회계부정이나 불법

---

11) 제40조(시설의 개선, 사업의 정지, 시설의 폐쇄 등) ① 보건복지부장관, 시 · 도지사 또는 시장 · 군수 · 구청장은 시설이 다음 각 호의 어느 하나에 해당할 때에는 그 시설의 개선, 사업의 정지, 시설의 장의 교체를 명하거나 시설의 폐쇄를 명할 수 있다. 〈개정 2012.1.26., 2018.12.11., 2019.1.15.〉

1. 시설이 설치기준에 미달하게 되었을 때
2. 사회복지법인 또는 비영리법인이 설치 · 운영하는 시설의 경우 그 사회복지법인 또는 비영리법인의 설립 허가가 취소되었을 때
3. 설치 목적이 달성되었거나 그 밖의 사유로 계속하여 운영될 필요가 없다고 인정할 때
4. 회계부정이나 불법행위 또는 그 밖의 부당행위 등이 발견되었을 때
5. 제34조 제2항에 따른 신고를 하지 아니하고 시설을 설치 · 운영하였을 때
6. 제36조 제1항에 따른 운영위원회를 설치하지 아니하거나 운영하지 아니하였을 때
7. 정당한 이유 없이 제51조 제1항에 따른 보고 또는 자료 제출을 하지 아니하거나 거짓으로 하였을 때
8. 정당한 이유 없이 제51조 제1항 및 제2항에 따른 검사 · 질문 · 회계감사를 거부 · 방해하거나 기피하였을 때
9. 시설에서 다음 각 목의 성폭력범죄 또는 학대관련범죄가 발생한 때

행위 또는 그 밖의 부당행위 등이 발견되었을 때" 보건복지부장관, 시 · 도지사 또는 시장 · 군수 · 구청장은 시설의 개선, 사업의 정지, 시설의 폐쇄 등 적극적인 조치를 취해야 한다. 그 밖의 부당행위와 관련한 행정처분의 세부 기준(「사회복지사업법」 시행규칙 별표4, 행정처분의 기준)에 직장 내 괴롭힘이나 인권침해 사항은 빠져 있어 적용에 한계가 있다. 인권에 기반한 국가와 지방자치단체의 책무와 역할에 대한 적극행정이 필요하다.

「사회복지사업법」(1970.1.1. 제정) 제4조(복지와 인권증진의 책임) 국가와 지방자치단체는 사회복지서비스를 증진하고, 서비스를 이용하는 사람에 대하여 인권침해를 예방하고 차별을 금지하며 인권을 옹호할 책임을 진다. 「사회복지사 등의 처우 및 향상을 위한 법률」(2019.12.12. 시행) 제3조(사회복지사 등의 처우개선과 신분보장)에서 규정하는 국가와 지방자치단체의 책무(처우개선과 복지증진, 지위향상, 사회복지전담공무원의 보수수준에 도달하도록 적극 노력)가 높은 수준으로 지켜져야 하며, 동법 제3조 ⑤ 사회복지사 등은 사회복지법인 등의 운영과 관련된 위법 · 부당 행위 및 그 밖의 비리 사실 등을 관계 행정기관과 수사기관에 신고하는 행위로 인하여 징계 조치 등 신분상 불이익이나 근무조건상 차별을 받지 않는 사회복지현장을 만드는 것이 근본적으로 중요하다.

사회복지사업법의 입법 취지가 사회복지를 필요로 하는 사람에 대하여 인간의 존엄성과 인간다운 생활을 할 권리를 보장하고 사회복지사업의 공

가. 「성폭력범죄의 처벌 등에 관한 특례법」 제2조 제1항 제3호부터 제5호까지의 성폭력범죄
나. 「아동 · 청소년의 성보호에 관한 법률」 제2조 제3호의 아동 · 청소년대상 성폭력범죄
다. 「아동복지법」 제3조 제7호의2의 아동학대관련범죄
라. 「노인복지법」 제1조의2 제5호의 노인학대관련범죄
마. 그 밖에 대통령령으로 정하는 성폭력범죄 또는 학대관련범죄

10. 1년 이상 시설이 휴지상태에 있어 시장 · 군수 · 구청장이 재개를 권고하였음에도 불구하고 재개하지 아니한 때

② 제1항에 따른 사업의 정지 및 시설의 폐쇄 명령을 받은 경우에는 제38조 제3항을 준용한다.
③ 제1항에 따른 행정처분의 세부적인 기준은 그 위반행위의 유형과 위반 정도 등을 고려하여 보건복지부령으로 정한다.

정 · 투명 · 적정성을 도모하고, 사회복지서비스의 질을 높여 사회복지 증진에 이바지함을 목적으로 하고 있다, 따라서 시설 내 종사자 간의 갑질에 대한 세부기준은 사회복지사업법과 근로기준법, 국가인권위원회법 등에 면밀히 고려하여 행정처분의 실효성을 높이는 방향으로 규정해야 할 것이다.

1) 사회복지현장 내의 성희롱 예

① 가정방문에서의 성희롱

독거어르신 돌봄서비스 대상자 중 한 남자 어르신은 가정방문을 가면 늘 속옷만 입고 사회복지사를 맞이한다. 겉옷을 걸치도록 요청하여도 본인 집에서 편한 데로 입는데 무슨 상관이냐며 평소 옷차림을 고집한다. 위생관리나 화기관리를 점검하기 위해 집안에 들어서면 출입문을 막고 나가지 못하게 하고 뒤에서 안으려고 하여 불쾌함을 표현하면 어른이 장난치는데 지나치게 대응한다고 오히려 화를 낸다.

② 상담에서의 성희롱

사회복지사가 가정폭력 가해자 상담을 할 때, 부부간의 갈등상황을 재연하는 과정에서 남편이 상담사에게 과도한 스킨십을 시도하면서 아내한테 하던 행동을 보여주는 것이라며 지속적으로 재연하였다.

③ 전화상의 성희롱

이용자에게 전화상담이 왔다. 처음에는 자녀문제에 대하여 이야기를 하다가 점점 부부생활 문제를 이야기하기 시작하였다. 부부관계에 문제가 있을 수 있겠다고 생각하였으나, 부부 성생활을 너무 상세하게 이야기하기 시작했다. 상담의 초점이 흐려지는 것 같아 자녀문제로 초점을 바꾸었으나, 이용자는 계속해서 부부 성생활을 이야기하면서 사회복지사에게 이해하는지

지속적으로 질문하였다.

2) 사회복지현장 내의 성희롱 대처방안

① 성적 농담과 희롱을 하는 경우 이용자의 행동이나 말이 성희롱에 해당됨을 알리고 침착하고 사무적인 표정으로 단호하게 불쾌함을 표현한다.
② 이용자가 이를 받아들이지 않더라도 종사자가 불쾌감을 느낀 만큼 유사한 행동을 반복하지 않도록 주의를 준다.
③ 성폭력 발생 사실이 있는 경우, 반드시 면담이나 가정방문 시 2인 1조 원칙을 준수하고, 유사행위가 지속되는 경우 면담이나 가정방문을 중단한다.
④ 이용자가 담당 종사자에게 반복적으로 성희롱을 할 경우 담당자를 교체하고, 교체 시 이용자에게 사유를 분명히 알린다.
⑤ 가정방문의 경우 혼자 방문하지 않고 2인 1조로 방문한다. 후원물품 전달 등 필요한 경우 실외로 나오도록 하여 전달하고, 가능한 한 실내에 이용자와 둘만 있는 상황을 피한다.
⑥ 복지관 내부일 경우 상담실 및 프로그램실에 CCTV를 설치하고, 이에 대한 사전에 이용자에게 알린다.
⑦ 전화로 성희롱하는 경우, 기관의 목적과 제공하는 서비스를 다시 한 번 안내한다. 이후에도 성적 발언을 계속하면, 녹음예고 후 성적 발언 중지를 유도하고, 전화상담 내용을 녹음한다.
⑧ 또한 법적 처벌을 받을 수 있음을 알리고, 3회 이상 중단 요청에도 성적 발언 지속 시, 상담이 불가능함을 안내한 후 전화를 끊는다.

출처 : 전라북도사회복지사협회(2020). 사회복지종사자의 안전과 인권보장을 위한 위기대응매뉴얼.

부록

사회복지현장실습관련서식 - 교육기관용

1. 사회복지현장실습관련서식 - 교육기관용
2. 사회복지현장실습관련서식 - 실습기관용
3. 사회복지현장실습 관련서식 - 실습생용
4. 사회복지사 자격증 발급 신청서(2021년 개정)
5. 한국사회복지사 윤리강령

1. 사회복지현장실습관련서식 - 교육기관용

〈교육기관 1 - 실습의뢰서〉

○○○대학교(원) ○○대학 사회복지학과장

수신자
(참 조)
제 목 : 사회복지현장실습 의뢰

---

1. 항상 사회복지현장실습 교육을 위해 애써 주시는 귀 기관에 감사드립니다.
2. 사회복지현장실습을 수강하는 본교 사회복지학과 학생의 실습교육을 의뢰하오니 아래를 참조하시어 협조하여 주시기 바랍니다.

- 아 래 -

가. 학생명 : (학생 연락처 :)
나. 실습기간 :
다. 실습지도교수 :
라. 실습담당교수 :
(연락처 : 사회복지학과 ☎)

별첨 : 실습신청서 1부. 끝.

○○○대학교(원) ○○대학 사회복지학과장(직인)

시행 처리과 - 일련번호(시행일자) 접수 처리과명 - 일련번호(접수일자)
우 주소 / 홈페이지 주소
전화( ) 전송 ( ) / 기안자의 공식 전자우편주소 / 공개구분

※교육기관의 상황에 따라 변경하여 사용할 수 있음
출처 : 한국사회복지사협회(2017).

〈교육기관 2 – 실습신청서〉

실 습 신 청 서

ㅇ 실습기관:

1. 실습생 인적사항

<table>
<tr><td>이름</td><td></td><td>생년월일</td><td colspan="3"></td></tr>
<tr><td>소속</td><td></td><td>학과/
전공</td><td></td><td>학년/
학기</td><td></td></tr>
<tr><td>현주소</td><td colspan="5"></td></tr>
<tr><td>전화번호</td><td colspan="5">집 : 휴대폰 :</td></tr>
<tr><td>E-Mail</td><td colspan="5"></td></tr>
</table>

2. 실습 의뢰내용

실습부서	
실습분야	
실습내용	
실습기간	

* 상기 내용으로 귀 기관에 실습신청을 의뢰하며 실습생 프로파일을 동봉합니다.

신청인(학생명) : (인)
실습지도교수 : (인)
학과장/대학원장 : (인)

출처 : 한국사회복지사협회(2017).

〈교육기관 3 – 실습생 프로파일〉

실습생 프로파일

1. 인적사항

(사진)	실습생명		성별		생년월일	
	소속	대학교(원) 전공 학년(학기)				
	주소					
	전화번호	집 : 핸드폰 :				
	E-Mail					

2. 이수 전공과목

교과목명	이수 완료	현재 이수	교과목명	이수 완료	현재 이수	교과목명	이수 완료	현재 이수
사회복지개론			인간행동과 사회환경			사회복지실천론		
사회복지실천기술론			지역사회복지론			사회복지정책론		
사회복지행정론			사회복지법제론			사회복지조사론		
사회복지자료분석론			프로그램개발과평가			가족복지론		
아동복지론			청소년복지론			노인복지론		
여성복지론			장애인복지론			정신건강론		
정신보건사회복지론			의료사회복지론			학교사회복지론		
산업복지론			자원봉사론			사회문제론		
사회복지발달사			사회보장론			교정복지론		
사회복지윤리와철학			사회복지지도감독론			사회복지현장실습		

3. 경력

구분 (취업, 실습, 봉사)	기관	기간	내용

4. 사회복지를 전공하게 된 동기

5. 실습 기관 선택 이유

6. 실습을 통해서 성취하고자 하는 목표

7. 실습을 마친 후 목표달성 정도를 파악할 수 있는 기준

8. 사회복지를 실천하는데 있어 자신의 강점과 약점

1) 사회복지 지식 및 기술의 측면	2) 개인적인 특성 측면

9. 취미 및 특기

10. 실습기관, 실습지도자 및 실습지도교수에게 바라는 점

출처 : 한국사회복지사협회(2017).

2. 사회복지현장실습관련서식 - 실습기관용

〈실습기관 1 – 실습신청의뢰서〉

실 습 기 관 명

수신자
(참 조)
제 목 : 사회복지현장실습 신청의뢰서

---

1. 사회복지교육 및 연구활동을 통해 사회복지발전에 전력을 다하시는 귀하와 귀교의 무궁한 발전을 기원합니다.
2. 아래와 같이 사회복지현장실습 교육이 가능하오니 관심 있는 학생들이 참여할 수 있도록 협조를 부탁드립니다.

- 아 래 -

1. 실습부서/분야:
2. 실습지도자:
3. 대학별 배정가능 실습생수:
4. 실습담당직원: (연락처: ☎)
5. 실습비 :

별첨1 : 실습지도계획서
별첨2 : 실습지도자 프로파일

실습기관장 (직인)

시행 처리과 - 일련번호 (시행일자) 접수 처리과명 - 일련번호 (접수일자)
우 주소 / 홈페이지 주소
전화 ( ) 전송 ( ) /기안자의 공식 전자우편주소 / 공개구분

출처 : 한국사회복지사협회(2017).

〈실습기관 2 - 실습지도계획서〉

실습지도계획서

ㅇ 실습지도자 :

1. 실습목적 :
2. 실습목표 :
3. 실습분야 :
4. 실습기간 :
5. 실습대상(실습생의 자격) :
6. 교육계획

단위시간	내용	담당	비고

7. 실습지도방법
   - 개별실습지도 계획 :
   - 집단실습지도 계획 :
   - 기타 계획 :

8. 실습일정

주	월/일	시간	실습내용	담당	과제물

9. 실습생의 책임과 과제

10. 참고도서

출처 : 한국사회복지사협회(2017).

〈실습기관 3 – 실습슈퍼비전 계획서〉

실습슈퍼비전 계획서

▲ 슈퍼비전 기본사항

슈퍼비전 구조	슈퍼비전기간		슈퍼비전일시	
	슈퍼비전장소		슈퍼비전시간	
	슈퍼비전방법			

▲ 슈퍼바이지 사항

슈퍼바이지 사항	성명		담당업무	
	전공/경력 및 훈련관련	업무내용	요구되는 지식 및 기술	개인의 성장욕구

▲ 슈퍼바이저 사항

슈퍼바이저 사항	성명		직위	
	사회복지직경력		입사일	
	기타			

1. 슈퍼비전 목적
 1)
 2)

2. 세부목표
 1)-1.
 1)-2.
 2)-1.

3. 월별 주요 업무 진행일정(월별 슈퍼비전 계획서)

월	주	주요 업무	슈퍼바이지과업				슈퍼바이저과업			비고
			역할수행	서비스전달	지역사회연계	자원개발	행정	교육	지지	
1월	1									
	2									
	3									
	4									
	5									

출처 : 한국사회복지사협회(2017).

〈실습기관 4 – 실습지도자 프로파일〉

실습지도자 프로파일

1. 인적사항

성명		성별	
기관명/부서		직책	
담당 업무		전화	
이메일		팩스	
최종학력		최종학력의 전공	
사회복지사 자격번호		사회복지 총 실무 경험기간	년 개월

2. 실습지도 및 실습분야 관련 주요 교육배경

교육명	주관단체	기간	수료/자격 여부

3. 사회복지분야 근무경력

기관명	기간	직책	담당업무

4. 본인의 전공분야(현재 자신의 관심분야, 실천모델, 실천기술과 기법)

5. 실습지도자로서의 자신의 특성(강 · 약점)

6. 실습생에게 바라는 점

출처 : 한국사회복지사협회(2017).

〈실습기관 5 – 실습의뢰에 대한 회신〉

실습의뢰에 대한 회신

귀 대학의 실습생의 실습의뢰를 수락합니다.

실습생명		소속대학	
기관명			
기관주소		전화번호	
실습지도자	직위: 부서: 성명:	연락처	전화 : 팩스 :
		E-mail	

실습기간	년 월 일 ~ 년 월 일 (오리엔테이션 일정 : 년 월 일 시)
필요서류	다음 서류를 실습개시일 ( )일 전까지 우송바랍니다. 실습생 프로파일 1부. 실습비(원) (실습개시일 납부요망) 기타 필요한 서류 ( )
실습을 위한 기타 준비사항	- 참고문헌 - 사전 과제물
대학에 대한 의견	

실습지도자 (인)
기 관 장 (인)

출처 : 한국사회복지사협회(2017).

〈실습기관 6 – 실습생 출근부〉

실습생 출근부

ㅁ성명 : 긴급연락처 : 전자우편 :

월 일	출근시간	퇴근시간	실습생 확인	실습지도자 확인	지각, 조퇴, 결근여부	사유

* 기입요령 : 출근시간, 퇴근시간 표시, 퇴근 시 실습생 및 실습지도자가 확인하며, 지각, 조퇴, 결근 시 그 사유를 함께 기록함.

출처 : 한국사회복지사협회(2017).

〈실습기관 7 – 실습평가서/교육기관 발송용〉

실 습 평 가 서

기관명		실습지도자	
실습부서		실습지도 교수	
실습기간			
실습생		평가일시	

* 출석상황
 □ 무단결석 없음 □ 무단결석 1회 □ 무단결석 2회 □ 무단결석 3회 이상

* 다음은 실습생에 관한 평가입니다. 실습생이 실습지도 기간 동안 보여주었던 태도와 행동을 기준으로 아래 항목에 솔직하게 평가해주기 바랍니다.
 실습내용에 포함되어 있는 사항에 관해서만 평가하여 주시고, 평균에는 평가항목 총점을 평가항목 개수로 나눈 점수를 기입하면 됩니다.

(1점 : 매우 그렇지 못하다 ~ 5점 : 매우 그렇다)

항목	내용	1	2	3	4	5
실습 지도에 대한 태도	1. 실습지도 시간을 엄수한다.					
	2. 적극적이고 긍정적인 자세로 실습지도에 참여한다.					
	3. 실습지도에서 지적된 내용을 수용한다.					
	4. 배우는 입장에서 진지하게 노력하고 발전하려는 태도를 갖는다.					
	5. 실습지도자와 실습생으로서 공식적 관계를 형성한다.					
기관 이해 및 관계 유지	6. 동료실습생과 긍정적이고 원만한 협력 관계를 유지한다.					
	7. 기관의 목적, 정책, 규칙, 사업내용을 이해한다.					
	8. 기관 내에서 실습생으로서의 권한과 한계를 알고 일한다.					
	9. 기관 내 타직원과 협조적인 대인관계를 형성, 유지하여 업무를 처리한다.					
기본적 태도와 자질	10. 일의 우선순위를 결정하는 능력이 있다.					
	11. 할당된 시간 안에 일을 계획하고 수행한다.					
	12. 자신의 장점과 단점을 잘 인식하고 대응한다.					
	13. 사회복지실천 지식을 실습내용에 적용한다.					
	14. 사회복지실천의 가치와 윤리를 갖고 임한다.					
	15. 전문가로서의 편견, 선입견, 고정관념을 인식하고 객관성을 유지한다.					
	16. 실습지도 내용을 실행에 옮긴다.					
	17. 실습 과정을 책임감 있게 수행한다.					

집단에 대한 개입	40. 집단 역동을 파악하여 의미 있는 개입으로 집단을 지도한다.					
	41. 집단에서 주 진행자와 보조진행자의 의미와 역할을 알고 실천한다.					
	42. 집단의 구조를 명확히 하고 필요한 집단지도의 기술을 활용한다.					
	43. 집단 성원을 개별화하고 성원 간 의미 있는 관계를 형성하도록 한다.					
	44. 집단의 목적에 대해 정확히 사정한다.					
	45. 정확한 사정에 입각하여 적절한 프로그램을 계획하고 실행한다.					
	46. 집단의 상호작용이 목적 지향적이고 성원들이 긍정적으로 변화하도록 한다.					
지역 사회에 대한 개입	47. 지역주민들이 지역사회의 요구와 문제를 파악하도록 돕는다.					
	48. 파악된 지역사회요구를 사회행동으로 계획하고 실행한다.					
	49. 지역사회구조와 권력에 대해 이해하고 그 지역사회 상황을 정확히 파악한다.					
	50. 지역사회자원을 정확히 파악하고 접근한다.					
정책 및 행정 분야	51. 정책형성 및 개선과 관련된 이해집단들의 문제상황 및 요구와 정책발의자들 및 집행자들의 이해관계를 정확하고 객관적으로 이해한다.					
	52. 정책형성 및 개선과 관련된 이해집단과 건설적이고 전문적인 관계를 맺는다.					
	53. 문제상황에 적합한 정책대안을 개발하는데 적극적으로 참여한다.					
	54. 기본정보를 정확히 사용하며 실증적인 자료 분석의 지식을 갖고 문제를 분석한다.					
	55. 사회복지행정체계 및 전달체계에 대해 정확하게 이해한다.					
기관 고유 항목*	56.					
	57.					
	58.					
	59.					
	60.					

* 기관 고유 항목에는 기관의 특성과 실습상황에 맞는 평가항목을 실습지도자가 추가적으로 직접 기입하고 평가할 수 있습니다.

<table>
<tr><td>총 평</td><td colspan="5">(※ 실습생의 실천가로서의 장단점 및 대학에 대한 건의)</td></tr>
<tr><td>평가문항
개수</td><td colspan="2"></td><td>총점</td><td colspan="2"></td></tr>
<tr><td>평균
(총점 ÷
평가문항개수)</td><td colspan="5">(※ 기록 후 테이프 부착 후 실습지도자 서명 요망)</td></tr>
<tr><td rowspan="4">평점부여</td><td colspan="5">※ 여기에 부여하는 평점은 실습생이 받게 되는 성적표상의 최종 평점은 아닙니다. 교육기관 실습지도 점수와 함께 사회복지현장실습 평점 부여 시 주요 고려사항이 됩니다.</td></tr>
<tr><td>□ A+</td><td>□ B+</td><td>□ C+</td><td>□ D+</td><td rowspan="3">□ F</td></tr>
<tr><td>□ A0</td><td>□ B0</td><td>□ C0</td><td>□ D0</td></tr>
<tr><td>□ A−</td><td>□ B−</td><td>□ C−</td><td>□ D−</td></tr>
</table>

실습지도자: (인)
기 관 장: (인)

출처 : 한국사회복지사협회(2017).

〈실습기관 8 – 강의 평가서〉

강의 평가서

이 강의 평가서는 앞으로 더 나은 실습 내용을 다루기 위해 필요한 정보를 얻기 위한 것입니다. 여러분이 평가한 결과는 다른 목적으로는 사용하지 않을 것이오니 각각의 질문에 대하여 솔직하고 진지하게 답하여 주시기 바랍니다. (해당번호에 V표 해주세요)

○ 작성일 : 년 월 일
○ 강의명 :
○ 강 사 :

척도 : ① 매우 그렇지 않다. ② 그렇지 않다. ③ 보통이다. ④ 그렇다. ⑤ 매우 그렇다.

01	강의 내용이 전반적으로 만족감을 주었는가?	① ② ③ ④ ⑤
02	강의 내용을 전반적으로 이해할 수 있었는가?	① ② ③ ④ ⑤
03	강의 내용이 수강자에게 흥미를 유발시켰는가?	① ② ③ ④ ⑤
04	강의의 초점이 분명하고 설명이 명료하게 전개되었는가?	① ② ③ ④ ⑤
05	강의 중에 질문이나 토론의 기회가 적절하게 주어졌는가?	① ② ③ ④ ⑤
06	교육의 내용은 적절하게 이루어졌는가?	① ② ③ ④ ⑤
07	강의 준비가 충분히 이루어졌는가?	① ② ③ ④ ⑤
08	강의에서 가장 유익했다고 생각하는 점은?	
09	강의에서 학습에 방해가 된 가장 주된 요인은?	
10	강의에서 보완되어야 된다고 생각하는 점은?	

출처 : D노인복지관(2021).

〈실습기관 9 – 실습지도자 평가서〉

실습지도자 평가서

실습분야 : 실습생명 : 실습지도자명 :

실습기간 : 년 월 일 ~ 년 월 일 총점 : 점/180점

항 목		전혀 그렇지 않다(1)	그렇지 않다 (2)	보통 이다 (3)	다소 그렇다 (4)	매우 그렇다 (5)
자기인식	1. 사회복지사로서의 철학과 신념이 확고하다.					
	2. 자신의 자질 향상을 위해 노력하는 모습을 보인다.					
	3. 슈퍼바이저로서의 솔선수범과 성실성이 있다.					
	4. 뚜렷한 자기소신을 표명한다.					
	5. 업무계획 및 실천에 있어 창조적이다.					
	6. 새로운 정보에 대해 민감하다.					
	7. 자신의 강·약점에 대해 인식하고 있으며, 보완을 위해 노력한다.					
실습지도력	8. 실습생의 사고 및 감정에 대해 이해한다.					
	9. 실습생의 의견 및 의견을 존중한다.					
	10. 갈등 발생 시 개인적인 감정을 통제할 줄 안다.					
	11. 실습생을 인정하고 적절히 지지하며 격려한다.					
	12. 자기 과실을 인정하고 시정하기 위해 노력한다.					
	13. 치밀한 계획 및 분석능력이 있다.					
	14. 실습생의 강·약점에 대해 사정할 수 있도록 돕는다.					
	15. 실습생과의 약속을 잘 지키며 성실히 이행한다.					
	16. 실습생과 개방적이고 협조적인 관계를 맺는다.					
	17. 실습생의 긍정적 비판에 수용적이다.					
	18. 대상자와의 관계에서 효과적일 수 있도록 도움을 준다.					
	19. 필요에 따라 적절한 때에 직접적인 제안과 충고를 한다.					
지휘능력	20. 일반적인 사회복지와 기관 전반에 관한 전체적인 시각을 가지고 있다.					
	21. 사회복지실천 및 실습분야에 대해 충분한 지식을 가지고 있다.					
	22. 실습생들에게 공정하고 적절한 업무를 배분한다.					
	23. 적절한 대안을 제시하고 의견 수렴하는 능력이 있다.					
	24. 실습목적에 부합하지 않는 요구를 하거나 부당한 일을 시키지 않는다.					
	25. 업무 및 권한을 적절히 위임하고 조정할 줄 안다.					
	26. 업무를 상세히 안내하고 검토한다.					
	27. 팀워크와 협동심을 강조한다.					
	28. 지도자라는 절대적 입장에서 억압하고 강요한다.					
	29. 의사소통이 명료하다.					
	30. 기관정책에 관해 변화를 제안하도록 기회를 준다.					
슈퍼비전	31. 슈퍼비전의 양이 적절하다.					
	32. 슈퍼비전의 질과 전문성이 높다.					
	33. 슈퍼비전을 통해 효과적인 도움을 받는다.					
	34. 체계적이고 구체적인 슈퍼비전을 제공한다.					
	35. 개별과 집단 슈퍼비전을 적절히 활용한다.					
	36. 슈퍼비전의 실시 주기가 적절하다.					

출처 : D노인복지관(2021).

〈실습기관 10 – 실습평가 설문지〉

실습평가 설문지

작성일 :　　　년　월　일

1. 실습오리엔테이션에 대한 질문입니다.

문 항	매우 불만족	조금 불만족	보통	조금 만족	매우 만족
1-1. 오리엔테이션시기의 적절성					
1-2. 교육내용					
1-3. 오리엔테이션의 실습 도움 정도					
1-4. 다음 실습오리엔테이션을 위한 제언 (시기, 내용 등)					

2. 전체적인 실습내용에 대한 질문입니다.

문 항	매우 불만족	조금 불만족	보통	조금 만족	매우 만족
1. 경험한 실습의 내용은?					
2. 과제의 양은?					
3. 실습공간(공간)은?					
4. 실습기간은?					
5. 실습생인원은?					
6. 실습생간의 분위기는?					
7. 실습생과 직원과의 관계는?					

3. 다음 실습프로그램에 대한 제언
(실습내용, 지도방법, 과제, 실습기간, 장소 등)

4. 실습기관에 대한 느낌이나 건의 사항

출처 : D노인복지관(2021).

〈실습기관 11 – 사회복지현장실습 교육 수료증〉

사회복지현장실습 교육 수료증

수료번호 : ○○○○(연도) - ○○(번호)

○○대학교(원) 성명 : ○○○ (학번)

상기 학생은 아래의 과정을 수료하였으므로
사회복지현장실습 교육 수료증을 발급합니다.

- 아 래 -

1. 실습지도자 :
2. 실습교육기간 :
3. 실습기간 :
4. 실습분야 :

년 월 일

○○기관장(직인)

출처 : 한국사회복지사협회(2017).

〈실습기관 12 – 사회복지현장실습기관 선정 확인서〉

관리번호 제　　　호

사회복지현장실습기관 선정 확인서

1. 명 칭 :
   *사업자등록번호 :
2. 대 표 자 :
3. 소 재 지 :
4. 실습지도자 :
5. 유효기간 :

위 기관은『사회복지사업법 시행규칙』제3조 제2항에 따라
사회복지현장실습의 기관실습 실시기관으로 선정되었음을 확인합니다.

년　　월　　일

한국사회복지사협회장

※ 실습 시작 전에 위 양식의 선정확인서를 기관에서 받아 제출해야 함.
※ 실습기관 선정이 되면 한국사회복지사협회에서 위 양식의 선정확인서를 기관에 배부함.
출처 : 한국사회복지사협회(2017).

3. 사회복지현장실습 관련서식 - 실습생용

〈실습생 1 – 실습생 서약서〉

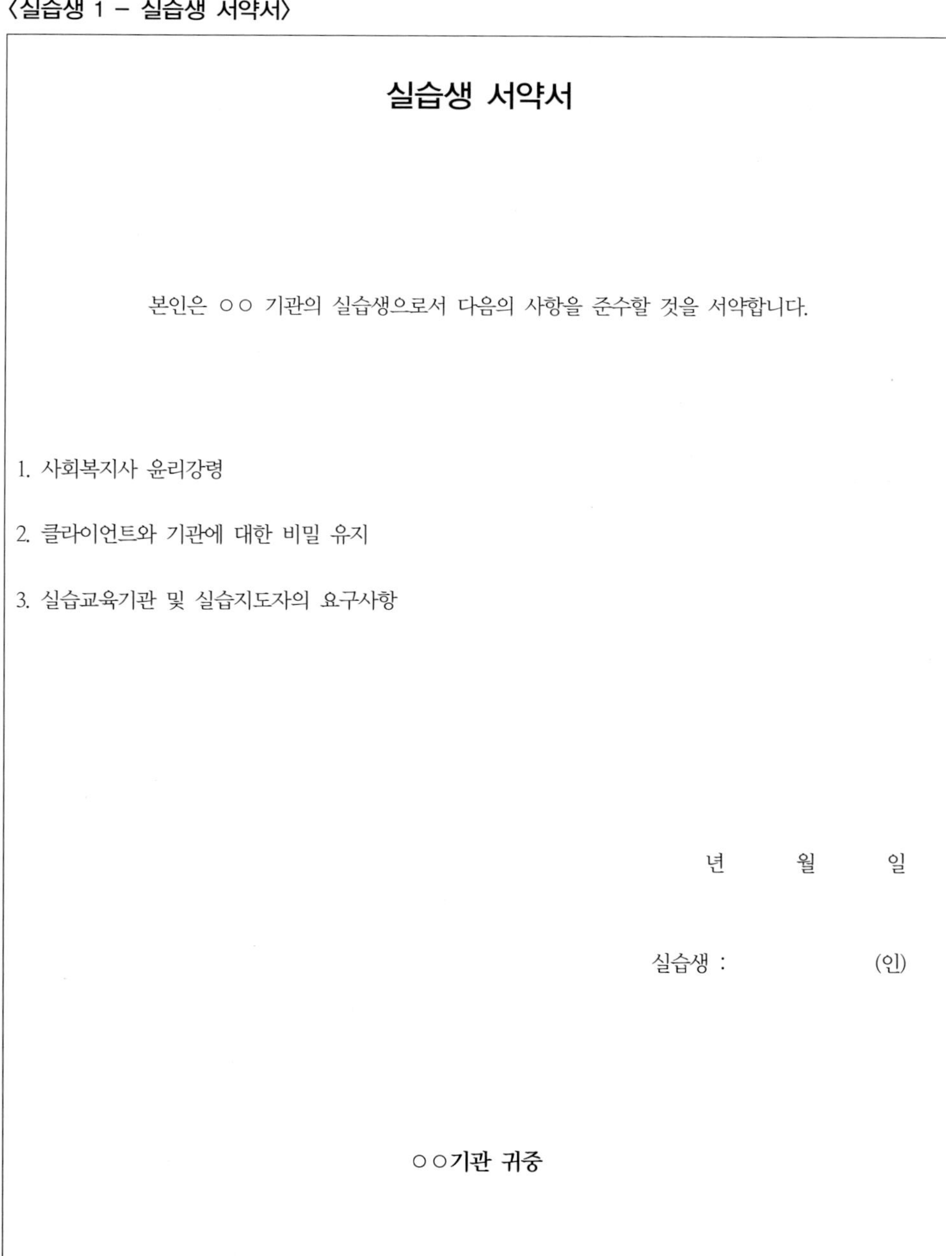

실습생 서약서

본인은 ○○ 기관의 실습생으로서 다음의 사항을 준수할 것을 서약합니다.

1. 사회복지사 윤리강령

2. 클라이언트와 기관에 대한 비밀 유지

3. 실습교육기관 및 실습지도자의 요구사항

년 월 일

실습생 : (인)

○○기관 귀중

출처 : 한국사회복지사협회(2017).

〈실습생 2 – 실습 계약서〉

실습 계약서

실습생명		소속 대학	
기관명		주소 / 전화번호	
실습지도자		실습지도교수	

1. 일반적 사항

가. 실습기간 : 년 월 일부터
년 월 일까지 총 일

나. 업무시간 : 주 _______ 일 근무 : 시부터 시까지

다. 결석에 대한 조치

무단결석 3회인 자

실습 중 3회 지각은 1회 결석으로 인정한다.

무단으로 3회 이상 결석한 자는 실습에서 제외한다.

2. 실습의 목적과 목표

가. 목적

나. 목표

목표의 측면	세부목표	목표성취전략	평가(달성도평가방법)
전문적 발달을 위한 교육			
지역사회 및 정책적 측면의 교육			
행정적 측면의 지식과 기술			
기본적 대인관계 기술			
클라이언트체계 개입기술을 위한 일반적 기술			

3. 실습생의 의무와 책임

가. 적극적이고 긍정적인 자세와 성실하고 겸손한 태도로서 실습생 신분을 유지하여야 한다.

나. 복장(가능한 화려한 것을 피함)과 언행에 주의를 기울여야 한다.

다. 결근, 조퇴, 지각 등 근무태도와 관련된 사항은 반드시 실습지도자에게 사전에 보고하여 허락을 받도록 한다.

라. 안전사고에 만반을 기하도록 하며 안전사고와 관련된 기관의 규정을 사전에 숙지하여 그에 준해 처리하도록 한다.

마. 실습일지를 비롯한 각종 실습기록은 사실에 근거하여 정확하고 구체적으로 정리하여 실습 시 실습지도자의 슈퍼비전을 듣는다.

바. 기관을 대표한다는 자세로 실습교육기관의 직원들과 동일한 업무 태도와 자세를 취한다.

4. 실습지도자의 의무와 책임

1) 슈퍼비전을 일 1회 이상 제시한다.

2) 실습에서 개별적인 경험을 통해 사고방식과 행동방식의 변화에 대처하고 전문가로서 가치와 목적을 확인할 수 있는 자아인식과 개발이 이루어지도록 지원한다.

3) 매일 일과 전 혹은 후에 평가하는 시간을 갖고 제기되는 각종 문제에 대한 내용과 해결방안, 협조사항 및 다음 일정에 대한 사항 등을 전달하여야 한다.

4) 실습 중 제시된 각종 양식에 따른 기록서, 일지들을 제출하게 하고 그에 따른 적절한 슈퍼비전을 제시한다.

5) 실습 중 느끼는 사회사업의 윤리, 가치 등에 대해 슈퍼비전을 주어 확고한 사회복지철학을 갖도록 한다.

6) 실습생의 장기결석 및 불량한 실습태도, 자체해결이 어려운 중대한 문제, 사고, 과실 등의 발생 및 그 징후가 보일 때, 실습생으로 인해 기관의 명예가 손실된 경우, 그리고 실습기관장, 실습지도자 주소, 연락처 등이 변경되었을 경우나 실습일정에 중요한 변동이나 조정과 같은 각종 문제상황이 발생했을 경우 해당 학교와 실습생들에게 알리고 대책을 강구하여야 한다.

5. 실습지도교수의 의무와 책임

상기 사항을 성실하게 이행하여 실습을 진행하도록 하겠습니다.

년 월 일

실 습 생 (인)

실습지도자 (인)

실습지도교수 (인)

출처 : 한국사회복지사협회(2017).

〈실습생 3 – 실습일지〉

실 습 일 지

1. 실습생명 :
2. 실 습 일 :
3. 오늘의 목표 :
4. 진행내용(시간, 내용 등을 중심으로 기록)

5. 실습생 의견(배운 점, 의문사항, 건의 등 포함)

6. 실습지도자 의견

출처 : 한국사회복지사협회(2017).

〈실습생 4 – 실습기관 분석 보고서〉

실습기관 분석 보고서

실습생명		기관명	
기관주소	전화 :		
기관소개자	(부서 : 직책 :)		

1. 기관의 역사
   (1) 기관 설립동기 및 설립목적
   (2) 기관 사업의 역사적 변천
   (3) 기관 역사에 대한 실습생의 평가

2. 기관의 미션

3. 기관의 주요사업 및 프로그램
   (1) 클라이언트 및 대상 지역
   (2) 주요사업
   (3) 서비스 전달체계
   (4) 기관의 대상층 및 주요사업에 대한 실습생의 평가

4. 기관의 행정사항
   (1) 기관의 조직구조
   (2) 예산, 후원 및 지원사항
   (3) 기관의 행정구조와 예산 사용 및 후원에 대한 실습생의 평가

5. 기관이 속한 지역사회, 물리적 환경의 특징
   (1) 지역사회
   (2) 물리적 환경(시설, 공간 등)

6. 사회복지기관으로서 지역 내 타 기관들과의 연계
   (1) 관계유형 및 내용
   (2) 기관의 타 기관과의 관계유지에 대한 실습생의 평가

7. 기관의 특별한 면이나 전반적인 사항에 대한 인상이나 느낌

출처 : 한국사회복지사협회(2017).

〈실습생 5 – 사례관리 계획서〉

사례관리 계획서

클라이언트명		성별		조사일	
주 소		전화번호		작성일	
직 업		학력		연령	
의뢰경위		경제상태	□ 일반 □저소득 □수급자		

1. 일반적인 사항
 - 가족상황, 경제상황, 건강 상황, 일상생활 및 주거상황, 사회심리적 상황, 자원활용상황

2. 클라이언트에 관한 사항
 - 신체, 인지, 정서, 행동기능면 / 클라이언트의 강·약점

3. 욕구진술

4. 개입계획

욕구	결과목표	세부목표	표적체계	개입전략 및 수행방법	비고 (역할분담 등)

5. 서비스 일정표

날짜	담당	서비스목표	서비스내용	준비물	비고

출처 : 한국사회복지사협회(2017).

〈실습생 6 – 사례관리 진행일지〉

사례관리 진행일지(　　　회)

클라이언트명		실습생명	
일 시		장 소	

1. 목표 및 내용

결과목표	하위목표	서비스목표	서비스내용

2. 과정 기록

3. 평가

1) 목표달성 및 서비스 평가

2) 클라이언트에 대한 평가

3) 사례개입에 대한 자신의 역할 평가

4. 계획

출처 : 한국사회복지사협회(2017).

〈실습생 7 – 사례관리 종결기록서〉

사례관리 종결 기록서

클라이언트명	
실습생명	
서비스제공기간	

1. 제공된 서비스

2. 사례관리 목표 달성정도

3. 사후지도 계획

출처 : 한국사회복지사협회(2017).

〈실습생 8 – 집단지도 계획서(소집단용)〉

집단지도 계획서(소집단용)

집단명		집단지도자 (실습생)명	
대 상		성원수	
기 간		장 소	

1. 실시 배경

2. 목적

3. 목표

결과목표 1		결과목표 2	
하위목표 1–1		하위목표 2–1	
하위목표 1–2		하위목표 2–2	

4. 목표관련 지도 내용 및 구체적 수행방법

결과목표	하위목표	지도 내용	수행방법	비 고

5. 평가계획

평가지표	
평가도구	
평가방법	

6. 회기별 일정표

횟수	일시	목표	내용	준비물

7. 예산

출처 : 한국사회복지사협회(2017).

〈실습생 9 – 집단과정 일지(소집단용)〉

집단과정 일지(소집단용)

집단지도자(실습생)명		집단명	
집단진행 날짜		집단 활동 장소	
참석자(　명)명단			
결석자(　명)명단			

1. 목표 및 세부목표

1. 목표 :

2. 세부목표 :
   2-1.
   2-2.

2. 집단진행요약

시간	프로그램 내용	사회복지사의 역할

3. 과정 기록
   1) 모임 전 단계(자리 위치 표시)
   2) 모임 단계
   3) 모임 후 단계

4. 평가
   1) 목표 달성 및 프로그램 평가
   2) 집단의 역동성(성원–성원, 성원–지도자)
   3) 성원의 개별 평가(개인의 변화, 참여도, 지도자–타 회원과의 관계)
   4) 지도자 자신에 대한 평가(역할 및 의도적 개입)

5. 다음 집단모임 계획

출처 : 한국사회복지사협회(2017).

〈실습생 10 – 집단의 개별회원 분석표(소집단용)〉[12]

집단의 개별회원 분석표(소집단용)

회원명		집단명	
회원 수		집단지도자(실습생)	

집단의 목표	
개인의 목표	

회기	날짜	참석여부 /참석인원	개인의 변화정도 및 내용	참여도	지도자와의 관계	타 회원과의 관계
1		/				
2		/				
3		/				
4		/				
5		/				
6		/				
7		/				

〈종합평가〉

출처 : 한국사회복지사협회(2017).

12) 모든 집단지도 상황에서 활용되어야 하는 것은 아니며, 집단과정에서 개인의 변화를 민감하게 기록할 필요가 있을 경우에 활용할 수 있음.

〈실습생 11 – 집단 종결 기록서(소집단용)〉

집단 종결 기록서(소집단용)

집단명		집단지도자 (실습생명)	
집단진행 날짜		집단 활동 장소	
전체진행 회기 수		출석률	
주요 진행사항			

1. 회원의 평가
   1) 운영면
      (1) 프로그램 진행평가
      (2) 집단 참여 태도
   2) 프로그램 내용
   3) 목표달성
   4) 다음 프로그램에 대한 의견
   5) 지도자에 대한 평가

2. 지도자(실습생)의 평가
   1) 집단의 특징
   2) 회원의 참여도
   3) 집단성원에 대한 개별화의 정도
   4) 집단역동의 활용정도
   5) 집단에 대한 발달단계분석

구분	초기	중기	말기
참여도			
개인의 변화			
지도자와의 관계			
타 회원과의 관계			
기타(　　　)			
기타(　　　)			

출처 : 한국사회복지사협회(2017).

〈실습생 12 – 프로그램 계획서(대집단 및 지역사회복지)〉

프로그램 계획서(대집단 및 지역사회복지)

프로그램명		지도자 (실습생)명	
대 상		참여자수	
기 간		장 소	

1. 프로그램 실시 배경

2. 프로그램 목적

3. 프로그램 목표

결과목표 1		결과목표 2	
하위목표 1-1		하위목표 2-1	
하위목표 1-2		하위목표 2-2	

4. 목표관련 지도 내용 및 구체적 수행방법

결과목표	하위목표	지도 내용	수행방법	비 고

5. 평가계획

평가지표	
평가도구	
평가방법	

6. 회기별 일정표

횟수	일시	목표	내용	준비물

7. 예산

출처 : 한국사회복지사협회(2017).

〈실습생 13 – 프로그램 평가서(대집단 및 지역사회복지)〉

프로그램 평가서

프로그램명		지도자 (실습생)명	
대 상		참여자수	
기 간		장 소	

1. 프로그램 목적 및 목표달성 평가

결과목표	하위목표	달성정도	평가근거	의의

2. 프로그램 과정 평가

1) 준비과정

2) 진행과정

3) 종결 및 정리과정

3. 프로그램 만족도 평가

4. 예산평가

5. 추후 프로그램을 위한 제언

출처 : 한국사회복지사협회(2017).

〈실습생 14 – 사회복지정책 분석 보고서(정책개발 및 평가)〉

사회복지정책 분석 보고서

o 분석자(실습생)명 :

정책명	
관련법규/지침	
주무부서	

1. 문제제기 및 분석목적

2. 분석한 정책의 주요 내용

3. 자료수집 및 분석방법

4. 분석결과 논의
   4.1 정책목표분석
   4.2 정책이 추구하는 가치 분석
   4.3 급여대상 분석
   4.4 급여의 적절성 분석
   4.5 급여의 전달체계 분석
   4.6 재정 분석

5. 관련정책과 관련한 주요 이해당사자의 입장 분석

6. 분석한 정책의 개선방향 및 전망

7. 총평

출처 : 한국사회복지사협회(2017).

〈실습생 15 – 사회행동, 옹호활동 보고서(사회행동)〉

사회행동, 옹호활동 보고서

o 분석자(실습생)명 :

구분	요약제시
사회행동명	
활동목적	
참여자	
대상 집단	
옹호 대상	

1. 문제제기 및 활동목적

2. 참여자의 특성

3. 대상 집단의 특성

4. 옹호집단의 특성

5. 주요활동경과

6. 활동전략분석
   6.1 대상 집단을 이기기 위한 힘을 얻기 위한 전략
   6.2 합법성을 확보하기 위한 전략(법적행동 전략)
   6.3 타조직과 협력하는 전략
   6.4 전술을 연결시키는 전략
   6.5 협상을 전개하는 전략
   6.6 홍보 및 언론활용 전략

7. 향후 행동 전략 제안

출처 : 한국사회복지사협회(2017).

〈실습생 16 – 홍보기획서〉

사회복지기관(사업) 홍보 기획서

○ 기획자(실습생)명 :

1. 상품(홍보하려는 기관이나 사업)의 특성 분석
(상품의 내용, 경쟁기관이나 사업의 존재여부 등)

2. 유치하려는 소비자 집단의 특성별 구분

3. 대상별 소비자에게 호소하기 위한 전략
(담당, 장소, 방법 등을 일목요연하고 자세히 제시)

4. 홍보일정

5. 홍보예산

6. 첨부(보도 자료, 광고전단, 안내지 자료, 홈페이지 자료 등)

출처 : 한국사회복지사협회(2017).

〈실습생 17 – 개별면접 일지〉

개별면접 일지

실습생명		면접날짜와 시간	
클라이언트		면접 장소	

1. 면접 준비과정

2. 면접 목표

1)
2)

3. 과정기록 및 분석

면접내용	실습생 분석	실습지도 내용

* 주요한 면접장면에 대해서는 대화체의 기록을 직접 인용하는 것이 권장됨.
* 면접자의 의도적인 개입, 언어적 · 비언어적 의사소통 도두에 주의하여 기록할 것.
* 상기 내용이 포함된다면, 기관 상황과 면접 상황에 맞추어 별도 양식 활용 가능.

4. 면접목표 달성에 대한 평가

5. 실습생 의견

6. 다음 면접 계획

출처 : 한국사회복지사협회(2017).

〈실습생 18 – 가족상담 기록서〉

가족상담 기록서

클라이언트(IP)		성별		연령	
날짜		장소		총 회수/시간	
실습생명				실습지도자	

1. 의뢰과정

2. 문제상황에 대한 가족의 정의

3. 가계도

4. 가족생태도 : 가족의 하위체계 간 관계 등 기록

5. 가족의 사회자원망

6. 가족생활주기

7. 가족사정 및 이론적 근거

8. 개입목표와 이론적 근거

9. 개입 내용 정리

회기	내용	주요 질문과 내담자의 반응

10. 평가 및 사후관리계획

출처 : 한국사회복지사협회(2017).

〈실습생 19 – 사회조사 계획서〉

사회조사 계획서

조사주제	
조사/분석일	
조사자(실습생)명	

1. 문제제기 및 조사문제의 제시
 1.1 문제의 기술
 1.2 검토될 조사문제에 대한 진술
 1.3 문제의 중요성과 조사 필요성 제시

2. 조사와 관련한 문헌자료 검토
 2.1 이론적 역사적 관점
 2.2 문헌에서 파악된 차이점들 검토

3. 조사방법 제시
 3.1 조사 설계와 자료수집 절차
 3.2 표집설계
 3.3 대상에 대한 기술
 3.4 측정방법 기술
 3.5 자료 분석 절차

4. 예산

5. 기타 필요한 사항

6. 부록(관련 참고문헌, 설문지 등 필요한 자료를 첨부할 수 있음)

출처 : 한국사회복지사협회(2017).

〈실습생 20 – 사회조사 진행일지〉

사회조사 진행일지

조사주제	
진행일	
조사자(실습생)명	

1. 조사 진행 단계 기록

2. 조사 과정에서 보완되어야 할 사항 기록

3. 추후 조사 진행 계획

출처 : 한국사회복지사협회(2017).

〈실습생 21 – 사회조사 분석 평가서〉

사회조사 분석 평가서

조사주제	
진행일	
조사자(실습생)명	

1. 문제제기 및 조사문제의 제시
 1.1 문제의 기술
 1.2 검토될 조사문제에 대한 진술
 1.3 문제의 중요성과 조사 필요성 제시

2. 조사와 관련한 문헌자료 검토
 2.1 이론적 역사적 관점
 2.2 문헌에서 파악된 차이점들 검토

3. 조사방법 제시
 3.1 조사 설계와 자료수집절차
 3.2 표집설계
 3.3 대상에 대한 기술
 3.4 측정방법 기술
 3.5 자료 분석 절차

4. 조사결과 제시
 4.1 기술적 분석
 4.2 인과적 분석

5. 논의점
 5.1 밝혀진 사항에 대한 설명
 5.2 실천에의 함의
 5.3 평가의 한계와 약점

6. 참고문헌

7. 부록(설문지 외 조사와 관련된 주요자료 첨부)

출처 : 한국사회복지사협회(2017).

〈실습생 22 – 기관방문 분석 보고서〉

기관방문 분석 보고서

* 특정 분야나 내용에 관심을 가지고 방문을 추진한 경우에는 별도의 양식을 활용하거나, 특정 내용만 선택하여 기록할 수 있습니다.

실습생명		방문기관명	
기관소재지	전화 :		
기관소개자	(부서 : 직책 :)		

1. 기관방문목적
2. 기관방문을 위한 질의사항 및 응답 정리
3. 기관방문을 통해 알게 된 지식

〈검토할 사항 예시〉
1. 기관의 역사
   1) 기관 설립동기 및 설립목적
   2) 기관 사업의 역사적 변천
   3) 기관 역사에 대한 실습생의 평가
2. 기관의 목적
3. 기관의 주요사업 및 프로그램
   1) 클라이언트 및 대상 지역
   2) 주요사업
   3) 서비스 전달체계
   4) 기관의 대상층 및 주요사업에 대한 실습생의 평가
4. 기관의 행정사항
   1) 기관의 조직구조
   2) 예산, 후원 및 지원사항
   3) 기관의 행정구조와 예산 사용 및 후원에 대한 실습생의 평가
5. 기관이 속한 지역사회, 물리적 환경의 특징
   1) 지역사회
   2) 물리적 환경(시설, 공간 등)
6. 사회복지기관으로서 지역 내 타 기관들과의 연계
   1) 관계유형 및 내용
   2) 기관의 타 기관과의 관계유지에 대한 실습생의 평가
7. 기관의 특별한 면이나 전반적인 사항에 대한 인상이나 느낌

출처 : 한국사회복지사협회(2017).

〈실습생 23 – 지역탐방 보고서〉

지역탐방 보고서

○ 조사자(실습생)명 :   ○ 지역소개자 :

1. 탐방지역

2. 지역의 주요 사회지표 제시

3. 지역의 인구사회학적 특성

4. 지역의 사회경제학적 특성

5. 지역의 사회복지기관 및 자원 탐색

6. 필요하거나 보완되어야 할 사회복지서비스 제안

7. 결론

8. 첨부(관련 지도를 비롯한 탐방보고서 작성에 참조한 자료를 첨부할 수 있음)

출처 : 한국사회복지사협회(2017).

〈실습생 24 – 실습중간평가서〉

실습중간평가서

* 본 평가서는 사회복지실습현장 지침서를 참고하여 실습생 본인이 작성하며, 서술양식으로 작성한 뒤 실습지도자와 평가회를 갖는 것을 추천함.

실습생명		기관명	
실습기간		실습지도자	
실습평가일		실습지도교수	

1. 실습목표와 관련된 실습내용 및 역할에 대한 평가
   1.1 수행한 실습내용 및 역할의 요약
   1.2 평가
   1.3 앞으로의 계획

2. 실습에 임한 자세 및 노력

3. 실습을 통해 배운 점

4. 앞으로 더 필요한 지식과 기술

5. 실습에서 어려웠던 점

6. 기관 및 실습지도자에게 건의할 점

출처 : 한국사회복지사협회(2017).

〈실습생 25 – 실습평가서〉

실습평가서

* 본 평가서는 사회복지실습현장 지침서를 참고하여 종결평가 내용을 실습생 본인이 작성하며, 서술양식으로 작성한 뒤 실습지도자와 평가회를 갖는 것을 추천함.

실습생명		기관명	
실습기간		실습지도자	
실습평가일		실습지도교수	

1. 실습일정에 대한 평가

2. 실습내용 및 역할에 대한 평가

3. 실습목표에 대한 평가
   1) 구체적이고 적절한 목표 설정 여부
   2) 목표의 달성 여부

4. 서비스 실천과정에 대한 평가 / 정책 및 행정 실습에 대한 평가
   1) 문제 파악 및 자료수집 능력 / 문제 인식 능력
   2) 문제 사정 능력 / 문제 분석 능력
   3) 개입 기술 / 문제해결을 위한 대안제시능력
   4) 면접 기술 / 기존지식과 정보의 사용능력
   5) 기록 기술 / 기록 기술
   6) 클라이언트와의 전문적인 관계 형성 / 유관 기관 및 관련된 사람들과 전문적인 관계 형성

5. 실습생의 자원활용에 대한 평가(인적, 물적 자원)
   1) 기관 외의 자원활용
   2) 실습과 관련된 참고서적의 활용

6. 실습에 임하는 자세에 대한 평가
   1) 업무관리
      (1) 시간 준수, 과제제출
      (2) 주어진 일에 대한 업무조절 능력
   2) 직원과의 관계(실습지도자, 타 직원, 타 전문직 직원)
   3) 다른 실습생과의 관계
   4) 실습에 있어서의 적극성 및 자발성

7. 전문적 태도에 대한 평가
  1) 사회복지사로서 실습생 자신의 장 · 단점에 대한 인식
  2) 전문가로서 윤리 및 가치관의 이행

8. 실습지도 활용 정도에 대한 평가
  1) 실습생 자신의 실습지도 활용 정도에 대한 평가
    (1) 기관 실습지도
    (2) 대학 실습지도
  2) 실습지도 자체에 대한 평가
    (1) 기관 실습지도
    (2) 대학 실습지도

9. 기관 이해도에 대한 평가
  1) 실습생의 과업과 관련된 기관의 목적, 정책, 행정 절차에 대한 이해
  2) 실습생으로서의 기관 내의 권한과 한계에 대한 인식

10. 실습기간 중 가장 유익했던 내용

11. 실습기간 중 가장 안 좋았던 내용

12. 실습 기관, 실습지도자, 대학에 대한 건의사항

13. 기타 하고 싶은 말

출처 : 한국사회복지사협회(2017).

〈실습생 26 – 사회복지현장실습확인서/2021 개정〉

사회복지현장실습 확인서

[ ]신규발급, [ ]재발급 (앞쪽)

<table>
<tr><td rowspan="2">실 습 생
인적사항</td><td>성 명</td><td></td><td>생년월일</td><td colspan="2">※「주민등록번호」 앞자리 6자리를 기재 바랍니다.</td></tr>
<tr><td>휴대전화번호</td><td></td><td>학 교 명</td><td colspan="2">※현재 소속중인 학교명을 기재 바랍니다.</td></tr>
<tr><td rowspan="3">실습기관
및
실습지도자</td><td>실습기관명</td><td colspan="2"></td><td>실습기관 관리번호</td><td>※실습기관 선정 시 부여된 등록번호 기재</td></tr>
<tr><td>기관 주소</td><td colspan="2">※「도로명 주소」로 기입해 주세요.</td><td>전화번호</td><td></td></tr>
<tr><td>실습 지도자명</td><td colspan="2">※실습생의 실습을 지도한 지도자명 기재</td><td>사회복지사자격번호
(취득일자)</td><td>제 - 호
(. . .)</td></tr>
<tr><td rowspan="2">실습기간</td><td>실습기간</td><td colspan="4">20 년 월 일 ~ 20 년 월 일</td></tr>
<tr><td>실습 시간</td><td colspan="4">총 시간 (총 회, 1일 평균 시간)</td></tr>
</table>

실습기관은 「사회복지사업법」 시행규칙 제3조 [별표1]의 규정에 따라 자격요건을 갖춘 실습기관과 실습지도자에 의해 기관 실습을 진행하였으며, 상기 실습생이 위와 같이 기관실습을 하였음을 확인합니다.

20 년 월 일

기관실습 지도자 : (서명 또는 인) 기관실습 실시기관 : (직인)

<table>
<tr><td rowspan="3">교육기관
및
세미나교수</td><td>교육기관 유형</td><td>[ ]오프라인 / [ ]온라인</td><td>교육기관명</td><td>※실습세미나 교육기관명을 기재 바랍니다.</td></tr>
<tr><td>실습세미나 교수명</td><td></td><td>학 과 명</td><td></td></tr>
<tr><td>실습세미나 교수 취득학위
(사회복지학 또는
사회사업학)</td><td>[ ]학사, [ ]석사, [ ]박사</td><td>교육기관 전화번호</td><td></td></tr>
<tr><td rowspan="2">실습세미나</td><td>실습세미나 기간</td><td colspan="3">20 년 월 일 ~ 20 년 월 일</td></tr>
<tr><td>실습세미나 횟수(시간)</td><td>총 회 (시간)</td><td>대면방식 세미나 횟수
(시간)</td><td>총 회 (시간)</td></tr>
</table>

교육기관은 「사회복지사업법」 시행규칙 제3조 [별표1]의 규정에 따라 자격요건을 갖춘 실습세미나 지도교수에 의해 실습세미나를 진행하였으며, 상기 실습생은 위와 같이 실습세미나를 이수하였음을 확인합니다.

20 년 월 일

실습세미나 교수 : (서명 또는 인) 학 과 장 : (직인)

한국사회복지사협회장 귀하

<table>
<tr><td>재발급 사유</td><td>※ 사회복지 현장실습 확인서 재발급 시 재발급 사유 기재 바랍니다.</td></tr>
<tr><td colspan="2">[사회복지현장실습에 관한 기준] - 사회복지사업법 시행규칙[별표1] 사회복지관련 교과목 (제3조 관련)
① 기관실습 실시기관 : 보건복지부장관으로부터 선정된 사회복지사업을 수행하는 기관, 법인, 시설 또는 단체
② 기관실습 지도자 : 사회복지사 1급 자격증을 취득한 이후 3년 이상 또는 사회복지사 2급 자격증을 취득한 이후 5년 이상 사회복지사업의 실무경험이 있는 자로 기관실습이 실시되는 연도의 전년도에 8시간 이상의 보수교육을 받은 자
③ 기관실습 시간 : 160시간 이상으로 한다.(단, 시행일 2020.1.1. 기준일 2019.12.31. 사회복지학 전공교과목과 사회복지관련 교과목의 전부 또는 일부 이수하였거나 수강하고 있는 사람은 120시간 이상)
④ 실습세미나 : 1회당 2시간 이상의 실습세미나를 총 15회 이상 실시하며, 정보통신망을 이용한 온라인 교육을 실시하는 교육기관의 실습세미나에는 대면 방식의 세미나가 총 3회 이상 포함되어야 하며, 한 세미나에 참여하는 학생 수는 30명 이내일 것
⑤ 실습세미나 교수 : 학사, 석사 또는 박사 학위 중 2개 이상의 학위를 사회복지학 또는 사회사업학 전공으로 취득한 사람으로서 3년 이상의 사회복지학 교육 경험 또는 3년 이상의 사회복지사업 실무경험이 있는 교수가 지도할 것
※ 법령이 정한 상기 기준은 모두 충족해야 하며, 미충족 시 사회복지사자격증을 교부할 수 없습니다.</td></tr>
</table>

출처 : 한국사회복지사협회(2021). 2021.4.15. 개정

(뒤쪽)

[사회복지 현장실습 확인서 작성 방법]

[주의 사항]

○ 실습확인서에 기재할 내용은 정자로 기재 하거나 전자문서로 작성 가능합니다. 다만 전자문서로 작성 시 서명란은 직접 작성하여야 하며, 서명, 직인란에 전자파일의 삽입은 불가합니다.
○ 실습확인서 최초 발급 시 신규발급란에 체크하고, 재발급 시 재발급란에 체크 및 재발급 사유란에 사유를 작성합니다.
○ 사회복지현장실습 확인서는 원본을 원칙으로 하며, 자격증 신청 시 원본으로 제출하여야 합니다. (사본 제출 불가)
※ *사회복지 현장실습 확인서 내용을 허위 기재 및 위변조 시 이로 인해 발급된 사회복지사 자격은 취소될 수 있으며, 법적 제재를 받을 수 있습니다.*
※ *사회복지현장실습 확인서는 자격증 신청 시 원본으로 제출되는 서류로 원본 관리에 유념하여야 합니다.*

[실습생 인적사항]

○ 실습생 성명은 주민등록증에 등록된 이름으로 기재하며, 외국인의 경우 외국인등록증에 등록된 영문명으로 기재 하여야 합니다.
○ 실습생의 생년월일은 주민등록번호 앞 6자리를 기재하여야 합니다.
○ 실습생 휴대전화번호는 연락 가능한 번호를 기재하여야 합니다.
○ 실습생의 교육기관명은 실습생의 실습 진행 당시 소속 중인 교육기관명을 기재 하여야 합니다.

[실습기관 및 실습지도자 인적사항]

○ 실습기관명은 실습기관으로 선정 시 등록된 기관명으로 기재 하여야 하며, 기관명을 약칭으로 기재가 불가합니다.
○ 실습기관 관리번호는 실습기관으로 선정 시 부여된 '실습기관 관리번호' 를 기재하시기 바랍니다. (사업자등록번호 및 기타 시설신고증 번호 기재불가)
○ 기관주소는 도로명 주소로 기재 바라며, 전화번호는 연락 가능한 실습기관 전화번호를 기재 바랍니다.
○ 기관실습 지도자명에는 실습지도자로 등록된 지도자 중 실습생을 실제로 지도한 실습지도자를 기재 바랍니다.
○ 사회복지사 자격번호는 실습 지도한 실습지도자의 사회복지사 자격번호 (사회복지사 자격증 좌측 상단에 표시된 번호)를 기재하며, 취득 일자는 사회복지사 자격증에 기재된 발급 일자를 기재 바랍니다.

[실습기간 및 실습시간]

○ 실습기간은 실제 진행된 실습기간 중 최초 시작일과 종료일을 기재 바랍니다. (실습기관별로 실습 O.T 등 실습시간에 포함되지 않는 기간은 기재하지 않아도 됨)
○ 실습시간은 총 실습시간과 횟수, 1일 평균 시간을 기재 바랍니다. (1일 4시간 이상 8시간 이하로 실습이 진행되어야 합니다.)

[실습세미나]

○ 학교 유형을 체크해 주시기 바랍니다. (오프라인, 온라인 구분하여 체크)
○ 학교명은 현재 실습세미나를 운영하고 있는 학교명을 기재 바랍니다.
○ 실습세미나 교수의 사회복지학 또는 사회사업학 학위 취득상황을 체크해 주시기 바랍니다. (학사, 석사, 박사 학위 중 2개 이상 학위를 사회복지학 또는 사회사업학으로 취득하여야 함)
○ 실습세미나 교육기간 및 교육 횟수, 운영 시간을 기재 바랍니다. (온라인 교육기관의 경우 대면 세미나를 주1회씩 총 3회 이상 진행하여야 함.)

[서명 및 직인]

○ 기관실습지도자, 실습세미나 교수는 서명 또는 도장을 찍어야 합니다. 서명의 경우 직접 작성을 원칙으로 하며, 도장 또는 서명을 전자 파일 형태로 삽입은 불가합니다.
○ 사회복지현장실습 확인서 재발급 시 실습지도자 및 실습세미나 교수 퇴사 등으로 직접 서명이 불가할 경우 실습기관장, 학과장의 이름 기재 후 재발급에 따른 대리 서명 사유와 실습기관장 또는 학과장 직인을 찍어 제출이 가능합니다. 이 경우 상단 재발급 표기란에 체크 바랍니다.
○ 기관실습 실시기관, 학과장의 경우 직인을 찍어야 하며, 전자 파일 형태로 삽입은 불가합니다.
○ 기관실습 확인 일자는 실습을 진행한 기간 보다 앞서 일자 기재가 불가하며, 실습세미나 확인 일자는 실습세미나 교육 기간보다 앞서 기재가 불가합니다.

[사회복지 현장실습 확인서 발급 절차]

기관 실습 → 사회복지현장실습확인서 발급 (실습지도자 서명 및 기관 확인) → 실습 세미나 → 실습세미나 확인 (실습지도교수 서명 및 학과장 확인) → 실습확인서 제출 (자격증 신청시 원본 제출)

〈실습생 27 – 사회복지현장실습확인서+간접실습+실시간 온라인 화상 세미나/2021 개정〉

사회복지현장실습 확인서

[ ]신규발급, [ ]재발급 (앞쪽)

실 습 생 인적사항	성 명		생년월일	※「주민등록번호」 앞자리 6자리를 기재 바랍니다.
	휴대전화번호		학 교 명	※현재 소속중인 학교명을 기재 바랍니다.

실습기관 및 실습지도자	실습기관명		실습기관 관리번호	※실습기관 선정 시 부여된 등록번호 기재
	기관 주소	※「도로명 주소」로 기입해 주세요.	전화번호	
	실습 지도자명	※실습생의 실습을 지도한 지도자명 기재	사회복지사자격번호 (취득일자)	제 - 호 (. . .)
실습기간	실습기간	20 년 월 일 ~ 20 년 월 일		
	실습 시간	총 시간 (총 회, 1일 평균 시간)		

실습기관은 「사회복지사업법」 시행규칙 제3조 [별표1]의 규정에 따라 자격요건을 갖춘 실습기관과 실습지도자에 의해 기관 실습을 진행하였으며, 상기 실습생이 위와 같이 기관실습을 하였음을 확인합니다.

20 년 월 일

기관실습 지도자 : (서명 또는 인) 기관실습 실시기관 : (직인)

교육기관 및 세미나교수	교육기관 유형	[ ]오프라인 / [ ]온라인	교육기관명	※실습세미나 교육기관명을 기재 바랍니다.
	실습세미나 교수명		학 과 명	
	실습세미나 교수 취득학위 (사회복지학 또는 사회사업학)	[ ]학사, [ ]석사, [ ]박사	교육기관 전화번호	
실습세미나	실습세미나 기간	20 년 월 일 ~ 20 년 월 일		
	실습세미나 횟수(시간)	총 회 (시간)	대면방식 세미나 횟수 (시간)	총 회 (시간)
	오프라인 세미나	총 회	실시간 온라인 화상 세미나	총 회
간접실습	학교명		간접실습 지도교수	
	학과명		간접실습 실시시간	총 시간
	간접실습기간	년 월 일부터 년 월 일까지		

교육기관은 「사회복지사업법」 시행규칙 제3조 [별표1]의 규정에 따라 자격요건을 갖춘 실습세미나 지도교수에 의해 실습세미나를 진행하였으며, 상기 실습생은 위와 같이 실습세미나를 이수하였음을 확인합니다.

20 년 월 일

실습세미나 교수 : (서명 또는 인) 학 과 장 : (직인)

한국사회복지사협회장 귀하

재발급 사유	※ 사회복지 현장실습 확인서 재발급 시 재발급 사유 기재 바랍니다.

[사회복지현장실습에 관한 기준] - 사회복지사업법 시행규칙[별표1] 사회복지관련 교과목 (제3조 관련)

① 기관실습 실시기관 : 보건복지부장관으로부터 선정된 사회복지사업을 수행하는 기관, 법인, 시설 또는 단체

② 기관실습 지도자 : 사회복지사 1급 자격증을 취득한 이후 3년 이상 또는 사회복지사 2급 자격증을 취득한 이후 5년 이상 사회복지사업의 실무경험이 있는 자로 기관실습이 실시되는 연도의 전년도에 8시간 이상의 보수교육을 받은 자

③ 기관실습 시간 : 160시간 이상으로 한다.(단, 시행일 2020.1.1. 기준일 2019.12.31. 사회복지학 전공교과목과 사회복지관련 교과목의 전부 또는 일부 이수하였거나 수강하고 있는 사람은 120시간 이상)

④ 실습세미나 : 1회당 2시간 이상의 실습세미나를 총 15회 이상 실시하며, 정보통신망을 이용한 온라인 교육을 실시하는 교육기관의 실습세미나에는 대면 방식의 세미나가 총 3회 이상 포함되어야 하며, 한 세미나에 참여하는 학생 수는 30명 이내일 것

⑤ 실습세미나 교수 : 학사, 석사 또는 박사 학위 중 2개 이상의 학위를 사회복지학 또는 사회사업학 전공으로 취득한 사람으로서 3년 이상의 사회복지학 교육 경험 또는 3년 이상의 사회복지사업 실무경험이 있는 교수가 지도할 것

※ *법령이 정한 상기 기준은 모두 충족해야 하며, 미충족 시 사회복지사자격증을 교부할 수 없습니다.*

출처 : 한국사회복지사협회(2021). 2021.4.15. 개정

(뒤쪽)

[사회복지 현장실습 확인서 작성 방법]

[주의 사항]

○ 실습확인서에 기재할 내용은 정자로 기재 하거나 전자문서로 작성 가능합니다. 다만 전자문서로 작성 시 서명란은 직접 작성하여야 하며, 서명, 직인란에 전자파일의 삽입은 불가합니다.

○ 실습확인서 최초 발급 시 신규발급란에 체크하고, 재발급 시 재발급란에 체크 및 재발급 사유란에 사유를 작성합니다.

○ 사회복지현장실습 확인서는 원본을 원칙으로 하며, 자격증 신청 시 원본으로 제출하여야 합니다. (사본 제출 불가)

※ *사회복지 현장실습 확인서 내용을 허위 기재 및 위변조 시 이로 인해 발급된 사회복지사 자격은 취소될 수 있으며, 법적 제재를 받을 수 있습니다.*

※ *사회복지현장실습 확인서는 자격증 신청 시 원본으로 제출되는 서류로 원본 관리에 유념하여야 합니다.*

[실습생 인적사항]

○ 실습생 성명은 주민등록증에 등록된 이름으로 기재하며, 외국인의 경우 외국인등록증에 등록된 영문명으로 기재 하여야 합니다.

○ 실습생의 생년월일은 주민등록번호 앞 6자리를 기재하여야 합니다.

○ 실습생 휴대전화번호는 연락 가능한 번호를 기재하여야 합니다.

○ 실습생의 교육기관명은 실습생의 실습 진행 당시 소속 중인 교육기관명을 기재 하여야 합니다.

[실습기관 및 실습지도자 인적사항]

○ 실습기관명은 실습기관으로 선정 시 등록된 기관명으로 기재 하여야 하며, 기관명을 약칭으로 기재가 불가합니다.

○ 실습기관 관리번호는 실습기관으로 선정 시 부여된 '실습기관 관리번호' 를 기재하시기 바랍니다. (사업자등록번호 및 기타 시설신고증 번호 기재불가)

○ 기관주소는 도로명 주소로 기재 바라며, 전화번호는 연락 가능한 실습기관 전화번호를 기재 바랍니다.

○ 기관실습 지도자명에는 실습지도자로 등록된 지도자 중 실습생을 실제로 지도한 실습지도자를 기재 바랍니다.

○ 사회복지사 자격번호는 실습 지도한 실습지도자의 사회복지사 자격번호 (사회복지사 자격증 좌측 상단에 표시된 번호)를 기재하며, 취득 일자는 사회복지사 자격증에 기재된 발급 일자를 기재 바랍니다.

[실습기간 및 실습시간]

○ 실습기간은 실제 진행된 실습기간 중 최초 시작일과 종료일을 기재 바랍니다. (실습기관별로 실습 O.T 등 실습시간에 포함되지 않는 기간은 기재하지 않아도 됨)

○ 실습시간은 총 실습시간과 횟수, 1일 평균 시간을 기재 바랍니다. (1일 4시간 이상 8시간 이하로 실습이 진행되어야 합니다.)

[실습세미나]

○ 학교 유형을 체크해 주시기 바랍니다. (오프라인, 온라인 구분하여 체크)

○ 학교명은 현재 실습세미나를 운영하고 있는 학교명을 기재 바랍니다.

○ 실습세미나 교수의 사회복지학 또는 사회사업학 학위 취득상황을 체크해 주시기 바랍니다. (학사, 석사, 박사 학위 중 2개 이상 학위를 사회복지학 또는 사회사업학으로 취득하여야 함)

○ 실습세미나 교육기간 및 교육 횟수, 운영 시간을 기재 바랍니다. (온라인 교육기관의 경우 대면 세미나를 주1회씩 총 3회 이상 진행하여야 함.)

[서명 및 직인]

○ 기관실습지도자, 실습세미나 교수는 서명 또는 도장을 찍어야 합니다. 서명의 경우 직접 작성을 원칙으로 하며, 도장 또는 서명을 전자 파일 형태로 삽입은 불가합니다.

○ 사회복지현장실습 확인서 재발급 시 실습지도자 및 실습세미나 교수 퇴사 등으로 직접 서명이 불가할 경우 실습기관장, 학과장의 이름 기재 후 재발급에 따른 대리 서명 사유와 실습기관장 또는 학과장 직인을 찍어 제출이 가능합니다. 이 경우 상단 재발급 표기란에 체크 바랍니다.

○ 기관실습 실시기관, 학과장의 경우 직인을 찍어야 하며, 전자 파일 형태로 삽입은 불가합니다.

○ 기관실습 확인 일자는 실습을 진행한 기간 보다 앞서 일자 기재가 불가하며, 실습세미나 확인 일자는 실습세미나 교육 기간보다 앞서 기재가 불가합니다.

[사회복지 현장실습 확인서 발급 절차]

〈실습생 28 – 실습 종결보고서〉

실습 종결보고서

* 다음은 실습을 종결하면서 한 학기 동안 실습한 내용을 요약정리하고 목표 달성 정도와 소감을 간략하게 정리하는 보고서입니다. 이 종결보고서는 파일에 정리되어 사무실에 비치되며 다음 실습을 준비하는 학생에게 실습지 선정의 지침이 되는 자료로 활용될 것입니다.

실습기관		실습지도자	
실습부서		실습지도교수	
실습기간			
실습생		종결일시	

1. 실습기관 소개

2. 실습기간 및 시간

3. 실습목표
   1) 실습생의 목표
   2) 실습기관의 목표

4. 실습내용 소개
   1) 실습일정
   2) 교육, 참관사항
   3) 담당업무

5. 실습목표와 달성 정도

6. 실습지도자와 실습지도 내용 소개

7. 실습소감
   1) 힘들었던 것
   2) 제기되었던 질문들
   3) 배운 것

8. 향후 실습을 위한 제언

9. 기타 꼭 하고 싶은 이야기

10. 실습지도자와 기관에 대한 감사의 내용

출처 : 한국사회복지사협회(2017).

4. 사회복지사 자격증 발급 신청서(2020년 개정)

■ 사회복지사업법 시행규칙 [별지 제1호서식] 〈개정 2020. 12. 11.〉

등급별 사회복지사자격증 발급 신청서

※ 색상이 어두운 난은 신청인이 작성하지 않고, [ ]에는 해당되는 곳에 ✔표를 합니다. (앞쪽)

접수번호		접수일		처리기간	14일

신청인			
신청인	성명	주민등록번호	사진 3.5cm×4.5cm
	전화번호(또는 휴대전화번호)	전자우편주소	
	직장명	우편물 수령 [ ]자택 [ ]직장 [ ]직접수령	
	주소 (자택) (직장)		

신청구분	[ ]신규	[ ]승급	신청등급	[ ]1급	[ ]2급

최종학력	구분	기간	학교명	전공명
	[ ]박사 [ ]석사 [ ]학사 [ ]전문학사	[. . .]부터 [. . .]까지		

사회복지 법정 교과목 이수여부						
	교과목이수학교	[ ] 대학원(석·박사)	[ ] 대학	[ ] 전문대학	[ ] 평가인정 학습 과정	[ ] 기타( )

사회복지 법정 교과목 이수여부	구분			
	필수 교과목	[ ]사회복지학개론	[ ]사회복지법제와 실천	[ ]사회복지실천기술론
		[ ]사회복지실천론	[ ]사회복지정책론	[ ]사회복지조사론
		[ ]사회복지행정론	[ ]사회복지현장실습	[ ]인간행동과 사회환경
		[ ]지역사회복지론		
	선택 교과목	[ ]가족복지론	[ ]가족상담 및 가족치료	[ ]교정복지론
		[ ]국제사회복지론	[ ]노인복지론	[ ]복지국가론
		[ ]빈곤론	[ ]사례관리론	[ ]사회문제론
		[ ]사회보장론	[ ]사회복지역사	[ ]사회복지와 문화다양성
		[ ]사회복지와 인권	[ ]사회복지윤리와 철학	[ ]사회복지자료분석론
		[ ]사회복지지도감독론	[ ]산업복지론	[ ]아동복지론
		[ ]여성복지론	[ ]의료사회복지론	[ ]자원봉사론
		[ ]장애인복지론	[ ]정신건강론	[ ]정신건강사회복지론
		[ ]청소년복지론	[ ]프로그램 개발과 평가	[ ]학교사회복지론

사회복지 현장실습	기간	실습기관	기관실습지도자	실습세미나 교수
	[. . .]부터 [. . .]까지			

1. 본인은 「사회복지사업법」 제11조의2에 따른 사회복지사의 결격사유에 해당하지 않습니다. 만약 이에 해당할 경우 같은 법 제11조의3에 따라 자격이 취소된다는 사실을 이해했습니다. (확인 [ ])

〈결격사유〉
1. 피성년후견인 또는 피한정후견인
2. 금고 이상의 형을 선고받고 그 집행이 끝나지 않았거나 그 집행을 받지 않기로 확정되지 않은 사람
3. 법원의 판결에 따라 자격이 상실되거나 정지된 사람
4. 마약·대마 또는 향정신성의약품의 중독자
5. 「정신건강증진 및 정신질환자 복지서비스 지원에 관한 법률」 제3조 제1호에 따른 정신질환자. 다만, 전문의가 사회복지사로서 적합하다고 인정하는 사람은 해당하지 않습니다.

2. 「사회복지사업법」 제11조, 같은 법 시행령 제2조 및 같은 법 시행규칙 제4조 제1항에 따라 사회복지사자격증의 발급을 신청합니다.

년 월 일

신청인 (서명 또는 인)

한국사회복지사협회장 **귀하**

210mm×297mm[백상지(80g/㎡)]

5. 한국사회복지사 윤리강령

사회복지사 선서

나는 모든 사람들이 인간다운 삶을 누릴 수 있도록
인간존엄성과 사회정의의 신념을 바탕으로
개인, 가족, 집단, 조직, 지역사회 전체와 함께 한다.

나는 언제나 소외되고 고통받는 사람들의 편에 서서
저들의 인권과 권익을 지키고 사회의 불의와 부정을 거부하면서
개인의 이익보다 공공의 이익을 앞세운다.

나는 사회복지사 윤리강령을 준수함으로써
도덕성과 책임성을 갖춘 사회복지사로 헌신한다.
나는 나의 자유의지에 따라 명예를 걸고 이를 엄숙하게 선서합니다.

한국사회복지사 윤리강령

■ 윤리강령제정연혁

1973.2. 윤리강령 초안제정 결의
1982.1.15. 사회복지사 윤리강령 제정
1988.3.26. 제1차 사회복지사 윤리강령 개정
1992.10.22. 제2차 사회복지사 윤리강령 개정
2001.12.15. 제3차 사회복지사 윤리강령 개정

전문

사회복지사는 인본주의 · 평등주의 사상에 기초하여, 모든 인간의 존엄성과 가치를 존중하고 천부의 자유권과 생존권의 보장활동에 헌신한다. 특히 사회적 · 경제적 약자들의 편에 서서 사회정의와 평등 · 자유와 민주주의 가치를 실현하는 데 앞장선다. 또한 도움을 필요로 하는 사람들의 사회적 지위와 기능을 향상시키기 위해 저들과 함께 일하며, 사회제도 개선과 관련된 제반 활동에 주도적으로 참여한다.

사회복지사는 개인의 주체성과 자기결정권을 보장하는 데 최선을 다하고, 어떠한 여건에서도 개인이 부당하게 희생되는 일이 없도록 한다. 이러한 사명을 실천하기 위하여 전문적 지식과 기술을 개발하고, 사회적 가치를 실현하는 전문가로서의 능력과 품위를 유지하기 위해 노력한다.

이에 우리는 클라이언트 · 동료 · 기관 그리고, 지역사회 및 전체사회와 관련된 사회복지사의 행위와 활동을 판단 · 평가하며 인도하는 윤리기준을 다음과 같이 선언하고 이를 준수할 것을 다짐한다.

윤리기준

Ⅰ. 사회복지사의 기본적 윤리기준

1. 전문가로서의 자세
 1) 사회복지사는 전문가로서의 품위와 자질을 유지하고, 자신이 맡고 있는 업무에 대해 책임을 진다.
 2) 사회복지사는 클라이언트의 종교 · 인종 · 성 · 연령 · 국적 · 결혼상태 · 성 취향 · 경제적 지위 · 정치적 신념 · 정신, 신체적 장애 · 기타 개인적 선호, 특징, 조건, 지위를 이유로 차별 대우를 하지 않는다.
 3) 사회복지사는 전문가로서 성실하고 공정하게 업무를 수행하며, 이 과정에서 어떠한 부당한 압력에도 타협하지 않는다.
 4) 사회복지사는 사회정의 실현과 클라이언트의 복지 증진에 헌신하며, 이를 위한 환경 조성을 국가와 사회에 요구해야 한다.
 5) 사회복지사는 전문적 가치와 판단에 따라 업무를 수행함에 있어, 기관 내외로부터 부당한 간섭이나 압력을 받지 않는다.
 6) 사회복지사는 자신의 이익을 위해 사회복지전문직의 가치와 권위를 훼손해서는 안 된다.
 7) 사회복지사는 한국사회복지사협회 등 전문가단체 활동에 적극 참여하여, 사회정의 실현과 사회복지사의 권익옹호를 위해 노력해야 한다.

2. 전문성 개발을 위한 노력
 1) 사회복지사는 클라이언트에게 최상의 서비스를 제공하기 위해, 지식과 기술을 개발하는데 최선을 다하며 이를 활용하고 전파할 책임이 있다.
 2) 클라이언트를 대상으로 연구하는 사회복지사는 저들의 권리를 보장하기 위해, 자발적이고 고지된 동의를 얻어야 한다.
 3) 연구과정에서 얻은 정보는 비밀보장의 원칙에서 다루어져야 하고, 이 과정에서 클라이언트는 신체적, 정신적 불편이나 위험 · 위해 등으로부터 보호되어야 한다.
 4) 사회복지사는 전문성을 개발하기 위해 노력하되, 이를 이유로 서비스의 제공을 소홀히 해서는 안 된다.
 5) 사회복지사는 한국사회복지사협회 등이 실시하는 제반교육에 적극 참여하여야 한다.

3. 경제적 이득에 대한 태도
 1) 사회복지사는 클라이언트의 지불능력에 상관없이 서비스를 제공해야 하며, 이를 이유로 차별대우를 해서는 안 된다.
 2) 사회복지사는 필요한 경우에 제공된 서비스에 대해, 공정하고 합리적으로 이용료를 책정해야 한다.
 3) 사회복지사는 업무와 관련하여 정당하지 않은 방법으로 경제적 이득을 취하여서는 안 된다.

Ⅱ. 사회복지사의 클라이언트에 대한 윤리기준

1. 클라이언트와의 관계
 1) 사회복지사는 클라이언트의 권익옹호를 최우선의 가치로 삼고 행동한다.

2) 사회복지사는 클라이언트에 대하여 인간으로서의 존엄성을 존중해야 하며, 전문적 기술과 능력을 최대한 발휘한다.
3) 사회복지사는 클라이언트가 자기결정권을 최대한 행사할 수 있도록 도와야 하며, 저들의 이익을 최대한 대변해야 한다.
4) 사회복지사는 클라이언트의 사생활을 존중하고 보호하며, 직무 수행과정에서 얻은 정보에 대해철저하게 비밀을 유지해야 한다.
5) 사회복지사는 클라이언트가 받는 서비스의 범위와 내용에 대해, 정확하고 충분한 정보를 제공함으로써 알 권리를 인정하고 존중해야 한다.
6) 사회복지사는 문서 · 사진 · 컴퓨터 파일 등의 형태로 된 클라이언트의 정보에 대해 비밀보장의 한계 · 정보를 얻어야 하는 목적 및 활용에 대해 구체적으로 알려야 하며, 정보 공개 시에는 동의를 얻어야 한다.
7) 사회복지사는 개인적 이익을 위해 클라이언트와의 전문적 관계를 이용하여서는 안 된다.
8) 사회복지사는 어떠한 상황에서도 클라이언트와 부적절한 성적관계를 가져서는 안 된다.
9) 사회복지사는 사회복지 증진을 위한 환경조성에 클라이언트를 동반자로 인정하고 함께 일해야 한다.

2. 동료의 클라이언트와의 관계
1) 사회복지사는 적법하고도 적절한 논의 없이 동료 혹은, 다른 기관의 클라이언트와 전문적 관계를 맺어서는 안 된다.
2) 사회복지사는 긴급한 사정으로 인해 동료의 클라이언트를 맡게 된 경우, 자신의 의뢰인 처럼 관심을 갖고 서비스를 제공한다.

Ⅲ. 사회복지사의 동료에 대한 윤리기준

1. 동료
1) 사회복지사는 존중과 신뢰로서 동료를 대하며, 전문가로서의 지위와 인격을 훼손하는 언행을 하지 않는다.
2) 사회복지사는 사회복지전문직의 이익과 권익을 증진시키기 위해 동료와 협력해야 한다.
3) 사회복지사는 동료의 윤리적이고 전문적인 행위를 촉진시켜야 하며, 이에 반하는 경우에는 제반 법률규정이나 윤리기준에 따라 대처해야 한다.
4) 사회복지사가 전문적인 판단과 실천이 미흡하여 문제를 야기시켰을 때에는, 적절한 조치를 취하여 클라이언트의 이익을 보호해야 한다.
5) 사회복지사는 전문직 내 다른 구성원이 행한 비윤리적 행위에 대해, 제반 법률규정이나 윤리기준에 따라 조치를 취해야 한다.
6) 사회복지사는 동료 및 타 전문직 동료의 직무 가치와 내용을 인정 · 이해하며, 상호간에 민주적인 직무관계를 이루도록 노력해야 한다.

2. 슈퍼바이저
1) 슈퍼바이저는 개인적인 이익의 추구를 위해 자신의 지위를 이용해서는 안 된다.
2) 슈퍼바이저는 전문적 기준에 의해 공정하게 책임을 수행하며, 사회복지사 · 수련생 및 실습생에 대한 평가는 저들과 공유해야 한다.
3) 사회복지사는 슈퍼바이저의 전문적 지도와 조언을 존중해야 하며, 슈퍼바이저는 사회복지사의 전문적 업무수행을 도와야 한다.

4) 슈퍼바이저는 사회복지사 · 수련생 및 실습생에 대해 인격적 · 성적으로 수치심을 주는 행위를 해서는 안 된다.

Ⅳ. 사회복지사의 사회에 대한 윤리기준

1) 사회복지사는 인권존중과 인간평등을 위해 헌신해야 하며, 사회적 약자를 옹호 하고 대변하는 일을 주도해야 한다.
2) 사회복지사는 필요한 사회서비스를 개발하기 위한 사회정책의 수립 · 발전 · 입법 · 집행에 적극적으로 참여하고 지원해야 한다.
3) 사회복지사는 사회환경을 개선하고 사회정의를 증진시키기 위한 사회정책의 수립 · 발전 · 입법 · 집행을 요구하고 옹호해야 한다.
4) 사회복지사는 자신이 일하는 지역사회의 문제를 이해하고, 그것을 해결하는 일에 적극적으로 참여해야 한다.

Ⅴ. 사회복지사의 기관에 대한 윤리기준

1) 사회복지사는 기관의 정책과 사업 목표의 달성, 서비스의 효율성과 효과성의 증진을 위해 노력함으로써, 클라이언트에게 이익이 되도록 해야 한다.
2) 사회복지사는 기관의 부당한 정책이나 요구에 대하여, 전문직의 가치와 지식을 근거로 이에 대응하고 즉시 사회복지윤리위원회에 보고해야 한다.
3) 사회복지사는 소속기관 활동에 적극 참여함으로써, 기관의 성장발전을 위해 노력해야 한다.

Ⅵ. 사회복지윤리위원회의 구성과 운영

1) 한국사회복지사협회는 사회복지윤리위원회를 구성하여, 사회복지윤리실천의 질적인 향상을 도모하여야 한다.
2) 사회복지윤리위원회는 윤리강령을 위배하거나 침해하는 행위를 접수받아, 공식적인 절차를 통해 대처하여야 한다.
3) 사회복지사는 한국사회복지사협회의 윤리적 권고와 결정을 존중하여야 한다.

출처: 한국사회복지사협회(2021).

참고문헌

References

강병로(2008). 사회복지 욕구조사와 프로그램 평가. 서울: 나눔의 집.

고수현(2010). 사회복지사업현장론. 파주: 양서원.

김선희 · 조휘일(2000). 사회복지실습. 파주: 양서원.

김윤나(2012). 사회복지현장실습 가이드북. 서울: 신정.

김융일 · 양옥경(2002). 사회복지 슈퍼비전론. 파주: 양서원.

노혜련 · 김미원 · 조소연(2015) 아동복지론. 서울: 학지사.

도광조(2005). 사회복지실천론. 파주: 양서원.

류형택 · 이경재 · 강윤경 · 김수정 · 이명은 · 이외승(2014). 사회복지현장실습의 이해와 실제. 서울: 동문사.

박용권(2009). 사회복지현장실습. 서울: 신정.

보건복지부(2020). 2020 사회복지시설 관리안내.

서홍란 · 이경아(2007). 사회복지현장실습. 고양: 공동체.

손덕기(2020). 사회복지현장실습(사회복지전문직 정체성 확립을 위한) 서울: 퍼시픽북스.

신원식 · 김민주(2008). 사회복지 프로그램 개발과 평가: 프로포절 작성의 실제. 고양: 공동체.

양옥경 · 최소연 · 이기연(2007). 사회복지현장실습슈퍼비전. 파주: 양서원.

엄명용 · 김성천 · 오혜경 · 윤혜미(2001). 사회복지실천의 이해. 서울: 학지사.

유진희 · 노길희 · 박진영 · 신원정(2020). 사회복지현장실습. 파주: 양서원.

윤철수 · 김정진(2010). 예비 사회복지사를 위한 현장실습 길라잡이. 서울: 학지사.

이경아 · 서홍란(2014). 사회복지현장실습. 고양: 공동체.

이원숙(2008). 사회복지실천론. 서울: 학지사.

이원주 · 우병훈(2021). 사회복지현장실습. 고양: 공동체.

이정미 · 이해경(2016). 사회복지현장실습 이론과 실제. 파주: 정민사.

임정문 · 이지복 · 정명환 · 박선태 · 윤혜신(2021). 서울: 동문사.
전라북도사회복지사협회(2020). 사회복지종사자의 안전과 인권보장을 위한 위기대응매뉴얼.
최옥채(2010). 사회복지실천론. 파주: 양서원.
태화기독교사회복지관(2003). 사회복지실습지도 이론과 실제. 파주: 양서원.
한국사회복지교육협의회 편(2002). 사회복지학 교과목 지침서.
한국사회복지교육협의회 편(2020). 사회복지학 교과목 지침서의 개요.
한국사회복지사협회(2005). 사회복지현장실습 교육지침서. 한국사회복지사협회.
한국사회복지사협회(2007). 사회복지현장실습슈퍼비전.
한국사회복지사협회(2010a). 사회복지현장실습 실태조사 및 지침서.
한국사회복지사협회(2010b). 사회복지현장실습지도자 교육(기초과정).
한국사회복지사협회(2012). 사회복지현장 실습지도자 교육교재.
한국사회복지사협회(2013a). 표준실습매뉴얼-종합사회복지관.
한국사회복지사협회(2013b). 표준실습매뉴얼-노인이용시설.
한국사회복지사협회(2014a). 표준실습매뉴얼-생활시설.
한국사회복지사협회(2014b). 표준실습매뉴얼-장애인복지관.
한국사회복지사협회(2016a). 표준실습매뉴얼-아동복지시설.
한국사회복지사협회(2017a). 사회복지현장실습 매뉴얼.
한인영 외(2002). 사회복지실습, 이화여자대학교 출판부.
홍영수 · 김동기 · 김성연 · 조성상 · 조춘범 · 오인근(2010). 사회복지현장실습. 서울: 신정.
황성철(2007). 사회복지 프로그램 개발과 평가. 고양: 공동체.

Bangura, A. (1969). Principles of behavior modification, New York: Holt, Rinehart and Winston.
Bogo, M., & Vayda, E. (1998). The Practice of Field Instruction in Social Work(2nd ed). NY: Columbia Univ. Press.
Fortune, A. E. (1994). Field Education, In Reamer(Ed.). The Foundation of Social Work Knowledge. NY: Columbia Univ. Press.
Kirst-Ashman, K. K., & Hull, G. H. Jr. (2009). Understanding Generalist Practice(5th

eds.) Brooks/Cole, Gengage Learning.

Koopmas, J. (1980). The use of the reflecting team to enhance student learning. In G. Rogers(ed.), Social work field education: view and visions, Dubuque, Iowa: Kendall/Hunt.

Mayadas, N. S., & Duehn, W. D. (1977). The effects of training formats and interpersonal discrimination in the education fot clinical social work practice, Journal of Social Service Research, 12.

Miller, W. R., & Stephen, R. (1991). Motivational interviewing, The Guilford Press.

Moxley, D. P. (1989). The practice of case Managemnet. Sage Publications.

Patti, R. J. (1983). Social welfare administration: managing social programs in a developmental context. Englewood Cliffs. NJ: Prentice-Hall.

Rapp, C., & Poertner, J. (1992). Social Administration: A client-centered approach. NY: Longman Publishing Group.

Taber, M. & Finnegan, D. (1980). A theory of accountability for social works. Urbana. IL: University of Illinois at Urbana-Champaign.

Tolson,E. R., & Kopp, J. (1988). The practicum: clients, problem, interventions and influences on student practice, Journal of Education for Social Work, 24(2).

ndex

찾아보기

ㅇ

ㅈ

저자소개

이원식 일본 북교대학 대학원 사회복지학과 박사
현) 금강대학교 공공정책학부 사회복지학과
현) 제13대 전라북도사회복지사협회장
현) 충남사회복지공동모금회 운영위원
현) 전북지방노동위원회 심판담당 공익위원

김성준 전북대학교 일반대학원 사회복지학과 박사수료
전) 덕진노인복지관 부장 역임
현) 전라북도사회복지사협회 사무처장

사회복지현장실습 -이론과 실제-

초판발행 2021년 8월 20일 1판 1쇄 인쇄 | 2021년 8월 25일 1판 1쇄 발행

지은이 이원식 김성준
펴낸이 최용구 | 펴낸곳 도서출판 **신정**
주소 (04316) 서울시 용산구 원효로 89길 19 (원효로1가)
전화 02)3211-4782, 0266(영업부), 3211-4783(편집부), 3211-4784(팩스)
이메일 shinjeong72@naver.com | 홈페이지 www.sjbook.co.kr
등록 2001년 5월 11일 제13-702호
기획마케팅 최용구 장만동 최충구 진소희 | 책임편집 석기은 황가연

ISBN 978-89-5912-768-9 93330
정가 15,000원